Evelyn Elsaesser

Nachtod-Kontakte

Spontane Begegnungen mit Verstorbenen

Evelyn Elsaesser

NACHTOD KONTAKTE

Spontane Begegnungen mit Verstorbenen

Mit einem Vorwort von

Pim van Lommel

Übersetzung aus dem Französischen
von Maja Ueberle-Pfaff

Crotona

Impressum

Titel der französischen Originalausgabe:
Quand les défunts viennent à nous
Editions Exergue 2017
27, rue des Grands-Augustins, F-75006 Paris

Deutsche Ausgabe:
2. überarbeitete Auflage 2020

Kammer 11, D-83123 Amerang
www.crotona.de

Übersetzung aus dem Französischen: Maja Ueberle-Pfaff
Umschlaggestaltung: Annette Wagner

Druck: CPI • Birkach

ISBN 978-3-86191-113-5

Für meinen Vater, der, obwohl von uns gegangen,
nie sehr fern ist.

Inhalt

Vorwort zur zweiten Auflage von Pim van Lommel ... 9
Vorwort von Stéphane Allix ... 19
Einige Worte zur Einführung ... 23

Kapitel 1 • Was sind Nachtod-Kontakte? ... 25
Claudies Bericht ... 25
Nachtod-Kontakte, ein verbreitetes Phänomen ... 30
In welcher Form treten NTK auf? ... 32
Botschaften, die bei NTK empfangen werden ... 39
Marie-Claires Bericht ... 50

Kapitel 2 • Weitere Informationen über Nachtod-Kontakte ... 55
Nachtod-Kontakte besser verstehen ... 55
Analyse der bei INREES eingegangenen NTK-Berichte ... 89
Vorübergehende Lähmungserscheinungen ... 90
Der Bericht von Béatrice ... 93
Das Persönlichkeitsprofil der Empfänger ... 97
Das „Profil des Verstorbenen, der den Kontakt herbeiführt"? ... 98
Ist die Todesursache ein bestimmendes Element? ... 100
Chantals Bericht ... 102

Kapitel 3 • Die Auswirkungen von Nachtod-Kontakten ... 109
Die innere Überzeugung, dass die Erfahrung echt ist ... 110
Die Schwierigkeit, einen Nachtod-Kontakt zu beschreiben ... 113
Die subjektive Bedeutung und die tröstliche Wirkung von Nachtod-Kontakten ... 117
Die Überzeugung, dass der Verstorbene weiterlebt, und ihre Bedeutung für das Glaubenssystem ... 120
Der Bericht von Agnès Delevingne (INREES) ... 124

Kapitel 4 • Sterbebett-Visionen: Ein besonderer Nachtod-Kontakt ... 139
Wie wirken Sterbebett-Visionen auf Betroffene? ... 151
Sterbebett-Visionen im größeren Kontext ... 156
Sterbebett-Visionen – ein altbekanntes Phänomen ... 159

Kapitel 5 • Konsequenzen der Nachtod-Kontakte für den Trauerprozess ... 163
Gespräch mit Louis LaGrand ... 167
Gespräch mit Allan Botkin ... 177
Gespräch mit Vincent Liaudat ... 188

Kapitel 6 • Überlegungen zur sozialen Dimension von Trauer und Tod im In- und Ausland ... 199
Aufklärung über die Themen Trauer und Tod ... 202
Gespräch mit Natalie Tobert: Wie werden Nachtod-Kontakte in anderen Kulturen aufgenommen? ... 206

Kapitel 7 • Wie authentisch sind Nachtod-Kontakte? ... 211
Sind Nachtod-Kontakte Halluzinationen? ... 212
Gespräch mit Dean Radin ... 214
Nachtod-Kontakte im größeren Kontext ... 222
Nahtod-Erfahrungen (NTE) ... 223
Medien ... 231
Parallelen zwischen den verschiedenen Erfahrungen in Todesnähe ... 234

Abschließende Bemerkungen ... 255

Vorwort zur zweiten Auflage

von Pim van Lommel

(aus dem Englischen von Astrid Ogbeiwi)

Über Tod und Sterben zu sprechen, ist in der westlichen Welt immer noch ein großes Tabu, überraschenderweise auch bei Ärzten, Pflegekräften und Angehörigen anderer Gesundheitsberufe. Die meisten Menschen haben wohl Angst davor, was mit ihnen geschieht, wenn sie sterben: „Was ist der Tod, und was passiert, wenn ich tot bin?" Warum herrscht immer noch so viel Unwissenheit über den Tod, und warum fürchten sich die meisten Menschen so sehr davor? Sterben ist so natürlich wie Geborenwerden. Die Menschen denken erst dann über den Tod nach, wenn bei ihnen selbst eine tödliche oder maligne Erkrankung diagnostiziert wird, wenn ein naher Verwandter im Sterben liegt oder vor Kurzem verstorben ist. Die meisten „glauben" immer noch, der Tod sei das Ende unseres Daseins und unseres Bewusstseins.

Sind diese Vorstellungen vom Tod jedoch überhaupt zutreffend? Ist der Tod wirklich das Ende von allem, was wir sind? Selbst die medizinische Ausbildung widmet der Frage, was der Tod sein könnte, nur geringe Aufmerksamkeit. Bis zu ihrer Promotion haben die meisten Ärzte nicht sonderlich viel über den Tod nachgedacht. Gut 50% der Bevölkerung in der westlichen Welt sind sich relativ sicher, dass mit dem Tod alles endet. Diese Menschen glauben, dass der Tod des Körpers das Ende unserer Identität, unserer Gedanken und unserer Erinnerungen markiert und das Ende unseres Bewusstseins ist. Eine große europäische Studie zu gesellschaftlichen Trends in europäischen Ländern, die von Wissenschaftlern an der Universität Tilburg durchgeführt wurde, kam jedoch zu dem Ergebnis, dass durchschnittlich zwischen 48% und 59% der Europäer, also über 350 Millionen Menschen, an eine Form des persönlichen Weiterlebens glauben, wobei die Bewohner der östlichen Bundesländer Deutschlands mit einem weltweiten Tiefststand von fünfzehn Prozent eine Ausnahme bilden. In Großbritannien und Nordirland glauben etwa 58% an eine Form des Weiterlebens nach dem Tod, und in den USA glauben sogar 73% der Bevölkerung an ein Leben nach dem Tod. Diese überraschend hohen Werte stehen in scharfem Kontrast zur mehrheitlichen Meinung westlicher Wissenschaftler, die die Möglichkeit eines persönlichen Weiterlebens nach dem physischen Tod systematisch ignorieren und bespötteln.

Deshalb ist dieses Buch von Evelyn Elsaesser über nachtodliche Kommunikation (Nachtod-Kontakte, NTK) so wichtig: Eben dadurch, dass sie über Berichte von einem Kontakt mit (dem Bewusstsein von) Verstorbenen schreibt, kann ihr Buch vielen Menschen eine große Hilfe sein, ihre Vorstellungen vom Leben und vom Tod zu ändern. In der Zeit nach dem Tod eines nahen Verwandten wird oft recht überraschend das Gefühl erlebt, innerlich im Kontakt mit diesem verstorbenen Familienmitglied zu stehen. Man bezeichnet dies als nachtodliche Kommunikation (englisch: *After-Death Communication*, ADC) oder Nachtod-Kontakt (NTK). Vermutlich müssen sogar 25% der Gesamtbevölkerung in Europa (etwa 180 Millionen Menschen) und etwa 28% in Westdeutschland (22 Millionen Menschen) einen solchen NTK gehabt haben, womit diese Erfahrung recht häufig ist. Der Nachtod-Kontakt kann darin bestehen, dass man eine Präsenz spürt, sich berührt fühlt oder die Verstorbene beziehungsweise den Verstorbenen sieht. Manchmal geht er auch mit bestimmten Düften oder „zufälligen" Ereignissen einher, die man intuitiv mit dem Verstorbenen in Verbindung bringt. Zuweilen erhalten Menschen sogar konkrete Informationen, die ihnen bis dahin unbekannt waren. Üblicherweise ist der Nachtod-Kontakt eine Botschaft der Liebe, eine Bestätigung, dass alles gut und der verstorbene Mensch glücklich ist: „Mach dir keine Sorgen um mich." Ein Nachtod-Kontakt ist oft so gefühlvoll und so sehr mit der inneren Gewissheit verbunden, dass das Erlebnis oder die Nachricht von dem (Bewusstsein des) Verstorbenen kommt, dass die Betroffenen zunächst Mühe haben zu akzeptieren, dass er tatsächlich stattgefunden hat. Jede systematische wissenschaftliche Erforschung von NTK hat sich bisher als unmöglich erwiesen. Allerdings gibt es eine beträchtliche Menge anekdotischer Evidenz, wie dieses wichtige Buch zeigt. Dutzende Menschen haben für dieses Buch über ihre Erfahrungen gesprochen, oft mit großer Zurückhaltung und der Bitte um Vertraulichkeit sowie unter Schwierigkeiten, ihr Erleben in Worte zu fassen: „Ich habe mein Kind neben mir wahrgenommen, ohne es zu sehen, zu hören oder zu berühren. … Dieses Wahrnehmen hatte nichts mit dem Verstand zu tun. Es war ein intuitives Wahrnehmen."

Die meisten Begegnungen mit einem lieben Verstorbenen erfolgen im Schlaf in einer Art luzidem Traum und beinhalten manchmal sogar Kommunikation. Aber sie sind kein Traum. Diese Erfahrung fühlt sich wesentlich intensiver und realer an als jeder normale Traum. Offenbar erhöht Schlaf das Potenzial zum Empfangen des Bewusstseins eines geliebten Verstorbenen, weil das Wachbewusstsein normalerweise die „Schnittstelle" zwischen Körper/Gehirn und den höheren Bewusstseinsaspekten blockiert. Obwohl die Betroffenen innerlich fest davon überzeugt sind, dass der Nachtod-Kontakt echt war, herrscht immer noch große Zurückhaltung, über die lebensverändernde Empfindung, dass man in den Wochen, Monaten oder Jahren nach dem Tod eines geliebten Menschen mit ihm beziehungsweise seinem Bewusstsein in Kontakt war, zu sprechen. Über solche transpersonalen Erfahrungen reden Menschen nur, wenn sie wissen, dass sie nicht zur Zielscheibe von Vorurteilen oder negativen Bemerkungen werden („Das ist bloß Wunschdenken"; „Da spricht deine Trauer aus dir"). Und wenn sie es tun, dann in der Regel sehr vorsichtig, aus Angst, missverstanden oder für verrückt erklärt zu werden. Dieser Kontakt zum Bewusstsein eines oder einer Verstorbenen ist oft zutiefst tröstlich, und die innere Gewissheit, dass es dem Menschen gut geht, hilft im Trauerprozess.

Tendenziell verändert ein Kontakt zu dem oder der verstorbenen Verwandten die eigene Sicht des Todes und führt zu einer inneren

Überzeugtheit, dass es eine Form des Lebens nach dem Tod gibt. In vielen Fällen schwindet die Angst vor dem Tod, weil es nun sehr wahrscheinlich wirkt, dass unser Bewusstsein den Tod des Körpers überlebt. Zumeist verändert ein solcher Kontakt nicht nur unsere Vorstellung vom Tod, sondern auch davon, was im Leben wichtig ist. Allein dass ein NTK zustande gekommen ist, ist in der Trauerphase sehr tröstlich und hilfreich, und Menschen in Gesundheitsberufen sowie Angehörige sollten einen Nachtod-Kontakt nicht als Halluzination bezeichnen. Häufig können solche Nachtod-Kontakte über viele Jahre hinweg immer wieder auftreten, und sie tragen wesentlich zu der Vorstellung bei, dass der Tod nicht das Ende unseres Bewusstseins als der Essenz dessen, was wir sind, bedeutet. Eine wissenschaftliche Erklärung für NTK wird es so lange nicht geben, wie wir glauben, dass Bewusstsein nur eine Nebenwirkung eines funktionierenden Gehirns ist; denn wenn dies zuträfe, dann sollte unser Bewusstsein im Moment des Todes stets verschwunden sein.

Die meisten Menschen, die nie das Privileg hatten, einen Nachtod-Kontakt zu erleben oder nie von dieser Möglichkeit gehört haben, glauben immer noch nicht an den Fortbestand des Bewusstseins nach dem Tod und können daher die Realität eines NTK nicht akzeptieren. Das gilt natürlich auch für die meisten materialistischen Wissenschaftler. Subjektive Erlebnisse wie Nachtod-Kontakte werden in der materialistischen Wissenschaft nicht akzeptiert, weil wir mit unseren heutigen wissenschaftlichen und objektiven Techniken nicht in der Lage sind, den Gehalt subjektiver Erlebnisse in unserem Bewusstsein nachzuweisen, zu messen, zu objektivieren, zu reproduzieren oder zu falsifizieren. Doch hier folgt ein selbst für Skeptiker recht überzeugendes Beispiel für einen kollektiven oder gemeinsam erlebten Nachtod-Kontakt, das mir ein junger Mann aus Ungarn geschickt hat:

„Ich möchte Ihnen gerne von meiner Mutter erzählen, die vor drei Jahren eine starke Hirnblutung erlitten hat. Danach war sie gelähmt und konnte nicht mehr sprechen, und etwa sechs Monate später ist sie gestorben. Drei Tage nach ihrer Beerdigung geschah Folgendes: Ich schlief, und plötzlich wachte ich durch ein merkwürdiges Kältegefühl auf. Ich lag auf der rechten Seite und drehte mich beim Aufwachen nach links um, weil ich dort etwas spürte. Zu meiner großen Überraschung sah ich meine Mutter! Sie war weiß gekleidet, von einem strahlenden weißen Licht umgeben und lächelte; sie war sehr schön. Sie berührte mich an der Schulter und sagte mir, wenn auch nicht mit Worten: ‚Jetzt ist alles gut, und es gibt nichts, worüber du dir Sorgen machen müsstest.‘ Ich wollte antworten, schlief aber aus irgendeinem Grund wieder ein. Erst am nächsten Morgen wachte ich auf, und das Ganze wäre nicht mehr gewesen als ein merkwürdiger Traum, wäre nicht Folgendes geschehen: Von dem Moment an, in dem ich aufgewacht bin, musste ich immerzu daran denken, was in der Nacht geschehen war, und am Nachmittag ging ich schließlich ins Zimmer meines Vaters, um mit ihm darüber zu sprechen. Zu meiner großen Überraschung sagte mein Vater: ‚Du kommst nie drauf, was gestern Nacht passiert ist!‘ Und mein Vater erzählte: ‚Mitten in der Nacht bin ich von einem Kältegefühl aufgewacht, und als ich mich umgedreht und aufgesetzt habe, habe ich am Fußende des Bettes deine Mutter gesehen. Ein Licht strahlte von ihr aus, sie war weiß gekleidet, sie war glücklich, sie hat mich angefasst und gesagt, ich solle mir um sie keine Sorgen machen, und sie würde gut auf uns aufpassen.‘ Danach war mein Vater wieder eingeschlafen! Keiner von uns hatte je so etwas erlebt; keiner von uns hatte schon einmal vom Kontakt mit Verstorbenen gehört. Mein Vater ist ein rationaler Doktor und hat nie wieder darüber gesprochen. Aber ich bin mir sicher, dass es kein Traum war. Ich bin davon überzeugt, weil mein Vater und ich, ohne es zu wissen, in derselben Nacht dasselbe Erlebnis hatten.“

Erfahrungen erweiterten Bewusstseins, bei denen man verstorbenen Verwandten begegnet, können auch in der letzten Lebensphase auftreten und heißen dann Sterbebett-Visionen oder Erfahrungen am Lebensende. Über Sterbebett-Visionen sind mehrere wissenschaftliche Studien erschienen. Von derartigen spirituellen Erfahrungen, die in diesem Buch ebenfalls ausführlich beschrieben werden, berichten vermutlich über 80% aller Sterbenden. Am Ende des Lebens sprechen Menschen manchmal von Begegnungen mit lieben Verstorbenen, die sie begrüßen, vom Anblick einer schönen, überirdischen Landschaft und eines hellen Lichts oder vom Gefühl bedingungsloser Liebe. Der Inhalt einer solchen Sterbebett-Vision kann eine verblüffende Ähnlichkeit mit Nahtod-Erfahrungen aufweisen. Wie eine Nahtod-Erfahrung und ein Nachtod-Kontakt nimmt auch eine Sterbebett-Vision immer die Angst vor dem Tod. Leider werden viele Berichte über Sterbebett-Visionen entweder nicht als solche erkannt oder aber als Halluzination, geistige Verwirrtheit am Lebensende oder Nebenwirkung von Medikamenten gedeutet.

Inhalt und Nachwirkungen eines Nachtod-Kontakts können die gleichen sein wie bei einer Nahtod-Erfahrung. Bisher sind noch keine wissenschaftlich ausgerichteten Studien zu NTK erschienen, doch wurden in den letzten Jahren mehrere prospektive Studien über Nahtod-Erfahrungen bei Menschen nach Herzstillstand veröffentlicht. Eine Nahtod-Erfahrung kann man definieren als Bericht über die Erinnerung an ein Spektrum von Eindrücken während eines besonderen Zustands der Bewusstseinserweiterung, wozu eine Reihe „universeller“ Elemente gehören wie eine außerkörperliche Erfahrung, angenehme Gefühle, der Anblick eines Tunnels, ein Licht(wesen), die Erfahrung bedingungsloser Liebe und Akzeptanz, die Begegnung mit verstorbenen Verwandten, eine Lebensrückschau und die bewusste Rückkehr in den Körper. Nach unseren heutigen medizinischen Vorstellungen ist es nicht möglich, während eines Herzstillstands, bei dem Kreislauf und Atmung ausgesetzt haben, eine Bewusstseinserweiterung zu erleben; ebenso wenig im tiefen Koma bei stark gestörtem oder sogar Null-Linien-EEG und unter einer Allgemeinanästhesie. Manchmal aber berichten Patienten, dass in der Phase der Bewusstlosigkeit aufgrund einer lebensbedrohlichen Krise wie eines Herzstillstands oder Komas unerwartet und paradoxerweise ein erweitertes Bewusstsein aufgetreten ist, das in einer Dimension ohne unsere konventionellen Vorstellungen von Raum und Zeit erlebt wird (Nichtlokalität), und zwar mit kognitiven Funktionen, mit Gefühlen, mit Eigenidentität, mit Erinnerungen aus der frühen Kindheit und manchmal mit wahrheitsgemäßen Wahrnehmungen aus einer Position außerhalb und oberhalb des leblosen Körpers. Seit der Veröffentlichung von vier prospektiven Studien über Nahtod-Erfahrungen bei insgesamt 562 Überlebenden eines Herzstillstands mit auffallend ähnlichen Ergebnissen und Schlussfolgerungen ist das Phänomen der Nahtod-Erfahrungen wissenschaftlich nicht mehr zu ignorieren. Eine NTE ist ein authentisches Erlebnis, das sich nicht einfach auf Einbildung, Todesangst, Halluzinationen, eine Psychose, Medikamenteneinnahme oder Sauerstoffmangel reduzieren lässt. Außerdem werden Menschen durch eine Nahtod-Erfahrung während eines ja nur wenige Minuten anhaltenden Herzstillstands offenbar dauerhaft verändert. Die meisten Fachleute, die Bewusstseinsforschung betreiben, also Neurowissenschaftler, Psychologen, Psychiater und Philosophen, sind immer noch der Meinung, dass es eine materialistische und reduktionistische Erklärung für das Bewusstsein geben muss. Nach wie vor glauben materialistische Wissenschaftler mehrheitlich der nie bewiesenen Hypothese, Bewusstsein sei das Produkt der Hirnfunktionen und gehe vollständig aus der Materie hervor, die unser Gehirn ausmacht. Materialistische Wissenschaft geht prinzipiell von einer Wirklichkeit aus, die allein auf physischen, beobachtbaren Daten beruht. Die elektrische, magnetische und chemische Aktivität im Gehirn können wir mithilfe von EEG, MEG und PET-Scans messen, die Veränderung der Hirndurchblutung mithilfe der fMRT, aber dies sind nur neurale Korrelate des Bewusstseins. Diese Messungen erklären nichts zur Entstehung oder zum Inhalt von Bewusstsein. Jeglicher direkte Beweis, wie Neuronen oder neuronale Netzwerke die subjektive Essenz unserer Gedanken und Gefühle hervorbringen sollten, fehlt völlig.

Nach diesen oben genannten NTE-Studien ist die heutige materialistische Sicht der Beziehung zwischen Gehirn und Bewusstsein, wie sie die meisten Ärzte, Philosophen und Psychologen vertreten, für ein umfassendes Verständnis dieses Phänomens viel zu restriktiv. Die klassische materialistische Ansicht, wonach alle Bewusstseinserfahrungen vom Gehirn erzeugt werden, kann diesen Berichten über Nahtod-Erfahrungen nicht einmal ansatzweise nahekommen, geschweige denn sie erklären. Dasselbe gilt für Nachtod-Kontakte und Sterbebett-Visionen. Diese transpersonalen Erfahrungen rütteln in schlüssiger Weise an den Grundlagen des Materialismus. Die sehr häufig berichteten Erfahrungen eines erweiterten oder nichtlokalen Bewusstseins, bei denen man, wie etwa bei einem Nachtod-Kontakt, einer Sterbebett-Vision und einer Nahtod-Erfahrung, dem Bewusstsein verstorbener Verwandter begegnen kann, verweisen auf die Möglichkeit, dass Bewusstsein nicht auf unser Gehirn beschränkt ist. Wenn wir also wissenschaftlich fundiert für Bewusstsein als nichtlokales und daher allgegenwärtiges Phänomen plädieren wollen, müssen wir ein rein materialistisches Paradigma in der Wissenschaft infrage stellen – was daher auch für unsere wissenschaftliche Vorstellung von der Beziehung zwischen Geist und Gehirn sowie Geist und Körper von Bedeutung scheint. Klar ist auch, dass dies für unsere Vorstellung von Leben und Tod bedeutsam ist, nämlich aufgrund der beinahe unumgänglichen Schlussfolgerung, dass das Bewusstsein im Zeitpunkt des physischen Todes in einer anderen Dimension weiterlebt, die alle Vergangenheit, Gegenwart und Zukunft in sich enthält. Der Tod ist offenbar das Ende unseres Körpers, nicht aber das Ende unseres Bewusstseins, weil bei einer Nahtod-Erfahrung erweitertes Bewusstsein während des klinischen Todes, während des zeitweiligen Verlusts sämtlicher Funktionen von Hirnrinde und Hirnstamm und bei einem Null-Linien-EEG erlebt wird. Aufgrund der wissenschaftlichen Forschung über Nahtod-Erfahrungen kommen wir nicht umhin zu folgern, dass es weder einen Anfang unseres Bewusstseins gibt noch jemals ein Ende geben wird. Unser erweitertes Bewusstsein ist nicht in unserem Gehirn angesiedelt und nicht auf unser Gehirn begrenzt, weil unser Bewusstsein nichtlokal ist und unser Gehirn vermittelnde, aber nicht erzeugende Funktion hat, damit Bewusstsein erlebbar wird.

Abschließend lässt sich sagen: Nicht nur bei Nachtod-Kontakten, sondern auch bei Nahtod-Erfahrungen und Sterbebett-Visionen ist der Kontakt mit dem Bewusstsein verstorbener Verwandter nicht nur möglich, sondern es wird tatsächlich häufig davon berichtet. Die faszinierende Forschung zu Nahtod-Erfahrungen, Sterbebett-Visionen und Nachtod-Kontakten ist offenbar ein Quell neuer Erkenntnisse über das Weiterleben des Bewusstseins nach dem physischen Tod. Aufgrund dieser Forschung und aufgrund der häufig berichteten Nachtod-Kontakte glauben heute die meisten Menschen, die eine solche Erfahrung hatten, dass der Tod ein bloßer Übergang von einem Bewusstseinszustand in einen anderen sein könnte und lediglich das Ende unseres physischen Körpers bedeutet.

Dieses bahnbrechende Buch wird eine große Hilfe sein, das Tabu und die Unwissenheit um Tod und Sterben zu brechen – eben dadurch, dass es die persönlichen und wissenschaftlichen Konsequenzen der Nachtod-Kontakte detailliert beschreibt. Wir brauchen eine aufgeschlossene Haltung, um dieses innovative Buch zu lesen und die Konsequenzen der subjektiven Erfahrungen zu akzeptieren, die nicht nur nach dem Tod eines geliebten Menschen, sondern auch in der letzten Lebensphase und während eines Herzstillstands sowie im Koma auftreten können. Für viele Leserinnen und Leser wird es die Angst vor dem Tod lindern können. Ich bin überzeugt, dass dieses wunderbare und wichtige Buch viel zur Anerkennung von Erfahrungen erweiterten Bewusstseins nach dem Tod enger Verwandter beitragen wird. Diese Erlebnisse treten wesentlich häufiger auf als bisher bekannt, und in ihrer Folge kann die Angst vor dem Tod geringer werden oder sogar völlig schwinden.

Ich kann dieses Buch sehr empfehlen, nicht nur Menschen mit einem Nachtod-Kontakt, die inzwischen wissen werden, dass sie nicht bloß einen ungewöhnlichen Traum hatten, sondern vielmehr einen echten und unerwarteten Kontakt mit dem Bewusstsein eines lieben Verstorbenen. Dieses Buch ist auch sehr wichtig für Menschen in Gesundheitsberufen, für Psychologen sowie für unheilbar Kranke und ihre Familien.

Prof. Dr. Pim van Lommel

Kardiologe, Nahtod-Forscher und Autor von *Endloses Bewusstsein.*

Vorwort
von Stéphane Allix

Evelyn Elsaesser ist eine der international profiliertesten Expertinnen für Erfahrungen rund um den Tod, insbesondere für jene, die in dem vorliegenden Buch ausführlich beschrieben werden.

Als ich im Sommer 2003 begann, mich mit diesen außergewöhnlichen Phänomenen intensiver zu beschäftigen, empfahl mir der bekannte amerikanische Psychologe Kenneth Ring auf meine Nachfrage hin, mit Evelyn Elsaesser in der Schweiz Kontakt aufzunehmen. Er hatte gerade mit ihr gemeinsam ein Buch über Nahtod-Erfahrungen[1] veröffentlicht und war voll des Lobes für seine Mitautorin. Ich rief Evelyn an und war sofort begeistert von dieser Forscherin, die ein zuvorkommendes Wesen und die ausgeprägte Fähigkeit, anderen zuzuhören, mit einer großen Gewissenhaftigkeit verband.

Zwischen uns entwickelte sich sehr schnell eine von Respekt und Freundschaft geprägte Beziehung. Als ich einige Jahre später INREES gründete, wurde Evelyn wie selbstverständlich zu einer der Säulen des Instituts und zu einem aktiven Mitglied unseres wissenschaftlichen Beirats. Eine besonders wichtige Rolle spielte sie für unsere Forschungstätigkeit, als wir anfingen, die verfügbaren klinischen Daten über Nahtod-Erfahrungen sowie Berichte über alle möglichen Arten von Kontakten zwischen Lebenden und Verstorbenen zu sammeln. Danach verfasste Evelyn mit beachtlicher Energie drei zentrale Kapitel des *Klinischen Handbuchs außergewöhnlicher Er-*

1 Lessons from the Light; deutsche Ausgabe: Im Angesicht des Lichts, Neuauflage Crotona Verlag, Amerang 2020. (A.d.Ü.)

fahrungen (Manuel clinique des expériences extraordinaires), darunter das Kapitel über Nachtod-Kontakte (NTK).

Mutmaßliche Kontakte mit Verstorbenen sind keine Einzelfälle. Sie kommen in unserer Umgebung zu Zehntausenden vor. Trauernde, die das Gefühl haben, auf die eine oder andere Art mit ihren verstorbenen Angehörigen oder Freunden einen Kontakt oder gar eine Kommunikation zu erleben, sind tief bewegt und getröstet, aber auch verunsichert von dieser Erfahrung, weil sie nicht zur vorherrschenden Auffassung von Wirklichkeit passt. Mit seinen zahlreichen Zeugenberichten, den fundierten Aussagen von Wissenschaftlern und den Reflexionen der Autorin gibt uns *Nachtod-Kontakte – Spontane Begegnungen mit Verstorbenen* einen Schlüssel in die Hand, um solche Erfahrungen besser zu verstehen und in den Trauerprozess zu integrieren.

Eines der Kapitel widmet Evelyn einem bestimmten Typ von NTK, und zwar den Visionen zum Zeitpunkt des Todes, auch Sterbebett-Visionen genannt, bei denen Menschen, die an der Schwelle des Todes stehen, verstorbene Familienmitglieder oder Freunde wahrnehmen, die gekommen sind, „um sie in die andere Welt zu begleiten“, und sie damit augenblicklich von jeglicher Todesangst befreien. Sterbende haben ihre Visionen Krankenschwestern, Ärzten und medizinischen Fachkräften anvertraut, die durchaus in der Lage waren, sie von den bekannten halluzinatorischen Phänomenen zu unterscheiden.

Die Besonderheit und das große Verdienst des vorliegenden Buches besteht darin, dass es Nachtod-Kontakte in den größeren Kontext anderer Erfahrungen in Todesnähe stellt – darunter Nahtod-Erfahrungen und über Medien hergestellte Begegnungen (*channeling*) – und ihre Ausdrucksform sowie die übermittelten Botschaften vergleicht.

Unzählige Menschen hatten derartige Erfahrungen und wagen es dennoch nicht, über sie zu sprechen, nicht einmal in ihrem engsten Umfeld. Evelyns Arbeit holt diese weit verbreiteten und wichtigen Erfahrungen aus ihrem Schattendasein und aus der Verleugnung heraus und bringt sie ans Tageslicht – und das ist zweifellos ihr größter

Verdienst. Damit leistet Evelyn Elsaesser einen unglaublich wertvollen Beitrag zum Entstehen eines Gesamtbildes.

Nachtod-Kontakte – Spontane Begegnungen mit Verstorbenen ist das Ergebnis einer jahrelangen Forschungsarbeit und wahrscheinlich das am besten dokumentierte Werk, das bis heute existiert. Das wissenschaftlich präzise, aber auch angenehm lesbare Buch lässt uns erkennen, dass die Annahme, es gäbe ein Leben nach dem Tod, eine vernünftige Hypothese ist.

Einige Worte zur Einführung

Haben Sie schon einmal die Anwesenheit eines verstorbenen geliebten Menschen gefühlt? Hatten Sie die Gewissheit, dass er in Ihrer Nähe ist, Sie mit seinem Wohlwollen, seiner Fürsorge, seiner Liebe umhüllt? Sie können ihn nicht sehen, aber Sie wissen, dass er da ist, für sehr kurze Zeit nur, ein, zwei Sekunden, vielleicht auch ein paar Minuten. Haben Sie gehört, wie ein geliebter Verstorbener Ihnen eine Botschaft übermittelt oder gar mit Ihnen ein Gespräch führt? Haben Sie seinen Arm um ihre Taille gespürt in einer vertrauten Geste, tausendmal erlebt, als er noch am Leben war? Haben Sie gesehen, wie er im Schlafzimmer auf Sie zukam, bei Nacht oder in der Dämmerung, umgeben von einem strahlend hellen Licht? Haben Sie mit ihm im Schlaf kommuniziert? Nicht wie in einem gewöhnlichen Traum, sondern von Angesicht zu Angesicht, klar und deutlich, so dass Ihnen die Begegnung ganz und gar echt vorkam?

Wenn das der Fall ist, haben Sie einen Nachtod-Kontakt (NTK) erlebt, eine sehr verbreitete, paradoxerweise aber auch wenig bekannte Erfahrung. Ein offenbar von einem Verstorbenen initiierter Kontakt ist eine positive und erschütternde Erfahrung mit transformativer Kraft, die weitaus mehr zu bieten hat als kurzfristigen Trost. Dank der vielen Zeugenberichte aus erster Hand, die den ersten Teil dieses Buches ausmachen, werden wir die Typologie, die Merkmale und die Folgen dieser Erfahrungen detailliert analysieren.

Ein Nachtod-Kontakt wirft viele Fragen auf, und wer von einem solchen Erlebnis berichtet, stößt nicht selten auf Unverständnis oder sogar negative Reaktionen, die sich schlicht und einfach durch einen unzulänglichen Informationsstand erklären lassen. Ausreichende Kenntnisse über dieses Phänomen, das wir alle beim Tod eines uns nahestehenden Menschen erleben können, sind wichtig, denn sie geben uns eine gemeinsame Sprache und lassen gleichzeitig jedem und jeder von uns den Raum, sich damit gemäß dem eigenen Empfinden auseinanderzusetzen.

Der Tod eines geliebten Menschen stellt unser Leben auf den Kopf und markiert den Beginn einer schmerzlichen und manchmal langwierigen Trauerzeit. Ein Nachtod-Kontakt ist ein großer Trost und bietet neue Perspektiven auf das Überleben des Bewusstseins nach dem physischen Tod und unsere eigene Endlichkeit. Doch diese Kontakte beseitigen die Traurigkeit nicht und sind kein Mittel, sich die Trauerarbeit zu ersparen, die in jedem Fall geleistet werden muss. Ich durfte über die Bedeutung der NTK mit international renommierten Trauerexperten sprechen. Wir betrachteten das Thema aus verschiedenen Blickwinkeln und stellen hier zahlreiche Möglichkeiten vor, wie man NTK in den Trauerprozess so integrieren kann, dass der größte Nutzen daraus entsteht.

Sind Nachtod-Kontakte authentisch? Was ist, abgesehen von dem Trost, den sie bieten, ihr ontologischer Status? Handelt es sich wirklich um „außergewöhnliche“ Erfahrungen oder wäre es richtiger, von durchaus gängigen, normalen menschlichen Erfahrungen zu sprechen, selbst wenn der Ursprung und der Modus Operandi dieser Kontakte vorläufig ein Geheimnis bleiben? Dieser entscheidenden Frage stellen wir uns im letzten Kapitel unter Mitwirkung einiger Wissenschaftler von Weltruf. Bei der Analyse dieser Erfahrungen ist ohnehin ein globaler Ansatz notwendig. Nachtod-Kontakte sind kein isoliertes Phänomen, sie treten im Kontext anderer Erfahrungen rund um den Tod auf, wie Nahtod-Erfahrungen, Sterbebett-Visionen und von Medien hergestellte Jenseitskontakte. Wenn man die verschiedenen Erfahrungen miteinander vergleicht, kann man diese Phänomene, die vom Wesen her im Grunde gleich zu sein scheinen, besser verstehen.

Kapitel 1

Was sind Nachtod-Kontakte?

Claudies Bericht

Claudie V. ist 63 Jahre alt und lebt im Elsass. Als Naturwissenschaftlerin (sie unterrichtet Mathematik) ist sie mit dem rationalen Denken vertraut und an die Reproduzierbarkeit analysierter Phänomene gewöhnt, die für die wissenschaftliche Beweisführung so notwendig ist.

> „Das Leben erlaubt sich gern mal einen Scherz", sagt sie, „und trotz meiner Ausbildung wurde ich mit Erfahrungen oder Phänomenen – oder wie immer ich sie nennen soll – konfrontiert, die mit der Rationalität, die man mir beibringen wollte, ganz und gar nicht in Einklang standen."

Am 27. November 1992 erfuhr ihr Schwiegervater Camille, dass sein ganzer Körper von Krebs befallen war, dem er dann auch am 24. Februar 1993 zum Opfer fiel.

> „Er war ein tiefgläubiger, aber von der Kirche sehr enttäuschter Mensch. Seinen Glauben lebte er vor allem in der Natur, dort spürte er den ‚Schöpfer'. Obwohl seine Krankheit sehr kurz war, hatten wir Zeit für ein paar Gespräche. Da er

wusste, dass ihm nicht mehr viel Zeit blieb, gehörte natürlich der Tod zu den Themen, über die wir sprachen. Eines Tages versprach er mir, dass er mir, falls möglich, ein Zeichen geben würde, wenn er auf der anderen Seite wäre. Ich antwortete, ich sei einverstanden und versprach ihm, keine Angst zu haben.

Ungefähr zwei Wochen nach seinem Tod stand ich neben meinem Mann auf dem Küchenbalkon. Da spürte ich ganz deutlich, wie sich eine Hand um meinen Ellenbogen legte und gegen meinen Arm drückte. Ich erkannte die Geste sofort, die für meinen Schwiegervater so typisch war. Er machte das, wenn er mit einem sprach oder einem etwas sagen wollte. Ich hatte diese Geste noch nie bei einem anderen Menschen erlebt. Deshalb dachte ich sofort an ihn und sagte meinem Mann, was ich gespürt hatte. Ich ‚wusste', dass er da war, dass er es war, der mich am Arm berührt hatte, und ich dankte ihm. Wie versprochen, hatte ich keine Angst gehabt."

Claudies Erlebnis ist subtil, eher eine Empfindung als eine konkrete Erfahrung, eine zarte, zärtliche Wahrnehmung, bei der sie sofort an ihren Schwiegervater denkt. Camille ist noch nicht lange verstorben, und Claudie hat eine Kontaktaufnahme erwartet, weil es zwischen ihnen beiden so abgesprochen war. Ihr Schwiegervater hat sich durch eine für ihn typische Geste manifestiert, die Claudie keinem anderen zuschreiben konnte, weil sie „diese Geste noch nie bei einem anderen Menschen erlebt" hatte. An dem Ursprung ihrer Wahrnehmung hat sie aber nie einen Zweifel gehegt. Auf den ersten Kontakt folgten weitere.

Claudie und ihr Mann hatten sich ein Haus bauen lassen, das Camille nicht mehr sehen konnte, weil er zum Zeitpunkt der Schlüsselübergabe schon nicht mehr lebte.

„Wir zogen im Juli 1993 um, und ich spürte, während ich das neue Haus einrichtete, seine Gegenwart sehr oft in meinem Rücken. Dann redete ich im Geist mit ihm und sagte ihm, wie traurig ich über seinen Tod sei, besonders da sein

> Sohn nun endlich das eigene Haus besaß, das er sich schon immer gewünscht hatte. Seine Gegenwart fühlte sich für mich vertraut an. Er wusste, dass er dieses Haus nie sehen würde, und hatte darauf bestanden, uns einen Kamin zu schenken. Er hatte gesagt: ‚Feuer ist Leben, und wenn ihr dann in eurem Kamin das Feuer seht, werdet ihr an mich denken.' Wir hatten also einen sehr schönen, gekachelten Kamin, wie man ihn im Osten Frankreichs baut. Eines Tages, es war Herbst oder Winter und das Feuer brannte fröhlich im Kamin, saß ich am Tisch und korrigierte Arbeiten. Die Mathematik erfordert eine hohe Konzentration, und ich war völlig in meine Arbeit vertieft. Plötzlich spürte ich trotz der Hitze aus dem Kamin, wie mich eine große Kälte durchströmte, und ich fing an zu zittern. Gleichzeitig fühlte ich seine Gegenwart dicht hinter mir, und er ‚sagte' zu mir (wie soll man das anders ausdrücken?): *Die Musik! Die Musik!* Ich hatte tatsächlich zum Arbeiten eine CD eingelegt. Mich überkam das dringende Bedürfnis aufzustehen und mir die CD anzusehen, die ich eher gedankenlos angeschaltet hatte. Der Titel des Stücks lautete *Der Reigen seliger Geister* (C.W. Gluck). Als ich das las, brach ich in Tränen aus und holte meinen Mann, um ihm von dem Vorfall zu erzählen; und ich dankte ‚Papy' für den wunderbaren Augenblick, den er mir geschenkt hatte. Noch heute bin ich sehr ergriffen, wenn ich mich an diese kostbaren Augenblicke erinnere. Er hatte sich entschieden zu kommen, als das Kaminfeuer brannte und das herrliche Musikstück durch den Raum klang."

Zufall oder Absicht? In dem Kamin, einem Geschenk von Camille, verbreitet das Feuer eine angenehme Wärme, und dennoch wird Claudie von einer großen Kälte erfasst und erschauert, während sie die Anwesenheit ihres Schwiegervaters wahrnimmt. Die Stimmung im Raum ist ruhig und arbeitsam, Claudies Aufmerksamkeit richtet sich auf ihre Korrekturen. Sie denkt in diesem Moment nicht an

Camille, und dennoch drängt sich seine Gegenwart mit überwältigender Selbstverständlichkeit auf – er ist da. Das Musikstück auf der CD, die sie ohne großes Nachdenken in den CD-Player eingelegt hatte, wird über die Schönheit der Musik hinaus bedeutsam, als Camille sie auf den Titel hinweist: *Der Reigen seliger Geister.* Claudie betrachtet den Moment als Geschenk und wird von Ergriffenheit erfasst. Sie hatte ihrem Schwiegervater versprochen, keine Angst zu haben, falls es ihm gelänge, sie nach seinem Tod zu kontaktieren, und sie hält Wort. Sie reagiert auf das anrührende Geschehen mit Freude und Dankbarkeit.

Einige Zeit später erlebt Claudie einen weiteren Kontakt.

> „Meine Schwiegereltern lebten in einer fantastischen Wohnung in Nizza. Wir kamen immer sehr gern dort zusammen, auf der Terrasse im sechsten Stockwerk, mit einem unglaublichen Rundblick auf die Berge und die wunderschöne Meeresbucht. Meine Schwiegermutter ist nach dem Tod ihres Mannes dort geblieben. Ich habe schon immer gern fotografiert, und mein Schwiegervater liebte die schönen Erinnerungsbilder an Familientreffen. Ich habe auch ihn fotografiert, einmal sogar, als er schon sehr krank war, und er hat zu mir gesagt: ‚Wenn die Fotos entwickelt sind, werde ich gestorben sein.' (Es war noch die Zeit, in der man Papierabzüge von Fotos gemacht hat, Digitalfotografie gab es noch nicht). Er hat sich nicht getäuscht, ich habe die Abzüge erst nach seinem Tod bekommen. Am Abend, nach einem besonders schönen Tag, machte ich auf der Terrasse wieder einmal Fotos von der Familie und lehnte mit dem Rücken am Terrassengeländer, das heißt, ich hatte sechs Stockwerke Leere hinter mir. Da spürte ich, wie sich seine Hand auf meine Schulter legte. Ich war mir sofort sicher, dass er es war und dass er glücklich war. Ich kann nicht sagen, ich hätte eine Stimme im Kopf gehört, nein, er musste gar nicht sprechen, ich wusste es einfach. Auch diesmal vergaß ich es nicht, ihm zu danken und das Glücksgefühl an seinen Sohn weiterzugeben."

Erneut wird sich Claudie der Gegenwart ihres Schwiegervaters bewusst. Sie spürt körperlich, wie sich seine Hand auf ihre Schulter legt und nimmt seinen Geisteszustand wahr – er ist glücklich, das weiß sie auch ohne Worte. Von Dankbarkeit überwältigt, teilt sie ihr Erlebnis mit ihrem Mann.

Dann folgt ein Ereignis, das sich als der letzte Kontakt mit ihrem Schwiegervater erweisen sollte:

> „Einige Jahre nach seinem Tod, als ich im Auto saß und aller Wahrscheinlichkeit nach an nichts Besonderes dachte, merkte ich auf einmal, dass er in meinem Kopf mit mir sprach. Er sagte mir, er ginge weg, sehr viel weiter weg, und würde sich nicht mehr bei mir melden. Ich war ein bisschen traurig, aber ich antwortete, dass es sicher nun einmal so sein müsse. Und so war es auch, von da an habe ich seine Anwesenheit nie wieder gespürt. Ich trage ihn immer in meinem Herzen."

Dieser letzte Kontakt, der als solcher angekündigt wird, ist besonders interessant. Der Verstorbene scheint sich in einer dynamischen Entwicklung zu befinden, die in einer Dimension stattfindet, die wir nicht begreifen können. Claudies Erlebnisse, so außergewöhnlich sie zu sein scheinen und so viele Rätsel sie auch aufgeben, stehen stellvertretend für viele. Offen für die Möglichkeit einer Kommunikation *post mortem*, haben Camille und Claudie eine Vereinbarung getroffen: ‚Falls es mir möglich ist, dir ein Zeichen zu geben, wenn ich auf der anderen Seite bin, werde ich es tun.' Claudie war zweifellos offen für einen potenziellen Kontakt und bereit, jegliche Art von Zeichen zu empfangen, aber sie hat immer dann einen Kontakt erlebt, wenn sie nicht an ihren Schwiegervater dachte und mit alltäglichen Dingen beschäftigt war.

Sie hat die offenbar von ihrem Schwiegervater initiierten Begegnungen mit Unbefangenheit, Freude und Dankbarkeit aufgenommen und auch ihren Mann, Camilles Sohn, gerne daran teilhaben lassen.

> „Ich fand das alles schön und beruhigend, niemals erschreckend. Es mag ja vielleicht eine Ausgeburt meiner Fantasie sein oder aber aus dem tatsächlich existierenden Jenseits stammen, eine echte Kommunikation sein – ist es denn so wichtig, das zu wissen?“

Claudie hat den Kern der Fragen erfasst, die sich durch das beschriebene Phänomen stellen: Sind es reale, authentische, von Verstorbenen herbeigeführte Erfahrungen oder handelt es sich um Erlebnisse, die das Unterbewusstsein der Empfänger als Reaktion auf deren Trauer und Kummer produziert? Stammen die Wahrnehmungen aus einer externen Quelle oder sind sie selbstgeneriert? Kann der Schmerz über den Verlust eines geliebten Menschen und das damit einhergehende Bedürfnis nach einer bleibenden Verbindung oder zumindest einer allerletzten Begegnung diese Empfindungen erklären? Der Tod eines geliebten Menschen wird von den Angehörigen oft als verfrüht empfunden. Selbst wenn im besten Falle alles gesagt ist, selbst wenn sich in den letzten Tagen und Stunden Gelassenheit einstellt hat und der Tod angenommen wird, wünschen wir uns immer noch ein wenig mehr Zeit, etwas mehr Austausch und Zusammensein, denn das liegt in der Natur der Liebe. Doch ist die psychologische Erklärung ausreichend? Wenn wir eine Antwort darauf finden wollen, müssen wir uns die Erfahrungen genauer ansehen.

Nachtod-Kontakte, ein verbreitetes Phänomen

Claudie V. hat mehrere Kontakte mit ihrem verstorbenen Schwiegervater erlebt, bei denen unterschiedliche Sinnesorgane beteiligt waren. In anderen Worten, sie hat Nachtod-Kontakte erlebt. Bei der Herausgabe des *Klinischen Handbuchs außergewöhnlicher Erfahrungen*[2], der ersten Publikation des Instituts INREES[3], das 2007 von

2 Allix, Stéphane; Bernstein, Paul, *Manuel clinique des expériences extraordinaires,* Paris, InterEditions – INREES, „Novelles évidences“, 2013.

3 Institut de recherche sur les expériences extraordinaires www.inrees.com

Stéphane Allix gegründet wurde, stellte sich bei der Abfassung des Kapitels, das wir diesem Thema widmeten[4], die Frage der Benennung. Damals waren Nachtod-Kontakte in französischsprachigen Ländern so wenig bekannt (sie sind es heute noch), dass es uns oblag, dem Phänomen einen Namen zu geben. Wir hätten es als „Kommunikation“ oder „Kontakt“ bezeichnen können, in Anlehnung an die eingeführte englische Bezeichnung *After-Death Communication*, aber wir haben uns entschlossen, eine etwas differenziertere Bezeichnung zu wählen, weil wir den subjektiven Aspekt des Erlebnisses betonen wollten.[5]

Ein Nachtod-Kontakt mit einem Verstorbenen entsteht *spontan*, ohne Absicht seitens der kontaktierten Person (dem Empfänger/ der Empfängerin) und ohne erkennbare äußere Ursache. Ich habe mich entschlossen, für Personen, die Nachtod-Kontakte erleben, den Begriff „Empfänger“ zu verwenden, ohne damit jedoch etwas Bestimmtes über die *Quelle* dieser Erfahrungen aussagen zu wollen.

NTK drängen sich dem Empfänger „von außen“ auf, wie die Betroffenen sagen. Aus ihrer Warte handelt es sich nicht um einen innerpsychischen Vorgang.

NTK sind *direkte* Kontakte, offenbar von den Verstorbenen herbeigeführt, ohne die Beteiligung eines Mediums – oder *channels* – und ohne den Einsatz von automatischem Schreiben, instrumenteller Transkommunikation (ITK)[6] oder anderen Verfahren. Kontakte, die auf Initiative von Trauernden mithilfe eines Mediums hergestellt werden und in der Öffentlichkeit viel bekannter sind, werden in diesem Buch nur am Rande behandelt.

4 Elsaesser-Valarino, Evelyn, „Vécu subjectif de contact avec un défunt“, *Manuel clinique des expériences extraordinaires*, Paris, InterEditions/ INREES, „Nouvelles évidences“, 2013, S. 131-159

5 „Im französischen Original wird das Phänomen als „vécus subjectifs de contact avec un défunt“ (VSCD) bezeichnet, wörtlich „subjektive Erfahrung eines Kontakts mit einem Verstorbenen“. (A.d.Ü.)

6 Instrumentelle Transkommunikation (ITK) wird eingesetzt, um einen Kontakt mit Verstorbenen durch Interferenzen an technischen Hilfsmitteln wie Radio- oder Fernsehgeräten herzustellen, wobei verschwommene Töne oder Bilder entstehen können; danach wird abgewartet und beobachtet, welche Phänomene sich ergeben.

Ein NTK ist ein Kontakt oder eine Kommunikation, der oder die sich spontan, ohne Absicht seitens der erlebenden Person (des Empfängers, der Empfängerin) und ohne erkennbare äußere Ursache ergibt. Es handelt sich um einen direkten Kontakt, der offenbar vom Verstorbenen ausgeht, ohne Beteiligung einer dritten Person (Medium) und ohne Verwendung von ITK, automatischem Schreiben oder ähnlichem. Bei einem NTK scheint ein Informationstransfer stattzufinden, in eine Richtung oder auch in beide.

In welcher Form treten NTK auf?

Es wurden unterschiedliche Arten von NTK identifiziert, die von vier der fünf Sinnesorgane wahrgenommen werden können: Hören, Berühren, Riechen und Sehen (der Geschmackssinn ist nicht betroffen). Trauernde können kurz nach dem Tod der Bezugsperson oder über einen längeren Zeitraum hinweg unterschiedliche Erfahrungen machen, die anscheinend alle von demselben Verstorbenen initiiert wurden, oder die gleiche Art von Kontakt kann sich wiederholen. Sehr häufig sind mehrere Sinnesorgane gleichzeitig beteiligt, zum Beispiel können sie hören, wie ein Verstorbener sagt, es ginge ihm gut und sie sollten sich keine Sorgen um ihn machen, während sie gleichzeitig sein Aftershave riechen können. Von manchen NTK-Arten wird häufiger berichtet als von anderen. Sehr verbreitet sind Kontakte im Schlaf, oder es wird berichtet, man habe die vertraute Gegenwart des Verstorbenen *gespürt*; viel seltener und spektakulärer sind Berichte von Wahrnehmungen eines „festen Körpers", insbesondere dann, wenn ein telepathischer Gedankenaustausch damit verbunden ist.

Ein NTK ist immer mit einem Todesfall verbunden, der kurze Zeit oder auch länger zurückliegt. Die meisten Erfahrungen treten im Jahr nach dem Ableben auf, mit einer hohen Konzentration in den ersten sieben Tagen, insbesondere den ersten vierundzwanzig Stunden. Weitere Kontakte treten bei einer abnehmenden Häufigkeit zwei bis fünf Jahre nach dem Tod auf. Kontakte, die zwischen fünf und mehr als dreißig oder vierzig Jahren nach dem Ableben auftreten, sind häufig an Krisensituationen gebunden. Diese „schützenden" NTK dienen dazu, die Empfänger vor einer unmittelbar drohenden, potenziell tödlichen Gefahr zu warnen, und ermöglichen es ihnen beispielsweise, einem Unfall, dem Tod durch Ertrinken oder einem Angriff zu entgehen oder zum Beispiel ein kleines Kind zu retten.

Auf den folgenden Seiten werde ich unterschiedliche Arten von Nachtod-Kontakten vorstellen, illustriert durch Berichte aus erster Hand. Als ich 2013 in der vom INREES herausgegebenen Zeitschrift „Inexploré" einen Artikel über Nachtod-Kontakte publizierte[7], schlossen wir die Bitte an, uns Erfahrungsberichte zu schicken. Sie trafen in großer Zahl ein, und im vorliegenden Buch greife ich immer wieder auf sie zurück. In den meisten Fällen habe ich die Berichte vollständig wiedergegeben, damit die Leser sich in die Lebenswelt der Verfasserin oder des Verfassers hineinversetzen können, die den Hintergrund für das markante Erlebnis bilden.

Sie werden feststellen, dass alle Berichte eine ganz eigene Note und Färbung aufweisen, ihnen allen aber eine unterschwellige Botschaft gemeinsam ist: Die Verbindung zu den Menschen, die uns nahestehen, scheint auch über den Tod hinaus fortzubestehen.

Allen, die uns ihr Vertrauen geschenkt haben, indem sie uns ihre Berichte schickten, sei an dieser Stelle herzlich gedankt!

Im Rahmen einer Studie der US-Amerikaner Bill und Judy Guggenheim[8] konnten Nachtod-Kontakte klassifiziert werden. In den 1980er Jahren führten die Autoren Gespräche mit 2000 US-Amerikanern und Kanadiern und analysierten die 3300 Berichte, die sie sammeln konnten. 335 Berichte wählten sie aus und veröffentlichten sie in ihrem Bestseller *Trost aus dem Jenseits.*[9]

---

7 Elsaesser-Valarino, Evelyn, „VSCD – hallucinations ou dernière communication?", *Inexploré* – Zeitschrift des INREES, Nr. 19, 2013, S.84-88.

8 www.after-death.com

9 Guggenheim, Bill und Judy, *Trost aus dem Jenseits – Unerwartete Begegnungen mit Verstorbenen*, übers. von Maja Ueberle-Pfaff, Frankfurt 1997; Originaltitel: *Hello from Heaven: A new field of research – After Death Communication – comfirms that life and love are eternal*, New York 1997.

Die folgende Liste der unterschiedlichen NTK stützt sich mit leichten Abweichungen auf die Einteilung von Guggenheim und Guggenheim.

NTK mit Gegenwartsempfinden, wie sie von Claudie im vorigen Kapitel geschildert wurden, kommen sehr häufig vor. Der Empfänger spürt die vertraute Gegenwart des Verstorbenen, aber er kann ihn weder sehen, noch spüren, noch hören. Die Gegenwart scheint eine gewisse „Dichte" zu haben, fast einem Körper ähnlich, aber doch unsichtbar, und der Empfänger weiß genau, wo im Raum sich der Verstorbene befindet. Die Identität und die Persönlichkeit des Verstorbenen erschließen sich unmissverständlich aus dessen Gegenwart und lassen eine sofortige Identifizierung zu. Dies ist nicht zu verwechseln mit dem wohlbekannten Empfinden vieler trauernder Menschen, dass „der Verstorbene immer an seiner Seite" sei oder er ihn „ständig im Herzen trägt". Die Wahrnehmung geschieht unerwartet und kurz (einige Sekunden, höchstens ein paar Minuten) und ist zeitlich klar begrenzt. Ein Gefühl von Liebe und Fürsorge geht von der Präsenz aus, und der Kontakt wird als tröstlich oder sogar freudig erlebt. Manchmal werden derartige Wahrnehmungen von einem Absinken der Raumtemperatur oder einem kalten Luftzug begleitet. Diese Art von NTK tritt häufig in Verbindung mit einer Gehörwahrnehmung auf. Aber überlassen wir unseren Zeugen das Wort.

Brigitte F. ist Krankenschwester und Leiterin einer Onkologie-Station. Sie hat, schreibt sie, an ihrem Arbeitsort nach dem Tod von Patienten schon häufiger Ungewöhnliches erlebt, doch der NTK, den sie hier beschreibt, betrifft ihre eigene Schwiegermutter:

> „Meine Schwiegermutter ist vor über drei Jahren verstorben. Bevor sie ins Seniorenheim kam und bettlägrig, um nicht zu sagen depressiv und abhängig wurde, war sie eine dominante, autoritäre Frau, die hellseherische Fähigkeiten besaß. Ihr Sohn, mein Ehemann, hat mir erzählt, dass er als Kind zu

Hause vielen Menschen begegnet ist, die gekommen waren, um sich von ihr Rat zu holen.

Ich hatte trotzdem ein gutes Verhältnis zu ihr, und sie sprach manchmal, bevor sie ins Seniorenheim kam, mit mir unter vier Augen über ihre Gabe. Ich verstand mich gut mit meiner Schwiegermutter, aber ich war nicht ihre Vertraute, und manchmal herrschte zwischen uns auch eine gewisse Distanz [...]

Ich war bis zum Ende bei ihr und sagte ihr auch, dass sie gehen müsse. Ihr Leben in der Palliativpflege war die reine Hölle. [...]

Und dann spürte ich – ich kann mir nicht erklären wie – ein Jahr nach ihrem Tod auf einmal ihre Gegenwart sehr stark. Und zwar regelmäßig. Ich sah sie nicht, aber ich wusste, dass sie da war. Ich ertappte mich selbst dabei, wie ich sie um Hilfe bat und manchmal auch verlangte, dass sie mich in Ruhe ließe, weil ihre Gegenwart so stark war und mich störte. Sie war mir wohlgesonnen, aber manchmal ängstigte sie mich auch, weil sie im Alltag so präsent war. Sie hat so manchen meiner Schritte beeinflusst und mir geholfen, Entscheidungen zu treffen.

Ihr Sohn spürte nichts, und wenn er ihr Grab besuchen wollte, war das für mich ohne Belang, denn da war sie nicht, und das sagte ich ihm auch!

Ich habe nicht oft über die Sache gesprochen, nur mit meinem Mann, der mir glaubt, was ich erzähle, und es respektiert.

Ich weiß nicht, warum das alles passiert ist und ob es noch einmal vorkommen wird, aber ich bin der festen Überzeugung, dass das Bewusstsein nicht mit dem Körper stirbt.

Außerdem erlebe und verzeichne ich seit Jahren viele Synchronizitäten in meinem Alltag. Wer aufmerksam auf das achtet, was ihn umgibt, kann regelmäßig Botschaften erhalten, die ihn bei seinen Entscheidungen leiten."

Brigitte hat die Gegenwart ihrer verstorbenen Schwiegermutter sehr häufig wahrgenommen. So häufig, dass sie die Kontakte am Ende als belastend empfand. Das ist ungewöhnlich. Manche Menschen erleben ein, zwei Kontakte, andere mehr, aber fast tägliche Kontakte sind sehr ungewöhnlich.

Hören wir, was Michèle H. zu berichten hat:

> „Mein Ex-Mann starb im Januar 1994. Im April 1994 lag ich eines Morgens noch im Bett (im oberen Stockwerk) – und ich möchte betonen, dass ich wach war –, als ich hörte, wie die Treppe knarrte, als würde jemand sie hochsteigen, dabei war ich allein im Haus.
>
> Ich spürte eine Art Präsenz (links von mir), und es war, als würde sich diese Präsenz neben mich auf die Bettkante setzen. Ich hatte fast den Eindruck eines Abdrucks auf der Bettdecke, weil sie ein wenig zerdrückt war. Dann sagte er zu mir (ohne dass ich die Stimme hörte): *Ich wusste nicht, dass du durch mich so gelitten hast.* Er spielte darauf an, dass er mich verlassen hatte und wir uns hatten scheiden lassen. Dann spürte ich seine Schwingungen. Es fällt mir schwer, in Worte zu fassen, was ich fühlte, es ist so schwer zu beschreiben. Ich habe die Schwingungen meines Ex-Mannes in die Arme geschlossen – und dann war seine Präsenz fort.
>
> Es war ein wunderbarer Moment für mich. Es war wie ein Eintauchen in Liebe, ein beruhigendes, großes Wohlgefühl, das mehrere Tage anhielt, und noch heute erinnere ich mich gern daran. Ich habe den Eindruck, dass ich meinem Ex-Mann für das, was damals geschehen war, verziehen habe. Ich werde diesen Moment nie vergessen."

„Ich wusste nicht, dass du durch mich so gelitten hast" – was ist da geschehen? Wie und wann kam es zu dieser Einsicht? Alles deutet darauf hin, dass Michèles Ex-Mann zu seinen Lebzeiten nicht erkennen konnte – oder wollte – wie viel Leid er seiner Ex-Frau zugefügt hatte. Gab ihm sein neuer körperloser Zustand das für die entsprechende Einsicht und Reue notwendige Bewusstsein, das man zwischen den Zeilen liest?

Ein nie aufgelöster Schmerz, eine nie wirklich vernarbte Verletzung – und dann fegt der flüchtige Eindruck eines Kontakts all das hinweg, und Vergebung kann sich endlich einstellen. Was immer der Ursprung von NTK sein mag, sie sind offensichtlich starke Erfahrungen.

NTK mit Gegenwartsempfinden können auch Informationen enthalten, die an ein „Sehen mit dem geistigen Auge" erinnern:

> „Ich war im Haus meines Schwiegervaters und saß neben ihm. Wir sprachen über alles Mögliche, und er sagte sinngemäß: ‚Es gibt vieles auf der Welt, was wir nicht sehen können.' Plötzlich war mir, als sähe ich einen Mann neben ihm sitzen, und ich antwortete: ‚Ja, genau wie der Mann, der gerade neben dir sitzt.'
>
> Ich spürte, dass es ein Mann war und er einen Hut und eine graue Jacke trug. Ich konnte ihn nicht sehen, nur fühlen, es ist schwer zu erklären. Ich wusste ganz einfach genau, wie dieser Mann aussah [...]"[10]

Dieser Bericht ist besonders interessant, da der Eindruck, einen Verstorbenen wahrzunehmen – in dem Fall dem Empfänger unbekannt – durch einen Hinweis auf sein Erscheinungsbild ergänzt wird. Offenbar hat eine Informationsübertragung stattgefunden, ohne dass es sich jedoch um eine Vision handelte.

Die Erfahrung von Suzanne F. ist atypisch durch ihren *modus operandi* und lässt sich nicht gut in eine der von den Guggenheims vorgeschlagenen Kategorien einordnen. Am ehesten entspricht sie noch einem NTK mit Gegenwartsempfinden – einer Empfindung von Licht, wie Sie sie im folgenden Bericht entdecken werden.

---

10 Haraldsson, Erlendur, *The Departed among the Living: An Investigative Study of Afterlife Encounters*, Guildford UK, 2012, S.38.

„1991 verlor ich meinen Vater. Das hat mich sehr getroffen, zu meinem großen Erstaunen übrigens, denn ich hatte ein sehr distanziertes Verhältnis zu ihm. Ich hatte immer geglaubt, dass ich den Tod meiner Mutter, der ich mich viel näher fühlte, schlechter verkraften würde.

Doch ich war regelrecht niedergeschmettert. Ich konnte den Kummer, der mich so bedrückte, gar nicht mehr loswerden, und es kam mir vor, als hätte man einen Teil von mir amputiert.

Ein paar Tage nach der Beerdigung lag ich eines Abends im Bett und spürte, wie ich von einem ‚wohlwollenden Licht' wie eingehüllt wurde, einer Art Aura, die meinen Kummer dämpfte und linderte. Ich hatte den Eindruck, dass mein Vater gekommen war, um mir die Kraft zu spenden, mit der ich weiterleben konnte."

NTK mit Gehörwahrnehmungen, auch **auditive NTK** genannt, kommen in zwei Varianten vor: Entweder hören die Empfänger eine Stimme, die aus einer externen Quelle zu stammen scheint, so wie wenn man einem Gesprächspartner zuhört, oder sie hören eine Stimme „im Kopf". Im zweiten Fall sprechen sie etwa von einer Botschaft „die ins Bewusstsein gelegt" wird, wobei sie stets betonen, dass sich der Ursprung der Botschaft außerhalb ihrer selbst befindet und es sich nicht um Gedanken handelt. Damit wäre es eine telepathische Kommunikation.[11] Bei beiden Arten von Kontakt werden die Verstorbenen ohne Zögern an ihrer Stimme, ihrer charakteristischen Sprachmelodie oder ihrer Ausdrucksweise erkannt. Die Kommunikation kann einseitig oder in beide Richtungen vonstattengehen.

Hier ein Bericht, in dem eine innere Stimme erwähnt wird, die eine telepathische Botschaft übermittelt:

„Ich möchte mich kurz vorstellen. Ich bin eine 37 Jahre alte Lehrerin und lebe mit meiner Tochter zusammen.

11 Telepathie: Übertragung von Gedanken oder Gefühlen von Mensch zu Mensch ohne Vermittlung der bekannten Sinnesorgane.

Vor einem Jahr habe ich meinen jüngeren Bruder, meine Schwägerin, meine Nichte (knapp 4 Jahre) und meinen Neffen (2 Jahre) durch einen Autounfall verloren. Im September, etwa fünf, sechs Wochen nach ihrem Tod hatte ich eines Nachts das Glück, meine Nichte auf telepathischem Wege zu ‚hören'. Es war kurz vor Mitternacht, und ich lag mit offenen Augen im Zimmer, ohne zu wissen, was mich geweckt hatte und ohne dass mir etwas auffiel. Als ich gerade wieder die Augen zumachte und meine Gedanken beiseite schob (nur nicht denken, damit ich nicht so lange wach lag!), hörte ich sie in meinem Kopf, in meinem Gehirn. Es war eine ‚Stimme', die nicht aus meinem Bewusstsein kam, es war die Stimme eines vierjährigen Mädchens – meiner Nichte!

Der ‚Ton' schien von weither zu kommen, als würde sie durch eine Röhre sprechen (so habe ich es empfunden). Es ging nur ein paar Sekunden, nur einen Satz lang … Meine Nichte schien fröhlich zu sein, ihre Stimme klang munter.

Mich überkam erst ein großes Glücksgefühl und dann bekam ich große Angst (danach ließ ich monatelang nachts das Licht brennen!).

Aber ich muss zugeben, dass es für mich keinen Zweifel gibt: Sie sind immer noch da, auch wenn sie jetzt unsichtbar sind …"

(Sandra G.)

Botschaften, die bei NTK empfangen werden

Was „sagen" die Verstorbenen? Was teilen sie ihren Angehörigen mit?

Jede Botschaft ist naturgemäß einzigartig, weil sie an eine bestimmte Person gerichtet ist und durch eine ebenfalls einzigartige gemeinsame Vergangenheit und Geschichte geprägt ist. Dennoch kann man die Inhalte systematisieren, denn sie sind im Großen und Ganzen recht homogen. Allein die Tatsache, dass die Verstorbenen offenbar mit den Lebenden kommunizieren können, deutet darauf hin, dass sie – anderswo – eine Existenz weiterführen, deren Art und Weise unser Begriffsvermögen übersteigt. Die stärkste Wirkung erzeugt zweifellos ihre offenkundige Fähigkeit, Kontakt aufzunehmen, die die einen als Offenbarung empfinden, die anderen als Bestätigung ihrer bereits vorhandenen Überzeugung, dass eine Art Bewusstsein den physischen Tod überdauert. Häufig handeln die Botschaften von Liebe und schenken Zuversicht (*Es geht mir gut, mache dir keine Sorgen um mich*). Sie ermutigen die Trauernden, ihren Kummer hinter sich zu lassen (*Sei nicht traurig, geh weiter auf deinem Lebensweg*), oder bitten sie gelegentlich, die Verstorbenen nicht aufzuhalten (*Lass mich gehen, ich bin glücklich*). Manchmal verweisen sie auf eine Begegnung in der Zukunft (*Wir werden uns eines Tages wiedersehen*). War die Beziehung zwischen Empfänger und Verstorbenem konfliktbeladen und belastend, dienen die Kontakte auch dazu, Verzeihung zu erbitten, oder zuweilen auch als Rechtfertigung (*Ich habe dir weh getan, ich bitte dich um Verzeihung, ich habe aus folgendem Grund so gehandelt ...*).

Man muss unterstreichen, dass die Botschaften keinerlei Informationen über die neue Existenzform der Verstorbenen enthalten und nichts über ihren „neuen Aufenthaltsort" verraten. Lediglich die allgemeine Stimmungslage des Verstorbenen wird kurz erwähnt (*Es geht mir gut, ich bin glücklich, ich bin zu Hause*).

Bei **NTK mit Tastwahrnehmungen (taktile NTK)** empfinden die Empfänger einen Kontakt an einer Körperstelle, zum Beispiel ein leichtes Reiben oder einen Druck, eine zärtliche Berührung, einen Kuss, eine Hand auf der Schulter oder sogar eine Umarmung. Es kommt vor, dass Empfänger die Verstorbenen berühren und fühlen können. Beispielsweise berichtete ein Empfänger von einer visuellen Erfahrung mit seiner verstorbenen Frau. Er ging spontan auf sie zu und nahm sie in die Arme. Er konnte ihren „Körper" fühlen. Danach nahm er ihre Hand und sagte, dass sich die Hand warm angefühlt hätte. obschon er darauf vorbereitet gewesen war, eine kalte

Hand zu berühren. Der Kontakt wird als tröstlich empfunden, und die verstorbene Bezugsperson ist sofort an der für sie oder ihn charakteristischen Geste zu erkennen. Diese relativ seltene Form von NTK hat etwas sehr Intimes und findet am häufigsten zwischen Paaren und innerhalb von Familien statt. Manche Menschen berichten, dass der Kontakt von so etwas wie „elektrischem Strom“ oder einer „Energiewelle“ begleitet war. NTK mit Tastwahrnehmung treten häufig in Verbindung mit anderen Arten des Kontakts auf, beispielsweise einem NTK mit Gegenwartsempfinden oder mit Gehörwahrnehmungen.

Hier der Bericht von Elisabeth L.

> „Mein Vater ist gestorben, als ich ein junges Mädchen war, und ich war am Ende bei ihm. Er liebte Teilhard de Chardin und hat uns immer gesagt, dass auf seinem Grabstein der Satz ‚Der Tod existiert nicht‘ stehen soll. Natürlich haben wir ihm seinen Wunsch erfüllt.
>
> Viele Jahre später, als ich gerade ein Buch über das Thema las, hatte ich plötzlich das Gefühl, endlich im tiefsten Inneren, aus tiefster Seele, wirklich zu verstehen, was unser Vater uns durch diese Worte hatte sagen wollen. Es war, als hätte ich bis zu diesem Tag nur ein verschwommenes, diffuses Verständnis davon gehabt.
>
> Ich konnte nicht lange darüber nachdenken, denn ich musste zur Arbeit und machte mich bereit. Meine Gedanken kehrten zu prosaischen Dingen zurück, zum Arbeitstag, der mir bevorstand.
>
> Plötzlich spürte ich körperlich, wie eine warme, freundliche Präsenz sich seitlich an mich schmiegte, und ich bekam starkes Herzklopfen. Dabei verspürte ich weder Unbehagen noch Angst, und eine ‚Stimme‘ in meinem Kopf sagte zu mir: *Ja, mein Liebling, du hast recht.* Auf jeden Fall war es sinngemäß das, was ich gehört habe. Ich wusste, dass es mein Vater war. Dann löste sich die Präsenz sachte von mir und ließ mich in einer Art stiller Euphorie zurück.

> Ich habe diesen Moment nie vergessen und trage ihn mit einem Gefühl von Frieden und Glück in mir."

Sandra G., die einen Teil ihrer Familie durch einen Autounfall verloren hat, erlebte mehrere NTK.

> „Ich habe seither [seit dem weiter oben zitierten NTK mit Gehörwahrnehmung] nichts mehr gehört, aber ich habe oft eine Art ‚Streicheln' am Kopf und einen kalten Luftstrom erlebt. Manchmal sind diese Berührungen aber auch so kräftig, dass ich aufschrecke oder das, was ich gerade tue, unterbreche …"

Bei dem Erlebnis, von dem Monique O. berichtet, wurde die Freude über die Begegnung durch ihre Angst gestört.

> „Mein Mann ist am 6. Mai 1991 gestorben. Ich war untröstlich. Ich hielt die ganze Zeit Ausschau nach einem Zeichen von ihm.
>
> Eines Nachts hörte ich eine Stimme, die zu mir sagte:
> ‚Ich bin da.'
> ‚Ich sehe dich nicht.'
> ‚Das kannst du nicht, aber du kannst mich spüren.'
> Ich stehe auf.
> ‚Umarme mich!'
> Ich breite die Arme aus – und ich spüre ihn.
>
> Das hat mir einen solchen Schock versetzt, dass er verschwunden ist. Seitdem bedauere ich das und mache mir Vorwürfe, weil ich so große Angst gehabt habe!"

Wie häufig sind NTK? Kann man das Phänomen in Zahlen fassen?

Spontane und direkte NTK mit Verstorbenen sind gang und gäbe, im Mediendiskurs kommen sie jedoch praktisch nicht vor. Bekannter sind Kontakte mit Verstorbenen, die auf Betreiben von Hinterbliebenen mithilfe eines Mediums herbeigeführt werden; sie werden in Büchern, Dokumentationen, Radio- oder Fernsehsendungen thematisiert. Das ist bei NTK nicht der Fall. Wahrscheinlich haben Millionen Menschen in deutschsprachigen Ländern Nachtod-Kontakte erlebt, das Phänomen selbst hingegen wurde bisher so gut wie gar nicht dokumentiert. Zwischen der Anzahl der Erfahrungen und der Präsenz des Themas in den Medien beziehungsweise den Gesellschaftswissenschaften herrscht ein eindeutiges Ungleichgewicht, denn bei einer solchen Häufigkeit muss man von einem sozialen Tatbestand ausgehen.

In anderen Teilen der Welt dagegen, und vor allen in englischsprachigen Ländern, werden NTK immer bekannter, vor allem dank des bereits erwähnten Bestsellers von Bill und Judy Guggenheim „Trost aus dem Jenseits". Es ist an der Zeit, diese Art von Post-Mortem-Kontakten auch in unseren Breitengraden zu thematisieren.

Überhaupt sind NTK bisher selten wissenschaftlich untersucht worden und uns fehlen neuere Statistiken. Interessante Zahlen erhalten wir allerdings von einer großen europäischen Studie der *European Value Study*[12] über Wertvorstellungen, die in ihrer ersten Fassung 1981 in sechzehn Ländern durchgeführt wurde. Bei dieser Umfrage wurden übersinnliche Wahrnehmungen aus den Bereichen Telepathie, Hellsichtigkeit und Nachtod-Kontakte analysiert. Im Hinblick auf letztere wurden die Interview-Partner gefragt: „Hatten sie schon einmal den Eindruck, tatsächlich mit einer verstorbenen Person in Kontakt zu sein?" Die positiven Antworten aus den verschiedenen Ländern variierten zahlenmäßig stark, sie reichten von 9% bis 41%. Island führte mit 41%, gefolgt von Italien mit 34%, Westdeutschland mit 28%, Großbritannien mit 26%, Frankreich mit 24%, Belgien mit 18%, Irland und Spanien mit 16%, Finnland und Schweden mit 14%, Holland mit 12%, Dänemark mit 10% und Norwegen mit 9%. Als Ergebnis der Umfrage kann man also festhalten, dass im Durch-

12 EVS: European Values Study 1981 – Integrated Dataset, GESIS Data Archive, Cologne ZA4438 Data File Version 3.0.0. doi: 10.4232/1.10791

schnitt ein Viertel aller Europäer angibt, schon einmal in direktem Kontakt mit einem ihm nahestehenden verstorbenen Menschen gestanden zu haben.[13,14]

Demnach haben 28% aller Westdeutschen, mehr als ein Viertel der Bevölkerung, bereits einmal einen NTK erlebt. Das ist eine beeindruckende Zahl. Die Formulierung der Frage „Hatten sie schon einmal den Eindruck, tatsächlich mit einer verstorbenen Person in Kontakt zu sein?" ist eindeutig. Es geht nicht um ein vages Gefühl, dass da etwas ist, sondern um den Eindruck von einem „tatsächlichen Kontakt". Es verwundert, dass diesem wichtigen Phänomen so wenig Aufmerksamkeit gewidmet wird.

In den USA ergaben sich bei einer ähnlichen Umfrage sogar noch höhere Zahlen. Bill und Judy Guggenheim schätzen, dass zwischen 60 und 120 Millionen US-Amerikaner einen oder mehrere Kontakte mit Verstorbenen hatten, das heißt zwischen 20 und 40% der US-Bevölkerung[15], und Louis LaGrand schätzt, dass 70 Millionen oder 44% der US-Amerikaner schon einmal einen NTK erlebt haben.[16]

Menschen, die ihren Ehe- oder Lebenspartner verloren haben, scheinen für Nachtod-Kontakte in einem besonders hohen Maß empfänglich zu sein. In den 1970er Jahren nahm der britische Forscher und Arzt W.D. Rees in einem Waliser Bezirk Kontakt zu 81% aller Witwen und Witwer auf, insgesamt 293 Individuen, und entdeckte, dass in einem begrenzten Zeitraum 50% der Witwer und 46% der Witwen im Wachzustand einen Kontakt mit ihrem verstorbenen Ehepartner erlebt hatten; 39% von ihnen hatten eine Gegenwart gespürt, 14% hatten den Partner oder die Partnerin gesehen, 13% hatten sie oder ihn gehört und 12% hatten mit ihr oder ihm kommuniziert. Bei 3% hatte laut Umfrage eine körperliche Berührung durch

13 Mittelwert gemessen an der Bevölkerungszahl.

14 Elsaesser-Valarino, Evelyn, „Vécu subjectif de contact avec un défunt", S.137-138.

15 www.after-death.com

16 LaGrand, Louis E., *Gifts from the Unknown: Using Extraordinary Experiences to Cope with Loss and Change*, San José/New York 2001, S.27.

den Ehepartner stattgefunden.[17] Andere Wissenschaftler kamen zu ganz ähnlichen Ergebnissen. Die amerikanischen Wissenschaftler Jeffrey und Jody Long schätzen die Anzahl der von Witwern und Witwen erlebten Kontakte auf 47% bis 51%.[18]

Was bedeuten diese Statistiken? Sie zeigen, dass NTK – unabhängig von ihrer Form und Intensität – beileibe kein Randphänomen sind. Tag für Tag machen Menschen auf der ganzen Welt solche Erfahrungen und wissen weder, wie sie sie benennen noch wie sie sie in ihre Vorstellung von der Realität einordnen sollen. Es ist wichtig, ja, sogar dringend notwendig, ihnen einen ontologischen Status zu geben.

Man spricht von **NTK mit Geruchswahrnehmungen (olfaktorische NTK)**, wenn während der Kontakte Gerüche eine Rolle spielen, die man mit dem Verstorbenen assoziiert. Typische Düfte sind Parfüms, Rasierwasser, eine häufig verwendete Seife oder Körperlotion, aber die Bandbreite der Gerüche ist sehr groß. Es kann sich um Blumendüfte handeln, aber auch um Nahrungsmittel, Getränke, Tabak oder ähnliches. Die Gerüche treten ganz plötzlich, ohne erkennbaren Grund und Zusammenhang, auf, in Räumen oder im Freien, ohne dass eine konkrete Quelle vorhanden ist. Nach einigen Sekunden oder allenfalls Minuten verfliegen sie wieder. Diese Art von NTK wird am häufigsten von mehreren Personen gleichzeitig wahrgenommen.

Hier ein Beispiel:

> „Dies geschah am 15. November 2007, ein Jahr nachdem mein Mann hinübergegangen ist. Während ich entspannt in seinem Sessel sitze, werde ich darauf aufmerksam, dass mein Mann in der Nähe ist. Er befindet sich links von mir zwischen Bücherregal und Sessel, beugt sich zu mir herunter und küsst mich sanft auf die Wange. Es ist nicht viel Platz, und er muss dicht bei mir sein, denn ich kann rechts von

17 Rees, W.D., „The Hallucinations of Widowhood“, *British Medical Journal*, 1971, 4(5778), S.37-41.

18 www.adcrf.org.

> mir den vertrauten Geruch seines Rasierwassers wahrnehmen. Sehr aufgewühlt drehe ich leicht den Kopf und denke, dass er sich wohl auf die Couch setzen wird, aber ich sehe niemanden."

(Denise R.)

Visuelle NTK kommen in unterschiedlicher Form vor. Manchmal werden die Verstorbenen partiell wahrgenommen (der Kopf und der Oberkörper), manchmal vollständig. Auch wie klar die Gestalt gesehen wird, ist sehr unterschiedlich. Die Beschreibungen reichen von einer nebelhaften, halb transparenten Silhouette, durch die man hindurchsehen kann, bis zur Wahrnehmung eines festen Körpers. Dazwischen gibt es alle möglichen Abstufungen. Gelegentlich kommt es zu einer dynamischen Entwicklung: Zunächst erscheint eine vage Form, die sich nach und nach zu einem Umriss verfestigt und schließlich die feste Gestalt einer Person annimmt, die lebensecht wirkt. Hin und wieder wird die Erscheinung nur aus dem Augenwinkel wahrgenommen, aber dennoch eindeutig identifiziert. Die Erscheinungen sind häufig von Licht umgeben und scheinen sich gelegentlich ein paar Zentimeter über dem Boden schwebend fortzubewegen, während die Füße unsichtbar sind. Wahrgenommen werden sie sowohl in Innenräumen, oft nachts im Schlafzimmer, als auch im Freien, zum Beispiel in einem Auto oder auf einem Schiff. Nicht selten wird von Fällen berichtet, bei denen jemand einen Verwandten, etwa einen Vorfahren oder entfernten, bereits verstorbenen Angehörigen, sieht, den er nicht kennt und erst später anhand eines Fotos zuordnen kann. Gelegentlich werden diese Erscheinungen von einem spürbaren Absinken der Raumtemperatur begleitet, manchmal auch von einem Luftzug.

Die Verstorbenen erscheinen gewöhnlich in der Blüte ihrer Jahre, bei strahlender Gesundheit, unabhängig davon, in welchem Alter sie gestorben sind und welche Krankheit vielleicht am Lebensende ihre Gesichtszüge gezeichnet hat. Sehr häufig sehen Angehörige den geliebten Menschen ja zum letzten Mal aufgebahrt im Beerdigungsinstitut oder kurz vor der Bestattung. Das ist ein trauriger Anblick, eine beklemmende Erinnerung. Ein visueller NTK gibt Menschen die Möglichkeit, dieses letzte, belastende Erinnerungsbild durch ein neues, schönes und heilsames Bild zu ersetzen.

Hier der Bericht von einem visuellen NTK, der mit Geruchs- und Gehörwahrnehmungen verbunden war. Es handelt sich um ein Erlebnis, das eine Mutter und ihre Tochter zum Teil gemeinsam erlebten.

> „Passiert ist es am 15. Dezember 1990, zwei Wochen nach dem Tod meines Mannes mit 46 Jahren. Er starb an den Folgen einer missglückten medizinischen Untersuchung, durch die er eine akute Pankreatitis bekam, die ihn innerhalb von 48 Stunden hinwegraffte.
>
> Es war ungefähr 6.45 Uhr früh, meine Tochter war bereits aufgestanden und im Badezimmer nebenan, weil sie den Schulbus erreichen musste.
>
> Ich lag schon etwa eine Stunde wach und dachte an all das, was mir an diesem Tag bevorstand, vor allem an die Vorbereitungen für die Messe, die ich für meinen Mann in der Kirche unserer kleinen Gemeinde bestellt hatte.
>
> Auf einmal sah ich am Fußende des Bettes in dem dämmrigen Zimmer, in das nur wenig Licht aus dem Flur fiel, eine dunkle Silhouette. Sie kam näher und beugte sich vor, um sich neben mich aufs Bett zu legen. Mein erster Gedanke war, dass das nicht ging, weil ich ganz am Rand lag und neben mir kein Platz war!
>
> Das Wesen legte sich neben mich, als wäre das Bett breiter, als es in Wirklichkeit war. Es drückte mich sehr stark, ich empfand eine unaussprechliche Freude, eine wahre Ekstase in dieser Umarmung, die ich als ‚Vereinigung der Seelen‘ bezeichnen möchte, obwohl ich nicht wusste, wer der Besucher war!
>
> Dann sah ich die Gesichtszüge in allen Details, sein Kopf lag neben meinem, unsere Haare fielen übereinander und ich erkannte meinen Mann.
>
> Sein Blick war nicht auf mich gerichtet, sondern zur De-

cke. Er sprach nicht, aber durch eine Art Telepathie hörte ich deutlich seine Stimme in meinem Kopf:

Ich bin zurückgekommen, um dich zu beruhigen.

Ich musste weggehen, ich hatte keine Wahl.

Meine Liebste, mache dir keine Sorgen, wo immer du bist, ich werde dir nahe sein, ich werde dich nie verlassen!

Nimm meine Kraft, ich gebe sie dir, es ist die Lebenskraft, die ich da unten hatte, sie geht in dich über, sie ist mein Geschenk.

In diesem Moment spürte ich, wie eine große Wärme in meinen rechten Arm floss und sich in meinem Körper ausbreitete. Dann wurde sie schwächer und hörte auf. Auch die Präsenz wurde schwächer und löste sich in einer großen Sanftheit auf.

Schon gleich zu Anfang hatte ich versucht, meine Tochter zu rufen, ich hatte nur einen Gedanken: Ihr zuzurufen, dass sie kommen solle, damit sie ihren Vater sehe, der wiedergekommen sei … Aber so sehr ich mich auch anstrengte, ich brachte keinen Ton heraus, ich war wie gelähmt, als hätte er mir verboten, sie zu rufen. Ein paar Sekunden nach dem Verschwinden der Erscheinung entspannte sich meine Kehle, und ich konnte sie endlich rufen.

Mir liefen die Tränen übers Gesicht, so aufgewühlt und glücklich war ich. In diesem Moment kam meine Tochter ins Schlafzimmer, weil, wie sie mir später erzählte, eine innere Stimme zu ihr gesagt hatte: *Geh zu Mama, sie braucht dich!*

Dieses wunderbare Erlebnis hat meine Sichtweise auf den Tod verändert und mir den Mut gegeben, mich all den kommenden Jahren zu stellen! Umso mehr, als ich immer wieder das Glück habe, Zeichen zu bekommen, Synchronizitäten zu erleben und im Traum Botschaften zu erhalten, die mein Leben bis zum heutigen Tag bereichern."

Marie-Josée M.)

Anfang und Ende visueller NTK

Der Beginn visueller Nachtod-Kontakte kann unterschiedliche Formen annehmen:

1 Der Empfänger erwacht nachts und sieht eine Erscheinung, die die vor ihm steht, zum Beispiel am Fußende des Bettes, oder er wird von ihr geweckt.
2 Die Erscheinung ist bereits da, wenn der Empfänger wach ist und sich ihrer Anwesenheit auf einmal bewusst wird.
3 Die Erscheinung ist in Bewegung und taucht im Gesichtsfeld des Empfängers auf (so öffnet sich z.B. eine Tür und die Erscheinung kommt in den Raum und bewegt sich durch ihn hindurch).
4 Die Erscheinung materialisiert sich unter den Augen des Empfängers, augenblicklich oder nach und nach. Manchmal wird sie als Nebel wahrgenommen, der Form annimmt und als Gestalt erkennbar wird.

Das *Verschwinden* der Erscheinung geht meist abrupter vor sich als ihr Auftreten. Die Zeugen verwenden Verben wie „sich verflüchtigen", „auf einmal verschwinden", „sich auflösen", „sich entmaterialisieren", „verblassen", „sich in Luft auflösen". Es genügt, nur kurz zu blinzeln oder den Blick für einen Sekundenbruchteil abzuwenden, und die Erscheinung verschwindet. Bei visuellen Kontakten mit unbekannten Verstorbenen hielten die Empfänger sie oft für Menschen aus Fleisch und Blut, bis sie aufgrund ihres blitzschnellen Verschwindens begriffen, dass es sich um eine Erscheinung gehandelt hatte.

NTK können durch vier Sinnesorgane wahrgenommen werden: Hören, Tasten, Riechen und Sehen (der Geschmackssinn ist nicht betroffen):
NTK mit Gehörwahrnehmungen
NTK mit Tastwahrnehmungen
NTK mit Geruchswahrnehmungen
Visuelle NTK

Die sehr häufigen NTK mit Gegenwartsempfinden werden keinem bestimmten Sinnesorgan zugeordnet.
Die Mehrzahl der NTK tritt innerhalb eines Jahres nach dem Tod der Bezugsperson auf, mit einer hohen Konzentration in den ersten sieben Tagen, insbesondere den ersten vierundzwanzig Stunden nach dem Ableben. Weitere Kontakte treten bei einer abnehmenden Häufigkeit zwei bis fünf Jahre nach dem Tod auf. Kontakte, die zwischen fünf Jahren und mehreren Jahrzehnten nach dem Ableben auftreten, sind seltener und fallen häufig in die Kategorie der NTK mit Schutzfunktion.
Nachtod-Kontakte sind ein häufiges Phänomen. Nach einer großen europäischen Studie haben 28% der Westdeutschen bisher einen NTK erlebt. Im Durchschnitt erlebt ein Viertel der Europäer derartige Kontakte, wobei die Zahlen von Land zu Land stark variieren.

Marie-Claires Bericht

Marie-Claire B. schickte uns aus dem Département d'Ille-et-Vilaine in der Bretagne einen langen Brief, in dem sie wiederholte Kontakte beschrieb und mehrere Erscheinungen schilderte, die ihren verstorbenen Mann betrafen. Als Erstes schilderte sie einen NTK mit Tastwahrnehmung.

> „Guy, mein Mann, ist am 22. September 2011 mit einundvierzig Jahren an einem Hirntumor gestorben. Sein Kampf gegen die Krankheit dauerte dreieinhalb Jahre […].
>
> In der Nacht vom 14. auf den 15. Oktober spürte ich, wie im Bett etwas von rückwärts an mich heran glitt. Es war so kompakt, dass ich die Berührung spüren konnte. Ich fühlte mich so wohl, dass ich mich nicht zu rühren wagte, damit ich den Kontakt nicht verlor. Ich dachte sofort an Guy. Ich fragte laut:

> „Bist du das, Guy?“ Weil ich so lange bei ihm gewacht und in der letzten Zeit so wenig Schlaf bekommen hatte, schlief ich dummerweise ein, nachdem ich eine Weile gelauscht und gewartet hatte, aber ich war erfüllt von Glück, Frieden und Liebe. Ich fühlte mich großartig. Ich glaubte, seinen Atem zu hören, den Atem, über den ich vorher so angespannt gewacht hatte. Ich sage heute noch ‚ich glaubte‘, weil diese Erfahrung so realitätsfremd zu sein scheint. Dann wachte ich mit dem Gefühl auf, dass etwas das Bett verließ. Dann nichts mehr, ich wartete weiter und horchte. Ich hatte überhaupt keine Ahnung, wie viel Zeit zwischen seinem Kommen und seinem Weggehen verstrichen war. Aber die Zeit zählte auch nicht, sondern nur die Intensität. Ich wagte mich nicht zu rühren, ich wollte so lange wie möglich in diesem Zustand bleiben.“

Der beschriebene Kontakt ist aufgrund seiner Dauer ungewöhnlich. Er hielt so lange an, dass Marie-Claire die Erfahrung bewusst genießen konnte, bevor sie sich dem Schlaf überließ. Es ist interessant, dass sie den Atem ihres Mannes wahrnahm, der mit der Krankheit verknüpft war, die ihn ihr genommen hatte, und somit eine ganz besondere Bedeutung besaß. Der Atem, Auslöser einer Erinnerung an zweifellos schwierige und angstvolle Momente, die Marie-Claire während der Krankheit mit ihrem Mann erlebt hatte, wies nun nichts Bedrohliches mehr auf, sondern symbolisierte eine gemeinsam durchlittene Belastungsprobe.

> „Aber ich musste aufstehen, zur Arbeit gehen und die Kinder zur Schule bringen. Als ich in das Zimmer meiner neunjährigen Tochter kam, sagte sie gleich, sie warte schon seit fünf Uhr auf mich, unter der Decke versteckt, weil sie gespürt habe, wie etwas ihr über den Kopf strich und sie große Angst gehabt habe. In den Wochen danach hatte sie Probleme beim Einschlafen. Ich sagte zu ihr, sicher hätte nur die Decke beim Träumen über ihrem Gesicht gelegen. Der Gedanke, es könnte ihr Vater gewesen sein, hätte ihr zu viel Angst gemacht.“

Welche Wirkung hat ein Erlebnis von so großer emotionaler Kraft, wie das von Marie-Claire? Wie integriert man es ins eigene Leben? Was fängt man damit an? Wie gelingt es einem, ein Erlebnis einzuordnen, das so völlig im Gegensatz zu dem steht, was wir gewöhnlich unter Realität verstehen? Ist man überhaupt, durch die Trauer geschwächt, in der Lage, in dieser speziellen und heiklen Lebenslage den eigenen Wahrnehmungen zu trauen? Bleibt die Wirkung längere Zeit erhalten oder verfliegt sie so schnell wie die ihr zugrunde liegenden Wahrnehmungen? Und welche Folgen haben diese Geschehnisse auf das Glaubenssystem der betroffenen Person? Ich habe Marie-Claire dazu befragt.

> „Diese Erlebnisse waren für mich in der Tat sehr bedeutsam, sehr wertvoll. Sie haben mir geholfen, mit der Zeit wieder zu mir zu finden und die Trauer zu überwinden, weil das Inakzeptable ein wenig ‚akzeptabler' wurde, sie halfen loszulassen, damit die Lebendigkeit, die sich tief in mir verkrochen hatte und von deren Vorhandensein ich nicht einmal etwas ahnte, hervorsprudeln konnte. Der Schmerz, das Leid, die Wut, die Trauer waren nicht sofort verschwunden, aber sie haben sich im Lauf der Zeit weitgehend gemildert.
>
> Mit dreizehn Jahren hatte ich keine Großeltern mehr, und auch keinen Vater, den eine Krankheit mit einundvierzig Jahren dahinraffte. Meine Mutter ist von uns gegangen als ich eine junge Mutter von vierunddreißig war. Alle diese tragischen Ereignisse haben mich schon als ganz junges Mädchen (ich war ungefähr elf) zu der Frage geführt, warum wir überhaupt auf die Erde kommen, wenn wir doch so viel leiden müssen? Das schockierte die Erwachsenen, weil ich noch so jung war! Ich bekam keine Antwort. Damals sprach man nicht über solche Tabu-Themen (Trauer, Tod, Jenseits). Ich habe also mein Leben, oder besser mein Überleben, auf die Liebe meiner Familie aufgebaut. Diese Liebe war die einzige Richtschnur meines Lebens.
>
> Aber als wäre es noch nicht genug, wurde mir auch noch

die Liebe meines Lebens entrissen, meine ‚andere Hälfte'. Ich fühlte mich vollkommen verlassen und empfand es als schreckliche Ungerechtigkeit, auch wenn wir uns während der Krankheit auf gewisse Weise darauf vorbereiten konnten, anders als bei einem plötzlichen Todesfall. Nun musste ich dieselbe Trauer erleben wie meine Mutter, fast im selben Alter. Außerdem musste ich die Energie aufbringen, für meine Kinder weiterzumachen (man hat keine andere Wahl), aber die Vergangenheit und die Krankheitsjahre meines Mannes hatten mich an den Rand der Erschöpfung gebracht. Und wie soll man seinen Kindern Lebensfreude vermitteln, wenn es in einem selbst nur schwarz aussieht? Doch wider Erwarten kann ich heute sagen, dass der Tod meines Mannes mich wachsen und reifen ließ. Alle diese Kontakte haben mich eindeutig an das Leben gebunden, an die Liebe, die so stark war, dass sie uns zu einer Einheit machte. Heute führe ich mein Leben so, dass ich einfach das betrachte, was es mir bringt, und nicht das, was es mir nimmt. Diese Veränderung ist manchmal schwer verständlich, denn sie ist eine Umwälzung ganz tief in meinem Inneren. Der Absturz schien so unvermeidlich. Das heißt nicht, dass ich unter der Abwesenheit meines Mannes nicht leide, es vergeht kein Tag, an dem ich nicht an ihn denke, aber diese Erlebnisse haben das Band der Liebe verstärkt, trotz der Entfernung zwischen unseren beiden Welten, und eine Loslösung ermöglicht, damit man das Positive behalten und einen bis dahin unbegehbaren Weg einschlagen kann. Sie wecken die Lebendigkeit, die in uns ist. Die Gefühle und Empfindungen können ambivalent sein und uns beunruhigen, aber das Endresultat ist so schön!

Ich habe nicht an die Schönheit des Lebens geglaubt, sondern an seine Härte; und welches Ziel sollte das alles haben? Durch die Kontakte konnte ich in der Trauer vorankommen und wieder an die bedingungslose Liebe glauben, in eine neue Dimension des Menschseins vorstoßen. Die Kontakte haben meinem Leben und den Prüfungen, die uns das Leben auferlegt, einen Sinn gegeben, mein Geist hat sich geöffnet. Es ist ein Glück, ein Privileg, ein wunderbares Geschenk, das das Leben mir durch diese Erfahrungen gemacht hat, dessen bin ich mir bewusst. Aber manchmal haben sie auch etwas Beunruhigendes an sich, sie sind schwer in den Rahmen unseres beruflichen und privaten Lebens einzuordnen. Man darf sich unterwegs nicht verlieren. Man muss das richtige Gleichgewicht finden, um nicht ins Straucheln zu geraten, man braucht gute Begegnungen und gute Bücher, die einem helfen, den Weg zu gehen, der einem am besten entspricht. Außerdem braucht es Zeit, bis wir die neuen Werte ganz in uns aufgenommen haben, damit eines Tages der Schmetterling seine Flügel ausbreiten und von der Süße des Lebens mit Freude und mehr Leichtigkeit kosten kann (und warum nicht fliegen, mit einem Engel an seiner Seite?).

Es gibt keine vernünftige wissenschaftliche Erklärung für das, was ich erlebt habe, aber für mich besteht kein Zweifel: Es war mein Mann. Er ist nicht tot, er ist nur auf der anderen Seite. Er erlebt anderes ohne mich, und ich muss anderes ohne ihn erleben, und eines Tages (ich habe es nicht mehr eilig) werden wir uns wiedersehen. Mein Verständnis des Todes hat sich zwangsläufig geändert, anders kann es gar nicht sein. Das Nichts gibt es nicht, es gibt ein Leben nach dem Leben, ein Wiedererwachen. Aus dem Jenseits erreicht uns eine Botschaft der Hoffnung, der Liebe und des inneren Friedens. Ich persönlich bin davon überzeugt, dass das Bewusstsein nach dem Tod weiterexistiert. Das gibt mir das Verlangen, einen Riegel nach dem anderen wegzuschieben, damit ich im Leben nur noch ich selbst bin. Es brauchte diese schreckliche Prüfung, damit ich auf meinem Lebensweg weitergehen und einen vorher unerreichbaren Teil meines Wesens erwecken konnte. Der Tod meines Mannes war wohl der Preis, den ich für diese Entwicklung, diese Wiedergeburt zahlen musste! So kommt die Spiritualität in unser Leben … Abschließend würde ich sagen, dass das Leben sich mir öffnet und ich mich dem Leben öffne!“

Kapitel 2

Weitere Informationen über Nachtod-Kontakte

Nachtod-Kontakte besser verstehen

Nachdem wir im Kapitel 1 die Nachtod-Kontakte erörtert haben, die über die vier Sinnesorgane (Hörsinn, Tastsinn, Geruchssinn und Sehsinn) wahrgenommen werden und außerdem NTK mit Gegenwartsempfinden behandelt haben, werden wir uns nun, angelehnt an die Kategorien von Guggenheim, mit weiteren Arten von NTK befassen und uns für die *Umstände ihres Auftretens* interessieren.

NTK im Schlaf oder Halbschlaf kommen sehr häufig vor. Sie ereignen sich, wenn der Empfänger gerade am Einschlafen ist oder erwacht. Diese Momente des Halbschlafs nennt man auch einen „hypnagogischen Zustand“.

Die Kontakte im Schlaf unterscheiden sich deutlich von gewöhnlichen Träumen und ähneln in allen Punkten den NTK im Wachzustand. Die Kontakte sind klar, schlüssig, eindrücklich und werden als echt eingestuft; sie weisen nicht den komplexen, symbolischen und fragmentierten Charakter von Träumen auf, die man zudem nach dem Erwachen schnell vergisst. Obwohl die Empfänger oft nicht sagen können, ob sie während eines Kontakts wach waren oder nicht, betonen sie meist kategorisch: „Es war etwas ganz anderes als ein Traum, es war viel wirklicher.“ Personen, die von verstorbenen Angehörigen geträumt und auch einen Nahtod-Kontakt im Schlaf erlebt haben, unterscheiden sehr vehement zwischen den beiden Arten von Erfahrung.

Dies verdeutlicht auch der folgende Bericht von Dominique Marie C.:

> „Im Juni 1991 starb mein Bruder an Lungenkrebs. Ein paar Tage nach seinem Tod schlafe ich in dem Zimmer, in dem er vor ein paar Jahren gewohnt hat. Es ist zwischen 4 und 5 Uhr morgens, ich schwebe irgendwo zwischen Wachen und Schlafen, das heißt, ich merke, dass ich mich schwer fühle, als würde ich auf die Matratze gedrückt. Dann taucht das Gesicht meines Bruders gut erkennbar vor mir auf. Anschließend höre ich im Geist ganz deutlich seine Stimme, und er fragt mich, ob er gehen müsse. Ich spüre, dass er irgendwie verloren ist, nicht weiß, was er tun und wohin er gehen soll. Also antworte ich ihm entschieden, ja, er müsse gehen. Sein Gesicht verschwindet, und mein Körper bleibt dennoch ganz schwer. Ich nehme alles bewusst wahr, was geschieht, aber ich kann mich überhaupt nicht bewegen, es ist, als läge ich unter einem Bleimantel. Da spüre ich seine Anwesenheit körperlich, er berührt mich auf der Höhe der Arme und am Rücken. Ich habe große Angst bei diesen Berührungen, zumal ich mich überhaupt nicht bewegen kann. Dann dringt ein Laut aus meiner Kehle, und der Kontakt bricht ab. Aber ich kann mich immer noch nicht bewegen. Mit angespannten Sinnen liege ich da und warte … Dann höre ich auf einmal ein Geräusch, als ob jemand in Papieren wühlt. Ich versuche, die Quelle des Geräuschs zu lokalisieren, und merke, dass es der Schrank im Zimmer sein muss, in dem die Papiere meines Bruders aufbewahrt werden. So geht das ein paar Sekunden, dann hört das Geräusch auf. Ich merke, wie mein Körper leichter wird, und ich kann erst meine Arme, dann die Beine und dann den ganzen Körper wieder bewegen. Danach warte ich, ohne noch einmal richtig einzuschlafen, bis der Wecker klingelt. Am nächsten Tag

> habe ich den Schrank im Zimmer aufgemacht, die Papiere meines Bruders herausgeholt und entdeckt, dass er für seinen Sohn eine Lebensversicherung abgeschlossen hatte."

Interessant an diesem Bericht ist die Tatsache, dass es Dominique Marie C. unmöglich war, sich zu bewegen, dass sie vorübergehend gewissermaßen teilweise gelähmt war und dieser Zustand sie sehr ängstigte. Sie werden sich erinnern, dass auch Marie-Josée M., deren Bericht unter „visuelle NTK" aufgeführt ist, eine ähnliche Erfahrung beschreibt:

> „[...] Aber so sehr ich mich auch anstrengte, ich brachte keinen Ton heraus, ich war wie gelähmt, als hätte er mir verboten, sie zu rufen. Ein paar Sekunden nach dem Verschwinden der Erscheinung entspannte sich meine Kehle, und ich konnte sie endlich rufen."

Der zweite bemerkenswerte Aspekt des Berichts betrifft die Lebensversicherung, die Dominique Marie C. am nächsten Tag entdeckte, nachdem sie nachts ein Geräusch gehört hatte, „als ob jemand in Papieren wühlt". Zweifellos war der Fund für ihren Neffen sehr wichtig. Hier scheint es sich um eine echte Informationsübertragung zu handeln, einen konkreten, praktischen Hinweis auf etwas, das dem Empfänger vor dem NTK nicht bekannt war. Diese Art von Kontakt wird später noch unter der Überschrift „praktische NTK" besprochen werden.

Um eine andere Art von NTK im Schlaf handelt es sich, wenn ein Verstorbener in einen gewöhnlichen Traum „hineinplatzt". Von einem solchen Fall berichten die Guggenheims.

Robin leitet einen Kinderhort in Florida. Mehrere Jahre später, nachdem ihr Großvater mit über siebzig an einem Herzanfall gestorben war, erschien er ihr genau zum richtigen Zeitpunkt:

> „Es war im ersten Jahr meines Studiums, ich schlief in meinem Zimmer im Studentenwohnheim. Ich träumte gerade

etwas, da brach plötzlich Opa in meinen Traum ein! Er war wirklich da, ich roch sein Rasierwasser und seinen Tabak und spürte seine Wärme. Er schien besorgt um mich. Er sagte: ‚Schließ die Fenster! Du sollst doch auf dich aufpassen! Schließ die Fenster!‘ Es war eine eindeutige Warnung.

Ich wachte erschrocken auf und sah mich um. Mein Zimmer hatte zwei Fenster, die zum Hof zeigten, und zwei andere über der Feuerleiter. Ich stand also auf und verriegelte alle Fenster. Ungefähr eine halbe Stunde später hörte ich ein Mädchen in einem Zimmer auf meiner Etage schreien. Ein Mann war die Feuerleiter hinaufgestiegen, hatte offenbar erst an meinem Fenster gerüttelt und war dann zu ihrem weitergeklettert. Später wurde er gefasst.

Opa erschien, als ich Hilfe brauchte. Er bewies, dass er immer bei mir sein wird.“[19]

NTK zum Zeitpunkt des Todes sind besonders beeindruckend, da der Empfänger vom Tod eines lieben Menschen *durch die Person selbst* informiert wird. Im Wachzustand oder wenn er nachts aufwacht, hört der Empfänger, wie der Verwandte oder Freund ihm die Nachricht von seinem Tod mit Gelassenheit, manchmal sogar mit Freude überbringt. (*„Ich möchte mich von dir verabschieden, ich gehe jetzt.“*) Nebenbei gesagt, wird häufig das Wort „weggehen“ verwendet, als ginge es darum, eine Reise anzutreten. Manchmal übermittelt die Erscheinung auch keine bestimmte Nachricht, und doch versteht der Empfänger sofort, dass es sich um ein letztes Lebewohl handelt. Solche Kontakte, die genau zum Todeszeitpunkt auftreten, finden *vor* der Benachrichtigung durch Krankenhaus oder Familie statt. In manchen Fällen waren die Todesfälle nicht vorhersehbar, weil die Person nicht krank war und zum Beispiel durch einen Unfall umkam. Die *Erwartung*, dass ein sehr kranker oder alter Mensch bald sterben könnte, kann also nur in bestimmten Fällen als Auslöser für einen NTK dienen.

---

19 Guggenheim, Bill & Judy, *Trost aus dem Jenseits*, S.126.

NTK zum Todeszeitpunkt dämpfen den Schock, den die Nachricht vom Tod eines geliebten Menschen auslöst, beträchtlich. Die Tatsache, dass man *durch den soeben Verstorbenen selbst* über dessen Tod informiert wurde, tröstet den Empfänger, denn sie scheint auf den Fortbestand einer gewissen Form von Leben hinzudeuten. Wenn dann die offizielle Nachricht durch das Krankenhaus, die Familie oder – im Falle eines Unfalls – die Polizei folgt, ist der Empfänger bereits vorbereitet. Der Schock wurde durch den NTK gemildert, wenn auch die Trauer über den Verlust den Hinterbliebenen natürlich keineswegs erspart wird.

Eine der Hypothesen, die zur Erklärung von NTK häufig herangezogen wird, lautet, die Kontakte seien durch die Trauer ausgelöste, selbstgenerierte Halluzinationen. Bei NTK zum Todeszeitpunkt greift diese Erklärung nicht, da die Empfänger natürlich noch nicht trauern, wenn der Angehörige oder Freund sie über seinen Tod informiert.

Hier ein Beispiel für diese Form von NTK:

> „Mein Großvater war im Pflegeheim, wo er sich von einer Krankheit erholte, aber nicht etwa todkrank war. Eines frühen Morgens, gegen fünf Uhr, spürte ich seine Anwesenheit am Fußende des Bettes, er sah mich an. Es war so stark, dass ich hellwach wurde. Am Vormittag teilte man uns mit, dass er nachts um diese Zeit gestorben war.“
>
> *(Eliette S.)*

Christine und Jan H. verloren ihr fünftes Kind einige Monate nach seiner Geburt. Es ist ihnen nicht „erschienen“, aber sie haben die Phänomene, die sie wahrnahmen, spontan mit dem Tod ihres Babys in Verbindung gebracht.

> „Unsere Nina hat uns letztes Jahr in der Nacht zum Pfingstmontag verlassen. Als wir um 23.18 Uhr von der Klinik benachrichtigt wurden, dass Nina bald sterben würde, ist nur Jan hingefahren. Ich bin mit unseren anderen Kindern zu Hause geblieben. Ich konnte und wollte nicht glauben, dass

sie uns diesmal wirklich verlassen würde, weil wir schon am Vortag mehrere solcher Anrufe bekommen hatten; und jedes Mal hatte unsere Tochter es wieder geschafft und weiter gekämpft. Allerdings hatten wir ihr an jenem Nachmittag zum ersten Mal gesagt, dass sie das Recht hätte, loszulassen und zu gehen. Das war neu, denn bis zu diesem Tag waren alle unsere Gebete und Hoffnungen immer auf ihr Überleben gerichtet gewesen. Doch nach einer ziemlich brutalen Unterredung mit ihren behandelnden Ärzten, die uns die letzten Illusionen nahm, hatten wir verstanden, dass unsere Gebete in die falsche Richtung zielten … Nina wäre nie mehr nach Hause gekommen, selbst wenn sie überlebt hätte. Früher oder später wäre sie gestorben, und sie hätte nur unnötig lange gelitten.

Als Jan nach dem Anruf aus der Klinik das Schlafzimmer verließ, zog er die Tür zu, aber er schloss sie nicht ganz. Ich stand nicht mehr auf, um sie weiter zu öffnen, damit ich die anderen Kinder hören könnte, sondern blieb liegen. Aber ich sagte mir, dass ich bis zu Jans Rückkehr sowieso nicht einschlafen und deshalb die Kinder hören würde, falls sie nach mir riefen.

Ich lag im Bett, verzweifelt und allein mit meinem Schmerz und meinen Ängsten, als ich einen sehr lauten Pfeifton hörte, wie bei einem starken Windstoß, und ein eisiger Hauch mich streifte – wie in der Geisterbahn auf dem Rummelplatz. Die Tür des Schlafzimmers, die nur einen winzigen Spalt offenstand, knallte zu.

In diesem Moment wurde ich ganz ruhig, ich wusste, dass Nina gerade gestorben war. Ich sah auf die Uhr, es war 23.38 Uhr. Ich weinte nicht, ich war ruhig und bei klarem Verstand. Ich wusste, dass Ninas Qualen nun zu Ende waren, dass es ihr besser ging, dass sie endlich hatte loslassen und gehen können und nicht mehr litt.

Als Jan aus der Klinik zurückkam, bestätigte er alles, auch die genaue Uhrzeit ihres Todes, die ich gespürt hatte.“

Ein Element dieser ergreifenden Geschichte sollte besonders hervorgehoben werden: Ninas Eltern hatten ihrem wenige Monate alten Baby gesagt, es habe das Recht „loszulassen und zu gehen“, und nur ein paar Stunden später starb es. Wir wissen dank Françoise Dolto, dass kleine Kinder, und selbst Neugeborene, alles hören, alles verstehen. Wenn irgendwann der kleinste Funken Hoffnung auf Heilung erloschen ist, ist der Moment für den größten und schmerzlichsten Liebesbeweis gekommen – man kann die befreienden Worte aussprechen und dem sterbenden Kind sagen, dass es das Recht hat zu gehen.

Christines Geschichte geht noch weiter:

> „Ein paar Tage oder Wochen nach Ninas Tod habe ich noch einmal etwas Ähnliches erlebt. Ich lag im Bett, Jan saß noch unten im Wohnzimmer, als ich wieder einen lauten Pfeifton hörte und einen eiskalten Luftzug spürte, der an mir vorüberzog. Ich wusste, dass Nina noch einmal zu mir gekommen war, vermutlich um mir endgültig Lebewohl zu sagen. Es war ein sehr schönes Erlebnis, aber auch sehr traurig, denn ich wusste, dass Nina nun für immer fort war, wirklich fort. Tatsächlich ist sie danach nie wieder zu mir gekommen.“

Christines Ehemann Jan machte im selben Moment die folgende Erfahrung:

> „Einige Zeit später saß ich eines Abends im Wohnzimmer, Christine hatte sich schon hingelegt. Seit dem Tod unserer Kleinen konnte ich nicht mehr gut einschlafen und lenkte mich ab, indem ich abends stundenlang vor dem Fernseher saß. Plötzlich schlug die geschlossene Wohnzimmertür mit einem lauten Knall zu, und ein Luftzug fuhr durchs Zimmer. Alle Fenster waren geschlossen, und draußen war es überhaupt nicht windig. Ich beschloss, Christine nicht zu wecken, weil sie seit dem Tod unserer Tochter auch sehr

> schlecht schlief. Am nächsten Morgen erzählte ich ihr davon, und sie sagte, dass sie am Vorabend etwas ganz Ähnliches erlebt hatte."

Bei dieser Art von Kontaktaufnahme kann es vorkommen, dass eine Botschaft für eine dritte Person übermittelt wird, wie der folgende Fall illustriert:

> „Als ich ging, sagte ich zu meinem Schwiegervater: ‚Wir werden uns bald wiedersehen'. Er schüttelte den Kopf und antwortete entschieden: ‚Nein.' Zwei Tage später, gegen 1.30 Uhr nachts, wachte ich schweißgebadet auf – am Fußende des Bettes stand mein Schwiegervater. Er forderte mich auf, John aufzuwecken, weil er sich von ihm verabschieden wollte. Ich war der Situation nicht gewachsen, weil ich viel zu große Angst hatte, um dem Wunsch meines Schwiegervaters nachzukommen. Ich drehte mich weg von der Gestalt, die so echt aussah und da mitten in unserem Schlafzimmer stand! Ich sagte zu ihm, ich hätte zu viel Angst, um ihm seine Bitte zu erfüllen. Er schien meine enttäuschende Reaktion freundlich aufzunehmen. Ich spürte, dass er meine Angst verstand und mir die Worte *Das macht nichts* übermittelte. Dann verflüchtigte er sich. Ein paar Minuten später wachte John auf, weil ich so unruhig war, und fragte, was denn los sei. Als ich ihm erzählte, ich hätte seinen Vater gesehen, murmelte er „Ach so", als hätte ich nur geträumt, und schlief wieder ein. Aber ich hatte ganz sicher nicht geträumt! Am nächsten Tag, gegen acht Uhr früh, klingelte das Telefon. Johns Mutter teilte uns mit, dass sein Vater in der Nacht gestorben war – genau um 1 Uhr 30!"[20]

Gewisse subtile Erfahrungen, fast mit Intuitionen zu vergleichen, können zur exakten Todesstunde eines nahen Menschen auftreten:

20 Fenwick, Peter & Elizabeth, *The Art of Dying, A Journey to Elsewhere*, London 2008, S.72.

Ein Unwohlsein, eine innere Unruhe, eine Irritation oder das Gefühl, eine Katastrophe stünde bevor, wobei es schwerfällt, das Aufgeregtsein in Worte zu fassen. Die Mitteilung vom Tod eines Angehörigen bestätigt dann nachträglich die Intuition.

Peter und Elizabeth Fenwick berichten von dem folgenden Fall:

> „Mein Bruder hat leider vor ungefähr zwanzig Jahren sein Leben durch einen Autounfall verloren. Ich war bei der Arbeit, wo ich auch eigentlich bis 17 Uhr bleiben wollte. Um 16.20 Uhr wurde ich unruhig und fing an, mich über mich selbst zu ärgern. Ich packte meine Sachen zusammen und fuhr nach Hause, obwohl ich aus irgendeinem Grund wirklich hätte bleiben sollen. In der folgenden Nacht, um 2.30 Uhr, erfuhr ich, dass mein Bruder um 16.20 Uhr durch einen betrunkenen Autofahrer umgekommen war.“[21]

Manchmal sind die Zeichen präziser, und die Empfänger haben körperliche Empfindungen, die sich auf die Todesursache (die Krankheit oder den Unfall) beziehen, beispielsweise einen Druck auf der Brust bei einem Herzinfarkt, das Gefühl zu ersticken und ähnliches; oder sie erleiden einen plötzlichen, unerklärlichen Energieverlust. Das passiert häufiger dann, wenn die gefühlsmäßige Verbindung zwischen dem Empfänger und dem Verstorbenen besonders eng war.

Hier der Bericht einer Frau namens Wynn Bainbridge vom Tod ihrer Cousine, der sie sehr nahestand:

> „Am 1. Januar 2002 gegen 12.45 Uhr arbeitete ich an meinem PC, als ich mich plötzlich sehr schlecht fühlte. Ich hätte nicht sagen können, was es war – ich hatte keine Schmerzen und fühlte mich nicht krank, nur dieses schreckliche Gefühl, dass meine Kräfte mich verließen. Es war nicht wie vor einer Ohnmacht, ich spürte nur eine entsetzliche Schwäche. Das dauerte etwa zwanzig Minuten. Später am Tag rief mich

21 Fenwick, Peter & Elizabeth, *The Art of Dying*, S.49.

der Sohn meiner Cousine an, der mir sagte, sie sei gestorben. Sie hatte zwar beschlossen, ihre Behandlung abzubrechen, aber die Ärzte hatten erklärt, sie könne auch so noch einige Monate leben, deshalb traf mich die Nachricht ganz unvorbereitet. Ich fragte ihn nach dem genauen Todeszeitpunkt, und er sagte, sie sei um 12.55 Uhr gestorben. Das fand ich sehr erstaunlich, denn genau zu diesem Zeitpunkt hatte ich mich so schlecht gefühlt."[22]

Stellen Sie sich vor, irgendwann tagsüber läutet Ihr Telefon, oder Sie werden nachts durch einen Anruf geweckt. Sie nehmen ab, und am anderen Ende ist ein verstorbener Angehöriger oder Freund, der Ihnen eine kurze Mitteilung macht oder ein Zwiegespräch mit Ihnen führt. Diese sehr seltenen Vorfälle bezeichnet man als **Nachtod-Kontakte am Telefon**. Manchmal entsteht eine direkte Verbindung, aber auch ein vermittelter Kontakt kommt vor, wie der folgende Bericht verdeutlicht. Einige Kontaktierte beschreiben die Stimmen der Verstorbenen als „sehr gut verständlich", mit einem Timbre, das dem zu Lebzeiten gleicht, aber es kann im Gegenteil auch heißen, die Stimme sei „wie aus weiter Ferne" gekommen, wie früher bei Ferngesprächen aus dem Ausland. Am Ende der Botschaft oder des Dialogs hört man weder einen „Klick" noch einen Signalton, sondern nur Stille. Interessant ist hier auch der materielle Aspekt – das vernehmliche Klingeln des Telefons.

Der Kontakt von Chantal D. betrifft ihren Vater, zu dem sie ein schwieriges Verhältnis hatte:

„Vorausschicken muss ich, welche Art von Beziehung mein Vater und ich hatten. Dieser Mann war aufgrund seiner psychischen Erkrankung überhaupt nicht imstande, sich als Vater zu verstehen, seine Vaterrolle auszufüllen. Er litt unter einer bipolaren Störung. Nähe oder eine gefühlsmäßige Bindung zwischen Vater und Tochter haben nie existiert. Wir lebten

22 Fenwick, Peter & Elizabeth, *The Art of Dying*, S.50.

> zwar als Familie zusammen, aber jeder für sich, ohne Beziehung oder Kommunikation. Die dramatische Situation hat dazu geführt, dass ich im Verlauf einer Psychoanalyse schon Jahre vor seinem tatsächlichen Tod um meinen Vater getrauert habe, nicht um seinen Verlust, sondern um seine Abwesenheit; denn wenn er in meinem Leben von Bedeutung war, dann durch sein Fehlen, durch die Leere, die er erzeugte. Das heißt, als er starb, fühlte ich mich davon nicht betroffen, sein Tod lag bereits hinter mir, nicht vor mir. Und dennoch … […]
>
> Mein Vater starb an einem massiven Herzinfarkt, am Vorabend des Vatertags, dem 19. Juni 2004.[…] Neun Tage später, am Montagvormittag, als ich nach einer Reihe von Nachtwachen bei Privatpersonen zurückkam, erhielt ich einen sehr seltsamen Anruf. Das Telefon klingelt. Ich hebe ab, und am anderen Ende ist niemand, ein großes Schweigen, dann, nach ein paar Sekunden, höre ich die Stimme eines Mannes, anonym, monoton: „Legen Sie nicht auf, ein Teilnehmer möchte mit Ihnen sprechen." Dann wieder nichts, wieder nur Schweigen, dann wieder diese Stimme, im selben Tonfall: „Legen Sie nicht auf, ein Teilnehmer möchte mit Ihnen sprechen." Dreimal, immer dasselbe. Und immer noch kein Teilnehmer. Ich lege auf. Ich habe mich gefragt, was das sollte. Es war wirklich seltsam, es klang so völlig anders als die üblichen anonymen Anrufe oder Telefonwerbung. So einen Anruf hatte ich noch nie bekommen. Gut, sagte ich mir, das ist etwas Neues, ich muss mich bei anderen erkundigen, ob sie auch schon solche Anrufe bekommen haben. Dann folgte im Lauf des Tages noch ein zweiter Anruf, dann ein dritter, identischer … […]."

In den folgenden drei Tagen kamen noch mehr mysteriösen Anrufe, und Chantal hatte den Eindruck, dass ihr Vater versuchte, sich mit ihr in Verbindung zu setzen, aber ohne Erfolg (wie zu seinen Lebzeiten?).

Ein paar Tage später kam es im Schlaf zu einem Kontakt mit ihm. Doch die Erfahrung war weder schön noch tröstlich, sondern bedrückend und befreiend zugleich, denn sie enthüllte etwas, das Chantal „seit der Analyse wusste“:

> „Im Schlaf befand ich mich an einem sehr friedlichen, von mildem Licht durchfluteten Ort, als schwebte ich hoch oben im Weltraum. Dort erwartete ich meinen Vater. Es war ein Ort des Übergangs, ein sehr heller, sehr offener Raum, begrenzt nur von zwei hohen, breiten Öffnungen, die sich gegenüberlagen. Ich wusste, dass ich durch die Öffnung hinter mir eingetreten war und mein Vater durch die gegenüberliegende kommen würde.
>
> Plötzlich sah ich ihn kommen, er bewegte sich sehr schnell voran, ohne Füße, wie schwebend. Er wirkte sehr leicht und beweglich. Ich selbst spürte meinen Körper nicht und hatte nicht das Gefühl, auf etwas Festem zu sitzen oder zu stehen. Ich war wie schwerelos.
>
> Mein Vater sah nicht so aus wie zum Zeitpunkt seines Todes mit siebzig Jahren, sondern wie in seiner Jugend. Als er vor mir angekommen war, fragte ich ihn:
>
> ‚Und, was hast du mir zu sagen?‘
>
> *‚Ich habe aufgehört, als ihr viereinhalb und neun wart.‘*
>
> ‚Hat Mama Bescheid gewusst?‘
>
> *‚Oh, ich glaube nicht …‘*
>
> Damit war das Gespräch zu Ende, es war kurz, aber konzentriert. Wir kommunizierten über Gedanken, ohne Worte. Er war es wirklich, ganz der Alte, unbekümmert und ahnungslos, was seine Enthüllung in mir auslöste.“

Dieser Kontakt warf ein neues Licht auf eine Frage, die Chantal jahrelang beschäftigt hatte.

> „Es gab einen Punkt in Bezug auf meinen Vater, den ich nie vollkommen aufgeklärt hatte. Während meiner Analyse und sogar schon davor bin ich sehr weit in meine frühe Kindheit zurückgekehrt, bis ins Alter von ungefähr zwei Jahren.

> Durch sehr symbolträchtige Träume und Albträume habe ich ein Trauma entdeckt, das aus diesem Zeitraum stammte und mit meinem Vater zu tun hatte, aber ich erinnerte mich an gar nichts mehr. Niemand in meiner Familie konnte bestätigen, ob es wirklich passiert ist."

„*Ich habe aufgehört, als ihr viereinhalb und neun wart*" ... handelte es sich hier um Inzest? Ja, bestätigte Chantal bei einem Telefongespräch. Sie hatte seit Jahren sexuellen Missbrauch vermutet, aber trotz ihrer Analyse keine Erinnerung daran finden können. Die Bestätigung hatte sie nun bei ihrem NTK erhalten – ihr Vater hatte sie in der Tat missbraucht.[23]

Aber die Geschichte hört da noch nicht auf.

> „Am folgenden Freitagabend war ich im Haus einer alten Dame, bei der ich Nachtwache hielt, und saß mit ihr im Wohnzimmer, als das Telefon klingelte. Ich hebe ab und am anderen Ende ist niemand, Schweigen, dann diese Stimme, die ich sofort wiedererkenne: „Legen Sie nicht auf, ein Teilnehmer möchte mit Ihnen sprechen." In allen Punkten genau wie die Anrufe, die ich vor dem Traum von meinem Vater und dem Gespräch mit ihm bekommen hatte. Also ich muss sagen, ich war fassungslos. *Das wird doch jetzt nicht wieder losgehen? Doch nicht hier? Was habe ich denn nicht verstanden?*, fragte ich mich. Es dauerte eine Weile, bis die alte Dame aus ihrem Sessel aufgestanden war und neben mir stand. Was ist denn?, fragte sie mich. – Ich weiß nicht, ich muss abwarten, sagte ich. In dem Moment, als sie neben mir stand und ich kurz davor war, ihr den Hörer zu geben, hörte ich ganz deutlich aus der Leitung ein Geräusch, als wäre etwas heruntergefallen, ein Abbrechen (das ist wirklich das Wort, das mir in diesem Moment einfiel), und dann gab ich den Hörer an die Dame weiter. Sie lauschte eine Weile und

23 Lt. Telefongespräch am 17. Januar 2016.

> sagte dann: „Aber da ist ja niemand!“ Wir haben uns angesehen, und dann hörte ich plötzlich die Stimme eines Telefonwerbers. Ich habe die Botschaft verstanden. Sie lautete, dass die Kommunikation mit meinem Vater nun endgültig beendet war. Der Kontakt war abgebrochen. Definitiv. Ich habe mich nicht geirrt. Von da an wurde ich von meinem verstorbenen Vater nie wieder belästigt.“
>
> *(Chantal D.)*

Diese Post-mortem-Kontakte sind für Chantal nicht weniger verwirrend und irritierend als die Beziehung, die sie zu ihrem Vater zu seinen Lebzeiten hatte. Die Kommunikation ist holprig, trotz der fast schon ärgerlichen Häufigkeit der Kontaktversuche. Auf den ersten Blick haben die Kontakte für Chantal nichts Wohltuendes, sie lösen lediglich denselben Unmut aus, den sie über ihre ganze Vater-Tochter-Beziehung empfand, die nie richtig zustande kam.

Dennoch hat sich Chantal die Mühe gemacht, die Phänomene zu analysieren, und ist, insbesondere durch ihren Kontakt im Schlaf, für sich zu einem Ergebnis gekommen. Tröstlich an ihren Erfahrungen war, dass sie zu einer endgültigen Befreiung von ihrem Vater führten, der sie zu Lebzeiten so enttäuscht hatte. Mehr Nutzen ließ sich vermutlich aus ihren NTK nicht ziehen.

In dem Buch „Trost aus dem Jenseits“ findet sich ein Bericht, der im Hinblick auf den *modus operandi* erstaunlich ähnlich klingt, doch in diesem Fall kam die Kommunikation gleich zustande und war für die Empfängerin erfreulich.

Monika wurde von ihrem Vater kontaktiert, der drei Monate zuvor an einem Herzanfall gestorben war.

> „Mein Vater starb im Juni, und das Folgende geschah im September. Ich war zu Hause und rief eine Firma wegen irgendeiner Kleinigkeit an. Die Vermittlung sagte, ich solle warten, und dann hörte ich die Wartemusik.
>
> Plötzlich brach die Musik ab, und ich hörte meinen Vater sagen: ‚Hallo, Dolly!‘ So hatte er mich immer genannt. Ich

erkannte seine Stimme, aber ich brachte kein Wort hervor, weil ich wie betäubt war.

Ein paar Sekunden vergingen, und dann sagte er: ‚Hier ist dein Daddy.' Er sprach sehr sanft, und seine Stimme klang wie immer. Es war wie bei einem Ferngespräch, allerdings knisterte es überhaupt nicht in der Leitung.

Dann meldete sich die Vermittlung wieder und sagte, die Person, mit der ich sprechen wollte, sei nicht da. Also legte ich auf. Natürlich wählte ich die Nummer noch einmal, um zu sehen, ob ich wieder etwas hören würde, aber diesmal passierte nichts.

Dieses Erlebnis war so echt, dass ich nicht im Geringsten daran zweifelte, dass es stattgefunden hat. Es hat meine Skepsis in Bezug auf derartige Kontakte völlig beseitigt. Vielleicht hat mein Vater sich absichtlich für diese Methode entschieden, damit ich nicht auf die Idee käme, an der Realität des Kontakts zu zweifeln."[24]

Sehr häufig wird von **NTK im Zusammenhang mit unerklärlichen physikalischen Phänomenen** berichtet. Die Empfänger interpretieren diese Vorfälle als Botschaften ihrer verstorbenen Angehörigen oder Freunde. Oft ist davon die Rede, dass Licht ohne erkennbaren Grund an- oder ausgeht oder flackert, dass sich Fernsehgeräte und andere elektrische Apparate einschalten oder Stereoanlagen Musikstücke spielen, die für den Kontaktierten von Bedeutung sind. Zahlreiche Menschen berichten von Uhren und Wanduhren, die zum Zeitpunkt des Todes stehenbleiben. Gegenstände wie Fotos oder Bilder sind auf einmal umgedreht, liegen am Boden oder wurden umgestellt. Nicht identifizierbare, wiederkehrende nächtliche Geräusche sind zu hören.

Hier ein Beispiel für diese besondere Art von NTK:

In den letzten Jahren habe ich, wie andere Menschen auch, traurige und mehr oder weniger schmerzliche Verluste er-

24 Guggenheim, Bill & Judy, *Trost aus dem Jenseits*, S.161-162.

lebt. Im letzten Jahr betraf es meinen Bruder. In den fünf Wochen, die er im Krankenhaus verbrachte, sprach ich offen mit ihm über seinen bald bevorstehenden Tod. Er hatte seinen Frieden gemacht und erteilte uns eine schöne Lektion fürs Leben [...] Wenn wir ihn besuchten, hörten wir zusammen Musik, weil er selbst so gern Klavier gespielt hatte. Nach seinem Tod konnte ich mich nicht mehr daran erinnern, welches Musikstück genau gelaufen war, als er starb; und die anderen konnten sich auch nicht einigen ... war es Chopin gewesen, oder doch Liszt...? Wir waren zu durcheinander, um uns zu erinnern. Ich suchte im Internet danach und hörte mir einen Pianisten an, der Chopin spielte, und dann hielt ich das Video an. Über eine Stunde später, als ich mich in einem anderen Raum aufhielt und in einer ganz anderen Stimmung war, erklang auf einmal leise Klaviermusik aus meinem Arbeitszimmer, wo aber kein Klavier stand. Ich ging hinüber und sah auf dem Bildschirm den Pianisten, der Chopin spielte – das Video hatte sich von ganz allein wieder angeschaltet. Das verstand ich als kleinen Wink meines Bruders, und er hat mir über seinen Verlust hinweggeholfen. Das Stück, das wir im Augenblick seines Todes hörten, stammte wirklich von Chopin, es war die Etüde Nr.3, Opus 10, die man auch unter dem Namen „Tristesse" kennt und aus der Tino Rossi 1930 ein Lied gemacht hat, dessen Anfangsworte lauten: „Fortgehen ist ein wenig wie sterben."

(Francine L.)

Marie-Claire B., von der wir bereits im ersten Kapitel hörten, erlebte einen eher beunruhigenden Kontakt:

„Vor einigen Wochen stritt ich mich beim Essen mit meinem Sohn, und am Schluss sagte ich, es wäre wohl besser gewesen, ich wäre gestorben und sein Papa wäre bei ihm geblieben, mit dem er mehr anfangen könne. Ich bin nicht

> stolz darauf, und mir ist klar, dass solche Worte Schlimmes anrichten können, aber ich war so aufgebracht über seine Aggressivität und Verschlossenheit! Als ich später schlafen ging, nahm ich Kleider vom Wandregal und legte sie aufs Bett, dann begab ich mich ins Badezimmer. In diesem Moment hörte ich ein lautes Geräusch. Ich lief ins Schlafzimmer zurück, um nachzusehen, was passiert war, und fand auf dem Fußboden den Bilderrahmen mit dem Foto meines Mannes, der oben auf einem Regal gestanden hatte. Er war unbeschädigt. War das ein Zeichen für seine Gegenwart, eine Nachricht? Oder einfach eine Folge des Luftwirbels, den ich mit meiner Gereiztheit ausgelöst hatte (obwohl das Foto nicht auf dem Regal stand, von dem ich die Kleider genommen hatte)? Wer weiß. Der Rahmen war schon ein paar Mal mitten in der Nacht heruntergefallen, ohne zu zerbrechen, und hatte mich abrupt geweckt."

Der folgende Bericht von B.D. ist ein sehr „klassischer", denn in ihm ist von einem flackernden Licht die Rede.

> „Einer meiner Onkel starb Anfang Februar 2013. Drei, vier Tage nach der Beerdigung las ich abends noch ein wenig vor dem Einschlafen. Plötzlich fing das Licht oder, besser gesagt, die Glühbirne im Zimmer an zu flackern, etwa fünf bis zehn Sekunden lang. Das war davor noch nie passiert und kam auch nie wieder vor.
>
> Als es vorbei war, spürte ich innerlich, dass mein Onkel mir ein Zeichen gegeben hatte, mit dem er mir mitteilen wollte, dass er gut auf der anderen Seite angekommen und alles in Ordnung war. Bei diesem Erlebnis spürte ich, dass von ihm so etwas wie Freude ausstrahlte."

Ein banales Ereignis, sicher. Eine Glühbirne flackert – wer würde einem so unbedeutenden Vorgang überhaupt Aufmerksamkeit schenken? Und dennoch veranlasst irgendetwas B.D., sofort an ihren jüngst verstorbenen Onkel zu denken und ermöglicht ihr eine – wie sie es interpretiert – letzte freudige Begegnung.

Symbolische Nachtod-Kontakte sind subtile Erfahrungen, die von den Empfängern als Zeichen oder Wink des Verstorbenen gedeutet werden und nur durch ihre Interpretation Bedeutung erhalten. Obwohl es sich um Vorgänge handelt, die von der Umgebung im Allgemeinen als reine Zufälle betrachtet und nicht ernst genommen werden, sind sie für die Empfänger sehr wichtig, weil sie auf etwas beruhen, das sie gemeinsam mit dem Verstorbenen erlebt haben oder was er oder sie besonders gern mochte. Als typische Zeichen gelten Tiere, oft Vögel oder Schmetterlinge, die sich ungewöhnlich verhalten.

Marie-Claire B., die oben schon zitiert wurde, wunderte sich über das ungewöhnliche Verhalten eines Schmetterlings; Freunde von ihr erlebten die Szene zum Teil mit:

> „Am folgenden Samstag hatte unser Sohn ein Fußballspiel, und wir wollten danach am Abend noch zu Freunden. Das Spiel lief schlecht, in den letzten fünf Minuten verletzte sich mein Sohn, und wir mussten in die Notaufnahme. Wir kamen deshalb zu spät zu unseren Freunden. Die Wunde war nicht der Rede wert, verglichen mit allem, was wir hinter uns hatten, aber ich war trotzdem sehr erschöpft. Während wir auf der Terrasse saßen und ich meinen Freunden erzählte, was passiert war, setzte sich ein Schmetterling auf meinen Arm. Ich erschrak ein wenig und schüttelte ihn ab. Er kam zurück und setzte sich wieder auf meinen Arm, und ich verjagte ihn wieder. Da setzte er sich auf den leeren Stuhl neben mir. Er war so hartnäckig, dass ich zu meinen Freunden sagte, der Schmetterling sei wohl zahm. Darauf antworteten sie, er sei schon den ganzen Tag im Haus herumgeflogen. Er war ihnen aufgefallen, weil auch schon während der Trauerfeier [für Marie-Claires Mann Guy] ein Schmetterling durch die Kirche geflattert war, vor allem durch den Chor,

> wo seine Kollegen von der Feuerwehr saßen. Ich nahm also an, dass der Schmerz über den Verlust ihres Freundes für die Aufmerksamkeit verantwortlich war.
>
> Aber am nächsten Tag ziehe ich die Vorhänge im Wohnzimmer auf und sehe schon wieder einen Schmetterling am Fenster sitzen. Diesmal bin ich neugierig, schaue ihn durch das Glas hindurch an und ertappe mich dabei, wie ich mit ihm rede. Der Schmetterling bewegt sich nicht, nur seine Fühler zittern ab und zu. Ein Freund kommt an die Tür. Er winkt mir zu, weil er glaubt, dass ich ihn bemerkt habe, aber in Wirklichkeit sehe ich nur den Schmetterling, mit dem ich rede, weil ich glaube, dass er ein Zeichen von Guy ist. Als er sieht, was ich da mache, hat der Freund sehr geschmunzelt. Es ist albern, ich weiß, aber es hat mir auf jeden Fall gutgetan, daran zu glauben."

Ganz natürliche Vorgänge werden von den Empfängern zuweilen mit einer symbolischen Bedeutung aufgeladen, so beispielsweise ein Regenbogen, der sich zu einem speziellen Zeitpunkt bildet und von dem sie annehmen, dass er eigens für sie bestimmt sei. Rosen oder andere Lieblingsblumen des Verstorbenen werden oft als Indiz für einen symbolischen Kontakt angeführt, ebenso Haustiere, Katzen oder Hunde, die sich als geheime und begabte Boten zu betätigen scheinen. Die Empfänger sind auf der Stelle davon überzeugt, dass es sich um ein direkt an sie gerichtetes Zeichen handelt, und die Skepsis ihrer Umgebung kann sie nicht von dieser Meinung abbringen.

Wir begegnen in diesem Zusammenhang Francine L. wieder, die in Montreal lebt und uns mehrere Berichte geschickt hat, darunter vier „Rosengeschichten". Lesen Sie selbst, was sie erlebt hat:

> „Drei Jahre später starb mein Nachbar und Freund mit vierundvierzig Jahren an Krebs. Eines Tages rief er mich aus dem Krankenhaus an und sagte, der Arzt gebe ihm nur noch wenige Tage. Er wollte es mir persönlich sagen, um unse-

rer Freundschaft willen. Ich weine mit ihm und beschließe, ihm die Geschichte von der Rose meines Vaters zu erzählen. Ich sage also zu ihm: ‚Schick mir auch eine Rose, wenn du kannst.' Als Anspielung auf die Tatsache, dass er ein Sportgeschäft besitzt, füge ich hinzu: ‚Vergewissere dich aber, dass ich sie erkenne, denn neben einem Ski oder Hockeyschläger kann ich sie mir nicht vorstellen.' Beim Abschied weinen wir nicht, sondern lachen, denn wir sagen uns, dass wir ja eine Art Verabredung getroffen haben.

In der folgenden Woche ruft mich seine Frau an und sagt mir, dass er gestorben ist, aber ich muss ins Theater zu einem Auftritt meiner Tochter und gehe schweren Herzens aus dem Haus. Ich bleibe bis zur Pause und gehe dann zu Fuß nach Hause. An der Kreuzung Rue Saint-Denis und Rue Mont-Royal begegne ich einem jungen Mann mit einem französischen Akzent, der ziemlich ungeschickt einen Hockeyschläger in der Hand hält. Er kommt mir mitten auf der Straße entgegen, und ich frage mich: ‚*Ist das der Schläger, den Réjean mir versprochen hat*?' Und ich blicke mich hektisch um, ob irgendwo eine Spur von einer Rose zu sehen ist? Wer Montreal nicht kennt – im September sind dort Rosen in der Rue Saint-Denis ziemlich selten, noch seltener als Hockeyschläger!

Am nächsten Tage erzähle ich die Geschichte im Beerdigungsinstitut seiner Frau und seiner Schwester und bin sehr froh darüber, dass sich Réjean solche Mühe gegeben hat, mir ein Zeichen aus dem Jenseits zu schicken … Wir verlassen die Kirche und begleiten seine sterblichen Überreste bis zum Leichenwagen, der sie zum Krematorium bringt. Und da, als der Wagen anfährt, liegt kaum einen Meter vom Bordstein entfernt auf dem grauen Asphalt eine wunderschöne rote Rose. Ich war sehr bewegt, als ich meine Rose erkannte, und sagte nichts, weil ich dieses Geschenk unauffällig für mich behalten wollte, aber seine Frau und seine Schwester wiesen mich gleich darauf hin: ‚Da ist ja deine Rose!' Vom Lei-

> chenwagen gefallen, damit ich sicher sein konnte, dass sie von ihm kam …“

Was als symbolischer NTK beginnt, kann eine sehr viel konkretere Wendung nehmen, wie das Beispiel des Mannes illustriert, dessen Verlobte Shirley mit achtunddreißig Jahren an Krebs starb:

> „Ungefähr einen Monat nach Shirleys Tod wollte ich eine Weile an ihrem Grab stehen. Ich war ganz in Erinnerungen an unsere wunderbaren gemeinsamen Stunden versunken, als sich plötzlich ein riesiger Rabe auf mich stürzte und mir mit dem Flügel einen Schlag auf die Schulter versetzte. Nach mehreren schmerzhaften Schlägen ging ich ein Stück vom Grab weg, und der Rabe belästigte mich nicht mehr. Doch immer, wenn ich wieder näherkam, attackierte mich der Rabe mit Flügelschlägen (so benehmen sich Vögel manchmal, wenn sie ihre Eier oder ihre Jungen beschützen wollen, aber das passierte im August, lange nach dem Nestbau). Nachdem ich ein halbes Dutzend Flügelschläge auf den Kopf und die Schultern eingesteckt hatte, hörte ich im Geist Shirleys Stimme, die mir ins Ohr flüsterte: *Du verstehst es wirklich nicht, oder? Ich bin nicht hier. Geh nach Hause.* Zu Hause angekommen, erlebte ich meinen ersten Kontakt mit Geruchswahrnehmung – die ganze Küche roch nach Knoblauch, einer Zutat, die Shirley beim Kochen mit Vorliebe verwendete.“[25]

Erschreckende Nachtod-Kontakte können in jeder der genannten Kategorien auftreten oder auch in einer Kombination von ihnen. Die große Mehrzahl der NTK werden als positive und ermutigende Erfahrungen erlebt, selbst wenn vorübergehend ein leichtes Angstgefühl dabei aufkommen mag. Als erschreckenden NTK dagegen betrachtet man eine Erfahrung, die ganz und gar von Furcht und

---

25 LaGrand, Louis E., *Gifts from the Unknown*, S.63-64.

Schrecken dominiert ist, selbst wenn die Empfänger häufig hinterher bedauern, dass sie so panisch reagierten, weil dadurch der Kontakt augenblicklich abbrach. Die empfangenen Nachrichten sind beruhigend und liebenswürdig, aber sie versetzen die Empfänger dennoch in Angst. Dass sich etwas Unerklärliches abspielt, dass man etwas erlebt, was einfach nicht sein *kann*, scheint diese Verwirrung und Furcht auszulösen. Es ist vielleicht eine ähnlich irrationale Reaktion wie die auf Horrorfilme und ihre furchterregenden, gespenstischen Gestalten.

Erschreckende NTK sind entweder tatsächlich selten oder werden selten weitererzählt, weil die Empfänger nicht über sie sprechen möchten, sondern die traumatische Erfahrung lieber für sich behalten.

Die erste Schilderung stammt aus dem Buch „Trost aus dem Jenseits".

Suzanne war achtzehn und bereitete sich auf ihre Hochzeit vor, als ihr die zehn Monate zuvor verstorbene Großmutter erschien.

> „Ich stand kurz vor meiner Hochzeit, und alle waren damit beschäftigt, das Haus für den Empfang herzurichten. Da ich sehr müde war, rieten sie mir, nach oben zu gehen und mich ein bisschen auszuruhen.
>
> Ich lag auf dem Bett, dachte an nichts Bestimmtes und fragte mich, wie sehr mir wohl meine Großmutter bei der Zeremonie fehlen würde. Ich hatte immer damit gerechnet, dass sie dabei sein würde, und sie hatte es mir auch versprochen.
>
> Plötzlich sah ich links von mir den Kopf und die Schultern meiner Großmutter auftauchen. Sie sah absolut echt aus, wie ein lebendiger Mensch. Sie lächelte, ihre Augen funkelten und sie sagte voller Elan: *Mach dir keine Sorgen, mein Schatz. Ich werde dabei sein!*
>
> Das traf mich wie ein Blitz aus heiterem Himmel! Leider hat mich die Erscheinung erschreckt, und ich war total verängstigt. Ich hatte solche Angst, dass ich laut schrie und schluchzend aus dem Zimmer rannte, die Treppe hinunter.

Ich war in Panik! Meine Mutter hörte den Lärm und erwartete mich unten an der Treppe, aber ich brachte keinen Ton heraus!

Als ich ihr später erzählte, was passiert war, tätschelte sie mir den Arm, zog mich an sich und sagte: ‚Aber das ist doch wunderschön, mein Schatz!'"[26]

Der folgende Bericht von Anne-Marie L. schildert einen NTK mit einer Person, die sie nicht kannte und nur kurz am Schauplatz eines Unfalls gesehen hatte:

„Im Frühjahr 1980 wurden eine Freundin von mir und ich Zeuginnen eines Verkehrsunfalls zwischen Arcachon und Bordeaux. Es war 23 Uhr. Ein Wagen kam mir entgegen, der ein riskantes Überholungsmanöver vollführte, und ich sah im Rückspiegel, wie seine Rücklichter unterhalb der Straße verschwanden.

Ich hielt an, und nach einer Weile (es war sehr dunkel) fanden wir den Fahrer, der aus dem Wagen auf eine Wiese geschleudert worden war. Meine Freundin lief zur Straße hoch, um ein Auto anzuhalten und Hilfe zu rufen.

Ich blieb bei dem Verletzten, einem jungen Mann, der halb ohnmächtig war und wimmerte. Ich hielt seine Hand und redete leise auf ihn ein, und dann betete ich für ihn. Eine halbe Stunde später kamen die Sanitäter, und nachdem wir bei der Polizei unsere Aussage gemacht hatten, konnten wir nach Hause fahren.

Ich ging ungefähr um ein Uhr schlafen. Kaum hatte ich meine Nachttischlampe ausgeknipst, da merkte ich, wie sich die Decke hinter meinem Rücken hob, als würde jemand neben mich schlüpfen, und ich hatte von Kopf bis Fuß das Gefühl eisiger Kälte.

Ich war wie gelähmt, ich fühlte mich, als würde mich je-

26 Guggenheim, Bill & Judy, *Trost aus dem Jenseits*

mand gewaltsam umklammern, ich konnte nicht einmal den kleinen Finger rühren. Es war wirklich entsetzlich, ich wollte das Licht einschalten, aber mein Gehirn funktionierte irgendwie nicht, obwohl ich hellwach war, und es war schrecklich, dass ich mich nicht befreien konnte. In meiner Not dachte ich an meinen Schutzengel und bat ihn um Hilfe. Sofort konnte ich einen Arm bewegen und das Licht anschalten. Damit war die Sache augenblicklich zu Ende, und man kann sich sicher vorstellen, dass ich den Rest der Nacht sitzend im Wohnzimmer verbrachte.

Am nächsten Tag erfuhr ich, dass der Verletzte beim Transport im Rettungswagen verstorben war. Eine medial begabte Freundin erklärte mir, dass der junge Mann mir in seiner Orientierungslosigkeit gefolgt war, da ich die letzte Person war, die in seiner Nähe geblieben war.

Nachdem noch einmal etwas passiert war – wiederholte kurze Schläge von unten gegen das Bett (im Erdgeschoss) –, war mir dieser Terror zu viel, und ich verlangte, so eine Erscheinung nie wieder zu hören oder zu spüren. Der Wunsch wurde mir bis heute erfüllt."

Sie haben sicher bemerkt, dass hier, wie in den weiter oben zitierten Berichten von Dominique Marie C. und Marie-Josée M., von einer Bewegungsunfähigkeit die Rede ist, einer Art vorübergehender Lähmung wie bei Anne-Marie L.: „Ich war wie gelähmt, ich fühlte mich, als würde mich jemand gewaltsam umklammern, ich konnte nicht einmal den kleinen Finger rühren."

Eliette S. hat uns einen Bericht über einen erschreckenden NTK mit einer unbekannten Verstorbenen geschickt. Ihn kann man auch als Beispiel für eine Geistererscheinung anführen, wie sie in einem „Spukhaus" vorkommt, einem Ort, der dafür bekannt ist, dass man darin übernatürliche und unerklärliche Phänomene erleben kann.

„Hier mein NTK, der allerdings kein verstorbenes Familienmitglied betrifft. Meine Schwester hatte mich gebeten, in ihrem Landhaus, das ganz in meiner Nähe liegt, die Fensterläden zu schließen. Es ist ein neu hergerichtetes altes Haus, das gelegentlich in den Ferien bewohnt wird. Ich gehe also ins erste Stockwerk hoch, hinter mir meine Bulldogge, die mir gewöhnlich auf den Fersen folgt. Mitten auf der Treppe bleibt der Hund stehen und fängt an, leise zu wimmern. Sein ungewöhnliches Verhalten macht mich stutzig, und ich drehe mich zu ihm um und sage: ‚Was ist mit dir los?‘ Dann gehe ich weiter und schließe die Fensterläden. Als ich aus den Zimmern komme, ‚sehe‘ ich auf dem Treppenabsatz eine menschliche Gestalt in einem langen schwarzen Rock, die ungefähr einen Meter über dem Boden schwebt; den Kopf kann ich nicht erkennen. Ich spüre nur, dass ‚es‘ weiblich und feindselig ist. ‚Es‘ versperrt mir den Weg, ‚es‘ hat etwas gegen meine Anwesenheit. Gelähmt vor Schreck, sehe ich den Hund an, der immer noch wie erstarrt mitten auf der Treppe steht. Dann zwinge ich mich, vernünftig zu denken: Entweder überlasse ich mich meiner Panik und bleibe oben, praktisch eingesperrt, oder ich gehe vorbei, denn wenn es ein Geist ist, kann er mir in dieser Welt nichts anhaben. Ich entscheide mich für die zweite Lösung, atme tief ein und gehe möglichst ruhig die Treppe hinunter.

Seitdem habe ich es vermieden, allein in das Haus zu gehen. Doch ich bin mir ganz sicher: Da war eine eindeutig weibliche und feindselige Präsenz, das konnte ich genau spüren, und auch das Verhalten des Hundes war eindeutig.

In diesem Haus lebte früher eine alleinstehende Frau, die angeblich in geistiger Umnachtung starb. Nach meinem Erlebnis habe ich überlegt, was ich für sie tun kann. Ich denke an sie und bete, auf gewisse Weise. Außer mir hat sich nie jemand über eine Gegenwart in diesem Haus beklagt, und ich selbst spreche nicht darüber. Nur drei, vier Vertraute sind eingeweiht.“

Dieser Bericht ist in mehrfacher Hinsicht sehr interessant. Offenbar werden Begegnungen mit unbekannten Verstorbenen häufiger als erschreckend erlebt als Kontakte mit nahestehenden Menschen, die von den Empfängern eher als Geschenk betrachtet werden, das sie dankbar und freudig entgegennehmen. Was kann also der Sinn solcher Kontakte sein? Worin besteht ihr Nutzen? Und für wen?

Die ungewöhnliche Reaktion des Hundes ist ebenfalls sehr bemerkenswert. Er hatte die Gegenwart der Verstorbenen als Erster wahrgenommen und wirkte vor Angst wie versteinert. Die Empfänglichkeit von Haustieren für übersinnliche Phänomene wurde in mehreren Studien erforscht, unter anderem von Rupert Sheldrake, dem berühmten englischen Biologen und Erfinder des Konzepts der „morphischen Felder“[27]. In einem seiner Werke mit dem Titel *Der siebte Sinn der Tiere*[28] untersucht er die unsichtbaren Verbindungslinien zwischen Menschen, Tieren und der Umwelt und befasst sich mit den erstaunlichen intuitiven Fähigkeiten der Tiere.

Ein Erlebnis, das dem von Eliette S. sehr ähnlich ist, wurde in *Trost aus dem Jenseits* veröffentlicht.

Tina aus Washington erlebte ihren NTK ein Jahr, nachdem ihr Bruder Rudy mit siebenundvierzig Jahren tödlich verunglückt war:

> „Ich war gerade in der Küche am Werkeln. Plötzlich kam unsere Katze aus dem Wohnzimmer in die Küche geschossen. Ihr standen die Haare zu Berge und sie fauchte. Weil sie so schnell lief, rutschten ihre Pfoten über das glatte Linoleum, sie kam sozusagen angeschlittert.
>
> Gleichzeitig verdrückte sich unser kleiner Hund bellend und ebenfalls mit gesträubtem Fell rückwärts aus dem Wohnzimmer. Ich ging nachsehen, was los war, und da saß mein Bruder Rudy im Schaukelstuhl! Er lächelte mich an. Ich war so froh, ihn zu sehen! Er saß da in seinen Bluejeans

27 www.sheldrake.org

28 Sheldrake, Rupert, *Der siebte Sinn der Tiere: Warum Ihre Katze weiß, wann Sie nach Hause kommen und andere bisher unerklärte Fähigkeiten der Tiere*, Frankfurt 1999.

und einem rotkarierten Hemd, wie er oft dagesessen hatte, als er noch lebte. Ich war ganz ruhig, denn ich wusste, dass es Rudy gut ging. Dann löste er sich vor meinen Augen wieder in Luft auf.

Ich war früher eine eingefleischte Skeptikerin, bis ich dieses Erlebnis hatte. Nie hätte ich gedacht, dass so etwas wirklich passieren kann. Wenn die Tiere nicht so reagiert hätten, hätte ich wohl angenommen, meine Phantasie wäre mit mir durchgegangen.“[29]

NTK als Schutz und Warnung treten in Krisen oder unmittelbar bedrohlichen Situationen auf und haben zur Folge, dass eine Tragödie, wie zum Beispiel ein Unfall, ein Überfall, Tod durch Ertrinken oder ähnliches abgewendet wird. Sie ereignen sich nicht erst, wenn die betroffene Person die drohende Gefahr bereits erkannt hat. Ein Mensch, der begriffen hat, dass sein Haus brennt und eilig nach einem Feuerlöscher sucht oder die Feuerwehr ruft, wird keinen NTK erleben. Schützende NTK dienen nicht dazu, eine Krisensituation in den Griff zu bekommen, sondern davon Kentniss zu nehmen. Mehrfach wurde von Fällen berichtet, in denen kleine Kinder dank der Warnung durch einen wie auch immer gearteten NTK in letzter Sekunde gerettet werden konnten. Manchmal sind auch bisher nicht diagnostizierte gesundheitliche Probleme Auslöser für einen NTK. Ich denke hier besonders an eine Frau, die im Schlaf die Stimme ihrer verstorbenen Mutter hörte, die ihr einschärfte, ihre Schwester solle wegen ihrer hartnäckigen Halsschmerzen unbedingt einen Arzt aufsuchen – so konnte ein Tumor am Kehlkopf gerade noch rechtzeitig entdeckt werden.[30] Auch das schmerzliche Thema Suizid findet sich in dieser Kategorie von NTK. Einige Zeugen haben angegeben, dass sie kurz davor waren, sich das Leben zu nehmen, als ein verstorbener Angehöriger erschien, um sie davon abzubringen. Der oder die Verstorbene stellte das Ursprungsproblem des unerträglichen Leidens, das zu dem extremen Entschluss geführt hatte,

29 Guggenheim, Bill & Judy, *Trost aus dem Jenseits*, S.270-271.
30 Persönliche Mitteilung, 2013.

in einen größeren Kontext und verhalf dem suizidwilligen Menschen damit zu der nötigen Distanz, durch die das Problem relativiert wurde und der Lebensweg sich wieder öffnete.

NTK als Schutz und Warnung sind äußerst eindrucksvoll, denn sie können unter Umständen Leben retten.

Im Gegensatz zu anderen NTK mit Verstorbenen finden solche Kontakte häufig auch noch Jahrzehnte nach dem Todesfall statt. Sie können aber auch kurz danach auftreten, wie die beiden folgenden Fälle zeigen.

Die Frage der Authentizität von NTK werden wir in Kapitel 7 behandeln. An dieser Stelle möchten wir lediglich die beiden Hypothesen anführen, die üblicherweise vorgebracht werden: 1) NTK sind Illusionen, das heißt, durch den Stress der Trauer herbeigeführte Halluzinationen, 2) sie sind authentische transpersonale Erfahrungen.

Das Argument, es handele sich um innerpsychische Vorgänge, greift nicht bei NTK zum Todeszeitpunkt, bei denen ein verstorbener Freund oder Angehöriger eine (noch) nicht trauernden Person über sein Ableben informiert, und ebenso wenig bei schützenden NTK. Da in diesem Fall zwischen dem Tod des geliebten Menschen und dem NTK oft viele Jahre liegen, ist der Empfänger schon längst nicht mehr von Trauer überwältigt, falls er oder sie es überhaupt je war (zum Beispiel, wenn der Empfänger zum Zeitpunkt des Todes ein kleines Kind war).

Die Kategorie der schützenden NTK ist eine der beiden Kategorien, für die wir auf unseren Aufruf hin keine Berichte erhielten. Wir zitieren deshalb zwei Texte, die von Guggenheim und LaGrand publiziert wurden.

Eine Woche nach dem Krebstod ihrer Mutter erhielt Debbie eine entscheidende Warnung.

> „Ich besuchte in Virginia meine beste Freundin Donna, deren Tochter Chelsea gerade sechs Monate alt war. Donna hatte ihre Tochter schlafen gelegt, und ich wollte schnell zum Supermarkt fahren und Lebensmittel kaufen.

> Als ich gerade aus dem Haus ging, hörte ich Mutters Stimme telepathisch, aber sehr klar: ‚Du musst nach dem Baby schauen!‘ Ich glaubte, dass ich mir das alles nur einbildete, und verscheuchte den Gedanken.
>
> Ich ging also durch die Tür, und da hörte ich meine Mutter ein zweites Mal: ‚Du musst nach dem Baby schauen!‘ Ihre Stimme klang frisch und lebhaft.
>
> Ich drehte mich um und ging zurück in Chelseas Kinderzimmer. Als ich die Tür aufmachte, fiel ich fast in Ohnmacht! Das Baby war schon ganz blau! Sie war völlig in ihre Decke eingewickelt und von einer anderen zugedeckt, die sie zu sich heruntergezogen hatte. Ich hob sie hoch und fürchtete schon, ich käme zu spät. Aber sie holte einmal tief Luft und stieß einen markerschütternden Schrei aus. Ich weiß noch, dass ich mich in Tränen aufgelöst mit ihr auf den Boden setzte und sagte: ‚Mein Gott! Danke, vielen Dank, Mama!“[31]

Eine Frau hatte mehrere Monate nach dem Tod ihres Mannes das folgende Erlebnis:

> „An jenem Abend kam ich von einem Besuch (ich war im Auto zurückgebracht worden) und benutzte die Fernbedienung für die Garage, um ins Haus zu kommen. Normalerweise blieb ich in einem solchen Fall stehen und legte die Fernbedienung wieder ins Auto zurück. Aber als ich diesmal stehenbleiben wollte, bekam ich einen Stoß in den Rücken, sodass ich am Auto vorbei direkt ins Haus ging. Ich hatte gerade die Küchentür geschlossen, als ich einen lauten Knall hörte. Ich war starr vor Schreck. Sofort rief ich meinen Nachbarn an und erzählte ihm von dem lauten Geräusch, weil ich dachte, ein Einbrecher wäre im Haus. Er kam gleich herüber und sah sich überall im Haus um. Als er in die Garage kam, wusste er gleich, was passiert war. Eine schwere

31 Guggenheim, Bill & Judy, *Trost aus dem Jenseits*, S. 50-51.

Feder an der Garagentür war gebrochen. Sie war genau da gelandet, wo ich gestanden hätte, wenn ich die Fernbedienung ins Auto zurückgelegt hätte.“[32]

Hier noch Patties Bericht, die eine rettende Warnung von ihrem Vater erhielt, der fünf Monate zuvor gestorben war:

„Eines Abends fuhr ich nach der Arbeit nach Hause. Ich fuhr mit 70 km/h in dichtem Verkehr auf der Autobahn, Stoßstange an Stoßstange. Ich hockte träge auf meinem Sitz, einen Finger in das Lenkrad gehakt, und hing meinen Gedanken nach.

Plötzlich hörte ich die Stimme meines Vaters in meinem Kopf. Er sagte streng: ‚Setz dich gerade hin! Fass das Lenkrad mit beiden Händen an! Leg den Sicherheitsgurt an, weil du gleich eine Reifenpanne haben wirst.‘ Ich hörte ihn klar und deutlich.

Ich schoss im Sitz hoch, schnallte mich schnell an und packte das Lenkrad mit beiden Händen. Nach einem knappen Kilometer machte es ‚Bummmm‘ – und der Reifen explodierte. Aber ich war darauf gefasst und konnte das Auto an den Straßenrand lenken.

Ich will gar nicht daran denken, was passiert wäre, wenn ich darauf nicht vorbereitet gewesen wäre!“[33]

Unter dem Begriff **praktische NTK** verstehen wir NTK, bei denen die Verstorbenen ihren Angehörigen konkrete Informationen geben, die sie vorher nicht hatten. Es kann sich um ein Familienstammbuch handeln, geheime Geldverstecke, eine Versicherungspolice, ein Sparbuch, Aktien oder andere Dokumente, die die Hinterbliebenen dringend benötigen. Die Formalitäten in einem Todesfall und mehr noch die finanziellen Probleme erzeugen Stress und bürden den ohnehin schon von Schmerz und Verlust gebeugten Trauernden noch

---

32 LaGrand, Louis E., *Gifts from the Unknown*, S. 234-235.

33 Guggenheim, Bill & Judy, *Trost aus dem Jenseits*, S. 234-235.

mehr Lasten auf. Praktische NTK können sich ereignen, wenn ein Empfänger hektisch und ratlos nach einem Dokument sucht, aber auch völlig unvermutet bei ahnungslosen Trauernden, wie im Fall der verstorbenen Mutter, die ihre Kinder wissen ließ, dass eine große Menge Geld in einem Hohlraum ihres Sekretärs versteckt war – dem Möbelstück, das die Familie gerade an einen Antiquar verkaufen wollte!

„Ich war durch den Tod meiner lieben Mutter, acht Monate vor ihrem hundertsten Geburtstag, sehr bekümmert. Seit Mama tot ist, bin ich davon überzeugt, dass die Seelen der Toten das Trauerhaus heimsuchen, in dem die Familie sie beweint. Warum? Deshalb:

Ich war auf der Suche nach einem Aufsatz über die Schönheit von Mamas Händen beim Klavierspielen, den Virginie, eine ihrer kleinen Klavierschülerinnen, vor fünfzehn Jahren geschrieben hatte, als sie noch in Belfort wohnte. Mama hatte diesen Aufsatz, der sie sehr berührt hatte, immer sorgfältig unter ihren Privatpapieren aufbewahrt. Ich wollte ihn bei der Trauerfeier vorlesen, aber ich hatte keine Ahnung, wo Mama ihn hingelegt hatte. In ein Buch? In eine Schachtel? Ich ging in Mamas Zimmer an ihren Schrank, machte die beiden Türen weit auf und murmelte: ‚Oh, liebe Mama, wo hast du nur Virginies Aufsatz hingelegt?‘

Plötzlich fiel mir ein dicker Umschlag vor die Füße, Papiere verteilten sich auf dem Fußboden und mittendrin lag Virginies Aufsatz …, den ich dann bei der Trauerfeier vorlesen konnte.

Und es gab noch mehr Beweise, dass Mama bei mir war.

Eine Stunde später fragt mich der Bestattungsunternehmer nach Mamas Familienstammbuch. Ich hole die schwere Schachtel mit den nach Rubriken einsortierten Papieren, aber unter der Überschrift ‚Personendaten‘ finde ich nichts. Ich durchsuche sämtliche Ordner in ihrer Schachtel – nichts!

Völlig fertig rolle ich mich neben dem Bett auf ihrem Polstersessel zusammen und fange an, laut mit Mama zu reden: ‚Ich flehe dich an, Mama, sag mir, wo es ist.'

Plötzlich hatte ich eine Erleuchtung, die mir das Stammbuch auf dem Boden der Schachtel zeigte, unter all den Mappen, die ich durchgesehen hatte. Und da war es auch!"

(Jacqueline T.)

Bei einem **gemeinsam erlebten NTK** werden visuelle, auditive, taktile oder olfaktorische Kontakte oder NTK mit Gegenwartsempfinden von mehreren Personen gleichzeitig empfangen, die sich am selben Ort aufhalten.

Die meisten NTK geschehen jedoch, ohne dass ein Dritter davon etwas mitbekommt. Sei es, dass der Empfänger währenddessen allein ist, sei es, dass zwar andere Personen anwesend sind, den Verstorbenen aber nicht wahrnehmen können. Gemeinsam erlebte NTK sind selten, aber besonders eindrücklich, weil der Eindruck einer „echten Erfahrung" verstärkt wird.

Zudem sehen oder spüren die Empfänger im Allgemeinen die Gegenwart eines einzigen verstorbenen Menschen, obwohl es vorkommt, dass mehrere Verstorbene gleichzeitig wahrgenommen werden. Das geschieht vor allem dann, wenn mehrere Familienmitglieder bei einem Unfall sterben und anschließend einem Angehörigen oder Freund erscheinen.

Ein Bericht, der in *Trost aus dem Jenseits* abgedruckt ist, schildert einen solchen, gemeinsam erlebten NTK.

Lauren arbeitet als Verhaltenstherapeutin in Florida. Ihr Bruder Donald hat sich mit dreiundfünfzig Jahren das Leben genommen.

„Donald hatte eine Verletzung im Lendenwirbelbereich und hinkte stark, er konnte sich nur mühsam bewegen. Er hatte schon zwei Operationen hinter sich und musste in den letzten drei Jahren vor seinem Tod schier unerträgliche Schmerzen aushalten.

Während der Trauerfeier schaute ich zufällig aus dem Fenster und sah, wie Donald auf die Kirche zukam. Sein

> Körper war nicht klar umrissen, ich sah durch ihn hindurch auf die Bäume dahinter. Er sah jünger aus und kam mir ganz gesund vor, er hinkte kein bisschen! Er trug eines seiner Karohemden und eine Hose. Er sah sehr zufrieden und glücklich aus, als sei er gerade auf einem Spaziergang. Er näherte sich dem Fenster, als wolle er mir ein Zeichen geben, ihm zu folgen. Dann war er plötzlich wieder verschwunden.
>
> Nach der Messe kam meine Schwägerin Joyce auf mich zu und fragte mich: ‚Hast du Donald gesehen?' Ich war überrascht und antwortete: ‚Ja!' – ‚Ich auch!', erklärte sie.
>
> Vielleicht war das Donalds Art, von uns Abschied zu nehmen. Für mich war das eine sehr wichtige Erfahrung, die mir auf ganz natürliche Art über meinen Kummer hinweggeholfen hat."[34]

Wir haben die unterschiedlichen Arten von NTK Revue passieren lassen, von den subtilsten – den symbolischen NTK – bis zu den frappierendsten – den visuellen NTK mit beidseitiger telepathischer Kommunikation. Wie wir gesehen haben, ist die Erfahrung oft komplex und vielschichtig. Mehrere Arten von NTK können gleichzeitig auftreten, ein Empfänger kann zum Beispiel die Gegenwart eines Verstorbenen spüren, der ihm die Hand auf die Schulter legt und mit ihm spricht, während er einen vertrauten Duft wahrnimmt. Manche der zitierten Berichte könnten mehreren Kategorien zugeordnet werden, und ich musste gelegentlich etwas willkürlich auswählen, welcher ich sie zuwies.

NTK, die im Schlaf oder im Halbschlaf auftreten, sind präzise, kohärent und einprägsam und werden als echt erlebt. Sie unterscheiden sich deutlich von einem Traum. Von ihnen wird häufig berichtet.

---

34 Guggenheim, Bill & Judy, *Trost aus dem Jenseits*, S.263.

Bei NTK zum Zeitpunkt des Todes wird der Empfänger vom Ableben eines ihm nahestehende Menschen durch diesen selbst informiert, der Verstorbene „kommt, um sich zu verabschieden". Diese NTK, die sich exakt zum Zeitpunkt des Todes ereignen, der andernorts eintritt, finden statt, bevor Klinik, Familie und andere Angehörige über den Todesfall informieren.
Bei einem telefonischen NTK läutet das Telefon, und wenn der Empfänger abhebt, hört er oder sie eine kurze Botschaft der verstorbenen Person oder es folgt eine beidseitige Kommunikation. Dieser NTK ist sehr selten.
Bei NTK, die sich durch unerklärliche physikalische Phänomene manifestieren, schalten sich Elektrogeräte und Lampen von allein an, bleiben Uhrzeiger auf der Todesstunde stehen, bewegen oder drehen sich Fotos oder Bilder, hört man unerklärliche nächtliche Geräusche und anderes mehr. Diese NTK sind nicht selten.
Symbolische NTK sind subtile Erfahrungen, häufig auf der Basis gemeinsamer Erlebnisse, die von den Empfängern als Zeichen und Wink des Verstorbenen aufgefasst werden und allein durch ihre Interpretation eine Bedeutung erhalten.
Erschreckende NTK sind Erlebnisse, die Angst auslösen, im Gegensatz zu der großen Mehrheit der NTK, die als positiv und ermutigend erlebt werden, auch wenn sie manchmal vorübergehend Unbehagen auslösen können. Die panische Reaktion des Empfängers setzt dem Kontakt augenblicklich ein Ende. Dieser NTK kommt selten vor.
NTK als Schutz und Warnung treten in Krisensituationen oder bei akuter Gefahr auf und können Tragödien verhindern, etwa einen Unfall, Tod durch Ertrinken oder im Straßenverkehr, einen Brand, einen tätlichen Angriff, einen Suizid oder eine nicht diagnostizierte Krankheit. Sie treten häufig noch Jahrzehnte nach dem Todesfall auf.
Bei einem praktischen NTK erhalten die Empfänger eine drin-

gend benötigte konkrete Information (Dokumente, geheime Sparbücher, unauffindbare Versicherungspolicen etc.). Offenbar findet bei ihnen die Übermittlung einer dem Empfänger unbekannten Information statt.

Bei einem gemeinsam erlebten NTK werden die visuellen, auditiven, taktilen oder olfaktorischen Phänomene oder das Empfinden einer Gegenwart von mehreren Personen gleichzeitig wahrgenommen, die sich am selben Ort aufhalten.

Analyse der bei INREES eingegangenen NTK-Berichte

Ein Aufruf, der 2013 zusammen mit meinem Artikel über Nachtod-Kontakte[35] in der Zeitschrift *Inexploré* veröffentlicht wurde, erbrachte annähernd vierzig Zuschriften, die größtenteils mehrere Berichte enthielten. Um die dreißig beschrieben NTK mit Verstorbenen, der Rest betraf anders geartete Erfahrungen. Ich habe hier die Berichte von zwanzig Personen verwendet, und einige von ihnen finden sich in mehreren Rubriken. Zusammen mit dem Brief eines Paares, das sein Baby verloren hatte, verfügte ich also über NTK-Berichte von zweiundzwanzig Personen. Bevor ich die Berichte gelesen hatte, war ich mir sicher, dass die darin beschriebenen NTK mehr oder weniger die Ergebnisse bisheriger Forschungen bestätigen würden, nach denen am häufigsten NTK mit Gegenwartsempfinden und NTK im Schlaf oder Halbschlaf vorkommen.

Ich war überzeugt, dass bei unserer bescheidenen Datenmenge Berichte für einige, wenn nicht gar viele der von den Guggenheims eingeführten Kategorien fehlen würden. Das war jedoch nicht der Fall, die Bandbreite der Kontakte, die man uns schilderte, war sehr groß. Ich musste mir sogar überlegen, welche ich hier präsentieren woll-

35 Elsaesser-Valarino Evelyn, „VSCD: hallucination ou dernière communication?“, S.84-88.

te. Die beiden einzigen Kategorien, für die Berichte fehlten, waren schützende und gemeinsam erlebte NTK. Das unter „visuelle NTK" eingeordnete Erlebnis von Marie-Josée taucht nicht noch einmal in der Kategorie „gemeinsam erlebte NTK" auf, da die Begegnung mit ihrem verstorbenen Mann sich von der Wahrnehmung ihrer Tochter unterschied, die eine Stimme hörte, die zu ihr sagte: *Geh zu Mama, sie braucht dich.* Obwohl die Kontakte in derselben Nacht stattfanden, kann man nicht sagen, dass zwei Personen genau dasselbe erlebten.

Eine weitere große Überraschung: Sämtliche Berichte – abgesehen von dem des Paares Christine und Jan H. – stammten von Frauen! Wie war das möglich? Auch Männer erleben Nachtod-Kontakte. Wird *Inexploré* ausschließlich von Frauen gelesen? Sicher nicht. Sprechen Frauen leichter über sehr private Erlebnisse? Ja, das kann ich mir eher vorstellen. Der Schlüssel liegt vielleicht in ihrer größeren Bereitschaft, mit anderen Menschen über persönliche Dinge zu sprechen.

Vorübergehende Lähmungserscheinungen

Beim Blick auf den Verlauf von Nachtod-Kontakten hat ein Element meine Aufmerksamkeit erregt, das genauer betrachtet zu werden lohnt. Es stammt aus bereits zitierten Berichten, die zeigen, dass NTK manchmal auch Unwohlsein oder sogar Angst auslösen können. Unerwünschte Gefühle können sogar noch heftigere Formen annehmen. Drei unserer Zeuginnen, Marie-Josée M., Anne-Marie L. und Dominique Marie C. haben beschrieben, dass sie sich nicht mehr bewegen und nicht mehr sprechen konnten, was man als vorübergehende Lähmungserscheinung bezeichnen könnte. Dieses Phänomen wurde in bisherigen Studien nie als typisches Merkmal für einen NTK genannt. Man kann annehmen, dass es sich um ein seltenes Phänomen handelt und deshalb nicht in der Literatur auftaucht, aber drei unserer zweiundzwanzig Zeugen und Zeuginnen haben es erlebt. Das ist trotz unserer bescheidenen Datenmenge keine Zahl, die man vernachlässigen sollte.

Ich wiederhole hier die entscheidende Passage noch einmal:

> „Schon gleich am Anfang hatte ich versucht, meine Tochter zu rufen, ich hatte nur einen Gedanken: Ihr zuzurufen, dass sie kommen solle, um ihren Vater zu sehen, der wiedergekommen war … Aber so sehr ich mich auch anstrengte, ich brachte keinen Ton heraus, ich war wie gelähmt, als hätte er mir verboten, sie zu rufen."
>
> *(Marie-Josée M.)*

Wir lassen auch Anne-Marie noch einmal zu Wort kommen, die bei einem Autounfall einem verletzten jungen Mann half, der dann beim Transport ins Krankenhaus starb. Als sie sich anschließend zu Hause ins Bett legte, spürte sie, wie jemand hinter sie glitt und empfand von Kopf bis Fuß eine eisige Kälte:

> „Ich war wie gelähmt, ich fühlte mich, als würde mich jemand gewaltsam umklammern, ich konnte nicht mal den kleinen Finger rühren. Es war wirklich entsetzlich, ich wollte das Licht einschalten, aber mein Gehirn funktionierte irgendwie nicht, obwohl ich hellwach war, und es war schrecklich, dass ich mich nicht befreien konnte."

Als letztes zitiere ich noch einmal Dominique Marie C.:

> „Ich nehme alles bewusst wahr, was geschieht, aber ich kann mich überhaupt nicht bewegen, es ist, als läge ich unter einem Bleimantel. Da spüre ich seine Anwesenheit körperlich, er berührt mich auf der Höhe der Arme und am Rücken. Ich habe große Angst bei diesen Berührungen, zumal ich mich überhaupt nicht rühren kann. Dann dringt ein Laut aus meiner Kehle, und der Kontakt bricht ab. Aber ich kann mich immer noch nicht bewegen."

Haraldsson gibt einen Bericht wieder, der ebenfalls den Aspekt der vorübergehenden Lähmungserscheinung enthält:

„Jacob war als Patient in dem Sanatorium, in dem ich arbeitete. Manchmal war er deprimiert, und ich versuchte, ihn mit ein paar Späßen aufzuheitern. Eines Tages lud ich ihn zu uns nach Hause ein, denn er stammte aus demselben Dorf wie mein Mann, und ich dachte, es könnte den beiden gefallen, ein bisschen über gemeinsame Bekannte aus dem Dorf zu plaudern. Er nahm die Einladung dankend an, und ich sagte:

‚Sie versprechen, dass Sie morgen kommen?'

Er antwortete: ‚Ja, ja, ich verspreche es.'

In der folgenden Nacht wachte ich auf, und mir war, als hätte ich alle Kraft verloren. Ich konnte mich nicht mehr bewegen. Plötzlich sah ich, wie die Schlafzimmertür aufging und Jacob auf der Schwelle stand, das Gesicht voller Blut. Ich starrte ihn eine Weile an und konnte weder reden noch mich bewegen. Dann verschwand er, und es kam mir vor, als würde er die Tür hinter sich schließen. Mein Zustand normalisierte sich, ich weckte meinen Mann und erzählte ihm davon.

‚Ich könnte schwören, dass im Sanatorium etwas passiert ist', sagte ich zu ihm.

Am Morgen rief ich dort an und fragte, ob es Jacob gut gehe.

‚Nein', antwortete die Schwester, ‚er hat sich letzte Nacht das Leben genommen.'"[36]

Jacob hatte sich ertränkt, und die Wunden im Gesicht stammten von Lavasteinen am Grund des Flusses, in den er gesprungen war. Ich möchte betonen, dass die Frau, die diesen NTK erlebte, weder vom Suizid ihres Patienten noch von den dazugehörigen Wunden etwas wusste, als er ihr mit blutigem Gesicht erschien.

Was verursacht diese vorübergehende Lähmung? Ein drastischer Energieverlust des Empfängers, der sich als plötzliche Schwäche manifestiert, scheint mit dem Verlust der Sprech- und Bewegungs-

36 Haraldsson, Erlendur, *The Departed among the Living*, S.91-92.

fähigkeit einherzugehen: „In der folgenden Nacht wachte ich auf, und mir war, als hätte ich all meine Kraft verloren. Ich konnte mich nicht mehr bewegen“, erzählt die Pflegerin aus dem Sanatorium. Wir finden diesen Aspekt des Energieverlusts auch in Wynn Bainbridges Aussage, die sich bei den „NTK zum Todeszeitpunkt“ findet. Eine vorübergehende Lähmung erwähnt sie allerdings nicht. Genau zu dem Zeitpunkt, an dem ihre Cousine starb, fühlte sie sich schlecht:

„Ich hätte nicht sagen können, was es war – ich hatte keine Schmerzen und fühlte mich nicht krank, nur dieses schreckliche Gefühl, dass meine Kräfte mich verließen. Es war nicht wie vor einer Ohnmacht, ich spürte nur eine entsetzliche Schwäche.“

Was immer dahinter steckt, man kann sich durchaus vorstellen, welches Entsetzen die ungewollte Erstarrung bei den Empfängern auslöst. Wir müssen das Phänomen wohl in die Liste der rätselhaften Erscheinungen aufnehmen, die eine faszinierende Aufgabe für künftige Forschungen darstellt.

Manche Empfänger berichten von einer vorübergehenden Lähmungserscheinung während des NTK, die sich darin ausdrückt, dass sie sich nicht mehr bewegen und nicht sprechen können. Das Phänomen wurde bisher in der Literatur noch nie als charakteristisches Merkmal eines NTK erwähnt.

Der Bericht von Béatrice

Der Bericht von Béatrice M. erreichte uns aus der Region Ile-de-France. Béatrice verfügt schon von früh an über mediale Fähigkeiten, die sie so beschreibt:

> „Seit frühester Kindheit spreche ich mit meiner Großmutter väterlicherseits, die ich nie kennengelernt habe, weil sie vor meiner Geburt gestorben ist. Erst spät, als Erwachsene, habe

ich erfahren, dass nicht alle Menschen mit Toten sprechen. Ich habe nicht schlecht gestaunt! Für mich war es normal, und ich verstand nicht, warum sie das nicht machten."

Ihr Vater starb bei einem Unfall, als sie noch sehr jung war.

„Natürlich habe ich mit ihm eine Zeit lang kommuniziert. Ich war auf seinen Tod vorbereitet worden, aber ich wollte davon nichts hören und nichts sehen.

Es hat zahlreiche Kontakte mit Verstorbenen gegeben. Ich habe mich nie gefragt, ob das Bewusstsein nach dem physischen Tod überlebt, das war für mich immer eine Selbstverständlichkeit. Als Kind sagte ich, mein Körper sei mein Fahrzeug.

Es gibt Personen, die mit mir kommunizieren wollen, manchmal akzeptiere ich, manchmal lehne ich ab. Eine Person hat darauf bestanden, also habe ich ihr schließlich zugehört. Lustigerweise kam sie immer genau dann, wenn ich in der Dusche stand! Leider konnte ich ihr nicht helfen.

Für mich gehört es zum Leben, mit den Toten zu kommunizieren. Da oben (oder anderswo) haben sie eine andere Sicht auf unsere Lage und unser Leben, und ich glaube, man kann sie um Hilfe und um Botschaften bitten."

Trotzdem hat Béatrice ihre mediale Veranlagung nicht zu ihrem Brotberuf gemacht, sondern auf einer Handelsschule Finanzmanagement und kaufmännische Geschäftsführung gelernt. Dann war sie zwanzig Jahre lang Bilanzbuchhalterin eines mittleren Unternehmens.

„Ich habe eine sehr materialistische Lebenseinstellung. Ich glaube, dass ich durch meinen Beruf bodenständig bleiben konnte und nicht abhob und dauernd mit ‚der anderen Welt' redete. Ich sage Ihnen das, damit Sie wissen, dass ich mit beiden Beinen auf dem Boden stehe!"

Dennoch hat Béatrice vor einigen Jahren angefangen, als Heilerin zu arbeiten, weil sie vor etwa zwanzig Jahren entdeckte, dass sie „mit den Händen heilen“ kann.

„Im Januar oder Februar 2012 hatte ein kleines Sportflugzeug bei Moisselles einen Unfall. Zwei Personen saßen darin, ein junger Mann und ein dreizehnjähriges Mädchen. Zwei, drei Tage nach dem Unfall kam ich ganz in der Nähe der Stelle vorbei, wo das Flugzeug abgestürzt war. Auf einmal spürte ich, dass das Mädchen bei mir im Auto war. Sie war sehr, sehr aufgeregt. Ich bat sie um Geduld, weil ich eine Verabredung hatte. Sie blieb bei mir. Ich fuhr nach Hause, setzte mich an einen stillen, abgeschiedenen Ort und fing an, mit ihr zu kommunizieren. Sie sagte immer wieder: *Es ist mein Fehler, es ist ganz bestimmt mein Fehler. Ich habe etwas berührt, was ich nicht hätte berühren dürfen.* Sie sprach über ihr Leben, über ihre Mama. Sie machte sich Sorgen, wer jetzt ihr Haustier füttern und streicheln würde. Ich forschte nach – sie hatte eine Katze. Ich habe eine Weile mit ihr kommuniziert und versucht, sie zu beruhigen. Damals lernte ich gerade Reiki, ich habe ihr Energie gegeben, um sie zu beruhigen. Ganz allmählich hat die Kommunikation dann aufgehört.

Im Juli 2013 erschien in *La Gazette* ein Artikel über den Absturz, weil die Ermittlungen zu den Unfallursachen nun abgeschlossen waren. Die Ergebnisse der Untersuchungen waren ein Schock für mich! Das Flugzeug war tatsächlich abgestürzt, weil das Mädchen etwas berührt hatte, was sie nicht hätte berühren dürfen.

In diesem Moment bekam ich Schuldgefühle, weil ich die Botschaften nicht richtig gedeutet hatte. Ich dachte, sie hätte das nur gesagt, weil sie Angst hatte, Angst vor dem neuen Leben, das sie erwartete.“

Béatrice hat uns eine Kopie des *Parisien*[37] geschickt, in der die vermutliche Absturzursache beschrieben wird:

> „[…] Ein Passagier kann aus Versehen an die Steuerung stoßen. Die Ermittler haben sich deshalb mit dem Flugzeugmodell befasst und in seiner Konstruktion die mutmaßliche Erklärung für den Absturz gefunden. Sie haben die Situation am Boden mit einem vergleichbaren Modell und einer Person, deren körperliche Maße etwa denen des Mädchens entsprachen, nachgestellt und festgestellt, dass es möglich ist, den Fuß auf das Gestänge des Höhenruders zu setzen, „während man eine völlig natürliche und bequeme Haltung einnimmt". Das Resultat: „Auch ohne starken Druck mit dem linken Fuß auszuüben, kann der Passagier das Höhenruder in eine Sturzflugposition bringen. Eine Möglichkeit zur Korrektur gibt es nicht: „Bei der Versuchsanordnung war es nicht möglich, diesen Druck durch die Betätigung der Steuerung auszugleichen."

Der Bericht ist sehr aussagekräftig und überzeugend. Das Mädchen war in Panik, als sie Béatrice ansprach und sagte, sie habe den Absturz aus Versehen provoziert, indem sie etwas berührte, was sie nicht hätte berühren dürfen. Durch die offizielle Untersuchung wurden ihre Worte bestätigt, sie war tatsächlich die Verursacherin, indem sie den Fuß auf eine bestimmte Stelle gesetzt, das Flugzeug „in eine Sturzflugposition" gebracht und damit den Absturz herbeigeführt hatte. Welch eine Tragödie, und welch ein unverzeihlicher Konstruktionsfehler! Das Mädchen wandte sich an Béatrice, eine Unbekannte, sie hatte das dringende Bedürfnis, einen Kontakt herzustellen, da, wo es möglich war, wo sie wahrgenommen und verstanden wurde.

37 Le Parisien.fr, 28. Juni 2013.

Das Persönlichkeitsprofil der Empfänger

Wer kann einen NTK erleben? Gibt es ein spezifisches Empfängerprofil? Welche Umstände müssen zusammenkommen, damit eine solche Erfahrung zustande kommt? Welche Eigenschaften muss man aufweisen? Nach dem aktuellen Stand der Forschung lautet die Antwort schlicht und einfach: Jede und jeder kann einen NTK erleben!

Sehen wir uns die Fragen genauer an. Der Empfänger oder die Empfängerin sind in aller Regel eine trauernde Person (es sei denn, es handelt sich um einen NTK zum Zeitpunkt des Todes oder einen schützenden NTK). Der Tod des Angehörigen oder Freundes liegt in den meisten Fällen nicht länger als ein Jahr zurück, kann jedoch, speziell bei schützenden NTK, auch deutlich länger zurückliegen.

Ein bestimmtes Empfängerprofil lässt sich nicht erkennen. Geschlecht, Alter, sozialer Status, Bildungsniveau, Religion und Nationalität spielen offenbar weder für das Auftreten einer solchen Erfahrung noch für deren Inhalt eine Rolle.

Ob man ein gläubiger Mensch, ein Agnostiker oder Atheist ist, ist für die Art der Erfahrung und die Wahrscheinlichkeit, sie zu erleben, nicht relevant. Die Deutung jedoch ist individuell verschieden, da sie mit dem Glaubenssystem und der persönlichen Erfahrung des Empfängers zusammenhängt.

Kinder können NTK ebenso erleben wie Erwachsene. Leider werden sie von ihren Eltern oft nicht ernst genommen, und es bleibt ihnen überlassen, dem Erlebten einen Sinn abzugewinnen.

Einige unserer Zeugen und Zeuginnen waren zweifellos medial begabt, andere hatten nach dem Tod eines Angehörigen oder Freundes ihre erste transpersonale Erfahrung. Ich glaube nicht, dass man deshalb folgern sollte, für einen Nachtod-Kontakt sei eine besondere Sensibilität erforderlich. Ich glaube eher, dass alle Menschen diese Fähigkeit latent besitzen und sie bei jeder und jedem von uns jederzeit aktiviert werden kann.

Unsere Zeugen und Zeuginnen würden mir nicht widersprechen. Für sie handelt es sich um einen natürlichen Vorgang, und sie wollen keineswegs als außergewöhnliche Wesen betrachtet werden. Sie sind ganz einfach glücklich, dass sie diesen letzten Kontakt erleben durften.

Ich möchte zwei Zeuginnen zitieren, deren Erlebnisse weiter oben dargestellt wurden:

> „Ich danke Ihnen für das Interesse, das Sie meinem Erlebnis entgegenbringen. Auch wenn ich keineswegs ‚erleuchtet' bin (ich arbeite in der Landwirtschaft und stehe mit beiden Beinen auf der Erde), bin ich anscheinend empfänglich für die Atmosphäre um mich herum und kann spüren, was an bestimmten Orten geschehen ist."
>
> *(Eliette S.)*

> „Ich bin Naturwissenschaftlerin (Mathematikerin), deshalb *a priori* ein rationales Wesen … und mit der ‚wissenschaftlichen Beweisführung' vertraut, aber der liebe Gott – oder wie man ihn sonst nennen will – macht gerne Späße, und so hatte ich ‚außergewöhnliche Erfahrungen', die mich zu der Ansicht gebracht haben, dass doch nicht alles so einfach ist … Manche halten solche Erlebnisse sicher nur für eine Verwirrung des Geistes, aber ich halte mich für ausgeglichen und bin mir der ‚Echtheit' dieser Phänomene absolut sicher."
>
> *(Claudie V.)*

Das „Profil des Verstorbenen, der den Kontakt herbeiführt"?

Haben wir irgendeine Vorstellung vom „Profil" der Verstorbenen, die angeblich solche Kontakte initiieren? Die allermeisten NTK finden zwischen Ehepartnern oder Lebenspartnern, nahen Verwandten und engen Freunden statt, manchmal auch mit Bekannten oder Kollegen, wesentlich seltener mit Unbekannten. Bei der Mehrzahl der NTK erkennen die Empfänger den Verstorbenen sofort; es gibt aber auch Fälle, in denen sie ihn nicht erkennen oder erst später herausfinden, wer er oder sie ist, zum Beispiel durch Fotografien, auf denen sie die Person als Vorfahren oder längst verstorbenen Freund der Familie identifizieren. In einigen Fällen kennen die Kontaktierten die Person überhaupt nicht, aber sie nehmen sie an einem Ort wahr, zu dem der Verstorbene eine starke Verbindung hat (Beispiel: Einem Matrosen, der gerade neu auf einem Schiff angeheuert hat, erscheint ein anderer Matrose, der kurz zuvor ertrunken ist). In der Fachliteratur ist hauptsächlich von Nachtod-Kontakten die Rede, bei denen die Verstorbenen den Empfängern bekannt sind.

Erlendur Haraldsson, Professor em. für Psychologie an der Universität in Reykjavik von Island, ist eine weltweit anerkannte Kapazität auf dem Gebiet der Reinkarnation, der Sterbebett-Visionen und der Nachtod-Kontakte mit Verstorbenen. Er ist der einzige Forscher, der in seinem gewaltigen, über Jahre angesammelten Fundus zahlreiche Berichte über Kontakte zu Verstorbenen verzeichnet, die den Empfängern unbekannt waren. In einer seiner Studien nennt er Zahlen: 49% der Empfänger hatten einen NTK mit einem Familienmitglied, 8% mit einem Freund oder einer Freundin, 3% mit einem Kollegen oder einer Kollegin, 11% mit einer oder einem Bekannten und erstaunliche 29% mit einer unbekannten Person.[38]

Wie soll man sich die Nachtod-Begegnung mit einem Unbekannten vorstellen? Hier ein Beispiel:

> „Ich habe häufig das Geräusch von Schritten gehört, und gelegentlich habe ich einen Mann gesehen, den ich nicht kannte. Das ist bei mir zu Hause vorgekommen, und auch im Krankenhaus, wo ich behandelt wurde. Einmal bin ich mitten in der Nacht in die Küche gegangen, um mir Essen aufzuwärmen, als ich plötzlich Schritte hörte, die auf mich zukamen. Ein grau gekleideter Mann erschien im Türrahmen. Er war groß und stark und trug einen gewöhnlichen grauen Hut. Er wirkte friedlich und machte den Eindruck, als wolle er mir eine Botschaft übermitteln. Mir war sehr

38 Haraldsson, Erlendur, *The Departed among the Living*, S.246.

mulmig zumute. Es war kein angenehmes Erlebnis, und ich hatte ein bisschen Angst.“[39]

Ist die Todesursache ein bestimmendes Element?

Haraldsson hat in einer seiner Untersuchungen besonderes Augenmerk auf die Todesursachen in Zusammenhang mit NTK gelegt und festgestellt, dass 23% der Verstorbenen, die die Kontakte anscheinend initiiert hatten, eines gewaltsamen Todes gestorben waren (Unfall, Suizid, Mord).[40] Diese Zahl ist deutlich höher als die durchschnittliche Anzahl von Todesfällen durch Gewalt in der isländischen Bevölkerung zum Zeitpunkt der Untersuchung. Seiner Ansicht nach ist die Wahrscheinlichkeit, dass ein Verstorbener den Lebenden erscheint, größer, wenn die Personen gewaltsam zu Tode gekommen sind. Die Zahl wird untermauert durch die Ergebnisse einer älteren Studie, die britische Forscher im Jahr 1918 publiziert haben und die angibt, dass 27,5% der Verstorbenen, die Lebende kontaktiert haben, gewaltsam gestorben sind.[41]

Diese Resultate entsprechen dem in vielen Ländern verbreiteten Volksglauben, dass Menschen, die ermordet wurden oder sich das Leben genommen haben, den Lebenden häufiger erscheinen als Personen, die auf andere Weise gestorben sind. Wie kommt das? Haben Menschen, die dem Leben auf brutale Weise durch einen Unfall oder einen Mord entrissen wurden, ein stärkeres Bedürfnis, sich bei den Lebenden zu manifestieren, weil sie keine Zeit mehr hatten, sich von ihren Liebsten zu verabschieden? Für Menschen, die an einer Krankheit sterben, bleibt meist noch Zeit für ein letztes Lebewohl. Ist den anderen, aufgrund der Plötzlichkeit, Unvorhersehbarkeit und Gewalt ihres Ablebens etwa nicht klar, dass sie tot sind? Haben möglicherweise im schmerzlichen Fall eines Suizids die mit dieser

39 Ebenda, S.6.

40 Haraldsson, Erlendur, „Halluzinationen. Plötzlich hörte ich eine Stimme“, *Therapiewoche*, 1996, 44,32, S.1866.

41 Gurney, E., Myers, F., Podmore, F., *Phantasms of the Living*, London 1918.

Verzweiflungstat verbundenen Schuldgefühle etwas damit zu tun, dass diese Menschen nach ihrem Tod relativ häufig erscheinen?

Für Haraldsson stellt sich die Frage noch mehr bei gewaltsam zu Tode gekommenen Personen, die nicht Angehörigen, sondern Unbekannten erschienen sind, wofür er ebenfalls proportional einen deutlich höheren Prozentsatz fand. Es ist, als verharrten sie in einem Zustand der Orientierungslosigkeit und bräuchten den Kontakt mit Lebenden. Als wäre es dringend notwendig, dass sie sich materialisieren, wo immer es möglich ist.

In welcher Gestalt manifestieren sich die Verstorbenen, ungeachtet ihrer Todesart? Laut vielen Zeugenberichten erscheinen die Verstorbenen oft nicht so, wie sie zum Zeitpunkt ihres Todes aussahen, sondern viel jünger und von strahlender Gesundheit. Gesichter, die von Krankheit gezeichnet waren, wirken glatt und jugendlich. Sehr häufig strahlen die Erscheinungen vor Glück, Ausgeglichenheit und Liebe. Im Allgemeinen geht eine große Ruhe von ihnen aus. Hin und wieder werden die Erscheinungen jedoch auch als traurig und sorgenvoll beschrieben.

Woraus erklärt sich das? Man könnte sich vorstellen, dass die Verstorbenen sich in einer Form materialisieren, die ihre Angehörigen erkennen können, aber vielleicht zeigen sie sich auch absichtlich so, wie sie in einer glücklichen und sorglosen Phase ihres Lebens ausgesehen haben, eben gerade nicht alt und krank, wie sie vielleicht in einem späteren Stadium ihrer Existenz aussahen. Diese Freiheit hätten sie, wenn man voraussetzt, dass sie in das Bewusstsein der Lebenden eindringen indem sie ein Bild ihrer Wahl erzeugen.

Im Allgemeinen erkennen die Empfänger den Verstorbenen, den sie wahrnehmen. In den meisten Fällen handelt es sich um ein Familienmitglied (Ehe- oder Lebenspartner, Eltern, Geschwister usw.) oder um Freunde, die der Empfänger ohne jedes Zögern sofort erkennt. Meist hat zwischen ihnen ein starkes emotionales Band existiert. Manchmal wird auch ein Unbekannter wahrgenommen.

Bei den Empfängern lässt sich kein spezifisches Profil ausmachen. Geschlecht, Alter, sozioökonomischer Status, Bildung, Religion und Nationalität scheinen weder für das Auftreten noch für den Inhalt von NTK eine Rolle zu spielen.
Das „Profil" der Verstorbenen: Es gibt Hinweise, dass die Wahrscheinlichkeit einer Kontaktaufnahme – auch und gerade zu Unbekannten – bei Menschen, die eines gewaltsamen Todes starben, größer ist.

Chantals Bericht

Chantal D. lebt im Südwesten Frankreichs. Die eifrige Leserin von *Inexploré* schreibt:

> „Es ist wichtig, dass sich seriöse, wissenschaftlich geschulte Menschen endlich für diese ins Abseits gedrängten Themen beziehungsweise Tabus interessieren, denn wir anderen haben nicht das Handwerkszeug und/oder die Kenntnisse, um sie angemessen zu begreifen und zu erklären. Unsere westliche Gesellschaft, so extrem materialistisch und rational, schiebt sie lieber in den Bereich des Ungekannten und Übernatürlichen und konserviert so die Aura des Geheimnisvollen und Angsteinflößenden, die sie umgibt, statt dass sie sich die Mühe macht, sie richtig zu verstehen und als unwiderlegbare Tatsache zu akzeptieren.
>
> Solange man nicht selbst mit solchen Erfahrungen konfrontiert ist, kann man sie immer noch ignorieren oder leugnen, aber wenn man selbst davon betroffen ist, möchte man verstehen, was da geschieht und welchen Sinn es hat. Man sucht nach einer Bestätigung der Erfahrung oder einer Antwort. Man erhält sie auch, aber erst mit der Zeit, durch Begegnungen, indem man sich Informationen beschafft, und mit der Erfahrung. So war es jedenfalls bei mir."

Chantal hatte zwei NTK; den ersten möchte ich hier vollständig wiedergeben. Chantal hat ihren Großvater nicht gesehen, aber sie glaubt dennoch, dass er sie zum Zeitpunkt seines Todes besucht hat, und sie hatte dabei ungewöhnliche körperliche Empfindungen.

> „[Dieser] NTK hat sich 1992 ereignet, genau gesagt, in der Nacht zum 25. Februar am frühen Morgen. Am Abend davor war ich vom Krankenbett meines Großvaters zurück, der in die Klinik eingeliefert worden war. Ich wusste, dass er krank war und langsam abbaute, aber nicht so sehr, dass man ihn so plötzlich in die Klinik hätte bringen müssen. Als ich kam, war meine Tante bei ihm, die ihn hingefahren hatte und geblieben war. Mein Großvater war im Alter vollkommen taub geworden, und die Verständigung war schwierig. Er erkannte mich, er war bei vollem Bewusstsein.
>
> Seine Augen leuchteten, wie ich es noch nie bei ihm gesehen hatte, als hätte sich seine gesamte Lebenskraft, seine Lebensenergie in seinem Blick konzentriert. Ich sah ihm lange in die Augen, und dann kam es zu einem sehr starken, stummen Gedankenaustausch, ich verstand, dass er mir sagen wollte, es ginge zu Ende, er würde gehen, und ich würde ihn nicht mehr lebend wiedersehen.
>
> Am Ende des Besuchs blieb ich noch einen Moment stehen und fragte meine Tante, ob ich lieber bei ihr bleiben solle. Sie wusste, dass ich eigentlich den Abend mit Freunden verbringen wollte und sagte, das sei nicht nötig. Ich war unschlüssig. Ein Teil von mir sagte, ich würde meinen Großvater am nächsten Tag ja wiedersehen, der andere sagte mir das Gegenteil, dass sein Tod kurz bevorstand.
>
> Kaum hatte ich das Krankenzimmer verlassen, da fing mein Herz an zu rasen und hörte nicht wieder auf. Eine Tachykardie, Herzstolpern, ich weiß nicht, was genau es war, auf jeden Fall hörte es einfach nicht mehr auf. Den ganzen Abend und den größten Teil der Nacht ging es so weiter, ich

konnte mich einfach nicht auf irgendetwas konzentrieren und hatte Mühe einzuschlafen.

Ich musste ständig an meinen Großvater denken. Es war, als wäre ein Teil von mir da unten bei ihm geblieben, eine unsichtbare Verbindung aus der Ferne. Die Zeit verging sehr schnell, die Stunden schienen zu rasen. Dann, spät in der Nacht, als ich immer noch wach im Bett lag, hörten Tachykardie und Herzrasen auf einmal schlagartig auf, Ruhe kehrte ein, und kurz darauf spürte ich einen kühlen Luftwirbel neben mir, der vom Fußende meines Bettes bis zum Kopfende entlangzog. Ich begriff, dass mein Großvater gerade gestorben war und mir im Gehen auf Wiedersehen sagen wollte. Ich schaltete das Licht an und sah auf die Uhr. Es war 5.15 Uhr.

So merkwürdig es klingen mag – ich war irgendwie beruhigt und konnte einschlafen. Ich hatte das Gefühl, ihn begleitet zu haben. Als ich vielleicht anderthalb Stunden später aufwachte, legte ich Mozarts *Requiem* für meinen Großvater auf, das schien mir angemessen. Ich dachte, dass diese Musik, die er nicht kannte, aber die auf mich sehr spirituell wirkte, ihm da, wo er jetzt war, helfen könnte. Als sie mich von seinem Tod benachrichtigten, fragte ich, wann genau er gestorben sei. Um 5.15 Uhr, hieß es.

Ich habe bei diesem Erlebnis keine Furcht empfunden, obwohl es eine ziemliche Herausforderung war, weil mein physischer Körper davon mit betroffen war. Aber ein Teil von mir wusste und verstand."

Chantals Großvater wusste, dass er sterben würde. Er brauchte keine Worte, um mit seiner Enkelin zu kommunizieren und sie über seinen nahenden Tod zu informieren – ein intensiver Blickwechsel genügte völlig. Obwohl gerade in die Klinik eingeliefert und zweifellos leidend, machte er einen sehr lebendigen und ungewöhnlich vitalen Eindruck. Was war geschehen? Dieser Mann wusste (woher?), dass er sehr bald sterben würde, und seine Augen leuchteten. Was wie ein

Paradox erscheint, ist in Wirklichkeit keines. Solche Reaktionen an der Schwelle des Todes sind unter dem Begriff „Todesbewusstsein“ bekannt. Es handelt sich um einen Zustand, durch den Menschen an ihrem Lebensende (unter anderem) instinktiv und unumstößlich wissen, dass ihr Tod nahe bevorsteht. Ich werde in Kapitel 4 noch näher auf dieses Phänomen eingehen.

Chantal wunderte sich darüber, dass sie zu dem Zeitpunkt eine innere Ruhe spürte, als sie verstand, dass ihr Großvater soeben gestorben war. Sie scheint sich jedoch in demselben ruhigen, gelassenen Geisteszustand der Akzeptanz befunden zu haben, den sie am Vorabend im Blick ihres Großvaters entdeckt hatte. Die Zeit für Tränen und Trauer kam zweifellos für sie auch, aber später.

Chantal machte eine tiefgreifende und zugleich tröstliche Erfahrung. Ich fragte sie, welche Bedeutung sie ihr zumaß:

> „Die Antwort ist in meinem Erfahrungsbericht enthalten. Wichtig sind die Erklärung und die Bedeutung, die ich ihr gebe. Im größeren Zusammenhang gesehen: Wenn man den Tod als Übergang in sein Leben integriert und auch die Tatsache, dass das Bewusstsein oder die Seele auf einer anderen, subtileren Ebene weiterexistiert, die von unserer physischen Realität nicht ganz getrennt ist, dann fügen sich solche Erfahrungen ganz natürlich in eine Kontinuität. Die Interaktion zwischen Verstorbenen und Lebenden bleibt möglich, zumindest für eine gewisse Zeit, sofern die Lebenden offen, empfänglich und für ihre Erscheinungsform sensibel genug sind.
>
> Aber das Wichtigste ist die Botschaft, die überbracht wird, und nicht die Manifestation, so überraschend diese auch kommen mag. Man darf sich nicht zu sehr an ihr festhalten, sie ist nicht das Wesentliche. Man muss den Grund für die Form erkennen. Wenn diese Kontakte stattfinden, dann haben sie ihren Nutzen und ihren Zweck ebenso bei den Lebenden wie bei den Verstorbenen, weil sie, wie ich glaube, beiden die Möglichkeit geben, sich weiterzuentwickeln, den

eigenen Weg weiterzugehen und nicht zu stagnieren oder gar zurückzugehen. Wenn der Verstorbene sich manifestiert und man selbst die Botschaft auffangen kann, ist das umso besser, es ist ein Privileg, und wenn nicht, ist es kein Fehler, ein gutes, vertrauenswürdiges Medium zu suchen, das als Vermittler dienen kann. Man darf seine Toten nicht im Stich lassen. Wenn sie sich manifestieren, haben sie uns etwas Wichtiges zu übermitteln und/oder brauchen Hilfe. Die Hilfestellung darf sich nicht auf die Lebenden beschränken.

Seriöse Medien vollbringen meines Erachtens eine gewaltige, eine beeindruckende Leistung, mit der sie das Leiden der Seelen lindern. Das Ziel heißt: Voranzugehen, nicht blockiert zu bleiben; und um voranzugehen oder sich zu erheben, muss man sich der drückenden Last entledigen. Diese Art von Erfahrung zeigt uns, dass das immer noch möglich ist, auch wenn wir auf der anderen Seite sind.

Die sichtbaren und unsichtbaren Welten existieren nebeneinander. Wenn man Zugang zu dem finden will, was aus dem Unsichtbaren kommt, muss man sein Bewusstsein erweitern, das heißt, den Bewusstseinszustand ändern, sodass man auf eine höhere Schwingungsebene gelangt, um subtile und feine Energien mit dem Bewusstsein und nicht den gewöhnlichen Sinnen wahrzunehmen. Ob man auf Autopilot ist oder nicht, es erfordert auf jeden Fall eine große Empfänglichkeit. Das ist meine Erklärung. Meiner Meinung nach liegt am Ursprung der NTK reine Absicht, die Bewegung des Herzens, die einen dazu bringt, in Beziehung zu treten, ob bewusst oder unbewusst. Intensives Zuhören, Empathie, Mitgefühl, bedingungslose Liebe – es ist immer dieselbe Energie, die uns verbindet.“

Ich habe Chantal gefragt, ob ihre Erfahrung ihr Glaubenssystem verändert hat:

„Sie hat es nur bestärkt. Schon als Kind habe ich mir existenzielle Fragen gestellt, die der Titel eines Bildes von Paul Gauguin so ausdrückt: *Woher kommen wir? Wer sind wir? Wohin gehen wir?* Ich hatte das sehr starke Gefühl, dass wir von anderswoher kommen, dass mein gegenwärtiges Leben die Fortsetzung von etwas viel Größerem ist. Ich habe etwas in mir, das ich ‚mein Wissen von Anbeginn der Zeit' nenne und das mich angesichts solcher Phänomene ‚ich weiß' sagen lässt statt ‚ich glaube'. Der Glaube ist außerdem etwas, das von außen kommt und dem man anhängt. Ich meine aber eine Gewissheit, die ich besitze und die schon immer in mir ist. Wenn also eine solche Erfahrung in meinem Alltag auftritt, staune ich vielleicht zuerst darüber, aber tief in meinem Inneren erkennt eine andere, viel größere Dimension als mein gewöhnliches Bewusstsein – eine innere, intuitive und spirituelle Dimension –, was da in Erscheinung tritt.

Menschlich gesehen, entspricht das, was mir diese Erfahrungen bringen, der Bedeutung, die ich dem Leben schon immer gegeben habe. Dem Wissen, dass wir hier sind, um uns zu entwickeln, um menschlich und spirituell zu reifen. Wie Pierre Rhabi so zutreffend sagt: ‚Um die Hominisation hinter uns zu lassen und an der Humanisierung der Welt teilzuhaben.' Wenn ein Mensch zu einem authentischen menschlichen Wesen werden will, geht das nicht von allein, nicht ohne Arbeit, man muss einen Weg zurücklegen. Selbstverständlich nimmt man, wenn man stirbt, nur das Bewusstsein mit, und zwar in dem Zustand, in dem es sich gerade befindet – und der Tod kann in jedem Moment eintreten. Alles deutet darauf hin, dass das Bewusstsein der Verstorbenen viel größer und klarer ist als das der Lebenden, und deshalb wird das, was zu unseren Lebzeiten nicht bewusst gemacht und verkörpert wurde, nach dem Tod nachgeholt. Es ist deshalb wichtig, mit sich im Reinen zu sein, sein eigenes Leben und das der anderen nicht sinnlos zu vergeuden, damit man, wenn die Zeit zum Weitergehen gekommen ist, im Frieden

> mit sich und der Welt ist, die man zurücklässt. Für mich ist es wichtig, eine persönliche Ethik im Leben zu haben, die auf menschlichen Werten beruht."

Schließlich habe ich Chantal gefragt, ob ihrer Meinung nach Nachtod-Kontakte ein Beweis für das Überleben des Bewusstseins nach dem physischen Tod sind:

> „Natürlich. Wir im Westen entdecken durch die Vervielfachung der Nahtod-Erfahrungen und andere Phänomene nur etwas wieder, was der Osten seit 2500 Jahren kennt, weil die Menschen ihren Geist von innen her erforschen. Man muss sehr demütig sein, um das zu erkennen. In diesem Sinne ist die Bezugsskala nicht dieselbe wie die unseres gewöhnlichen Bewusstseins oder der physischen Realität; und unsere mentale Ebene ist nicht dazu ausgestattet, zu erkennen und auszudrücken, was sich auf der Ebene der subtilen Energien abspielt. Deshalb übersetzt sie es mit ihren Mitteln und ‚verlinkt' es mit unserer Wirklichkeit. So erkläre ich es mir. Ich denke, dass das zahlreiche Auftreten von Nahtoderlebnissen, NTK und ‚außerkörperlichen' Wahrnehmungen, bei denen man eine Öffnung und Ausdehnung des Bewusstseins erlebt, zum Erwachen des Bewusstseins auf dieser Erde beiträgt, genauso wie das Erstarken des Buddhismus im Westen, das auch kein Zufall ist."

Kapitel 3

Die Auswirkungen von Nachtod-Kontakten

Wie würden Sie auf einen Nachtod-Kontakt reagieren? Hätten Sie Angst? Wären Sie verblüfft? Voller Zweifel? Erschüttert, weil Sie etwas erleben, das Ihnen völlig unvorstellbar erscheint?

So erstaunlich es auf den ersten Blick wirkt – es hat sich erwiesen, dass die große Mehrzahl der Personen, die einen NTK erleben, von einem harmonischen und beglückenden Ereignis berichten, ohne Furcht, dafür mit Dankbarkeit. Wir haben gesehen, dass NTK in manchen Fällen – besonders im Falle von „Geister-Erscheinungen" – auch Erschrecken bewirken können. Obwohl den Kontaktierten bewusst ist, dass die Verstorbenen ihnen nur Gutes wollen, veranlasst sie die Fremdartigkeit des Vorgangs bisweilen dazu, vor der „Erscheinung" aus dem Raum zu fliehen. Später bedauern sie dann oft ihre unbedachte Reaktion und wünschen sich sehnlichst einen zweiten Kontakt.

Die Auswirkung von NTK mit Verstorbenen kann man unter drei Blickwinkeln betrachten:

- die innere Überzeugung, dass die Erfahrung echt ist;
- die Bedeutung, die dem NTK beigemessen wird, und der Trost, den er den Empfängern spendet;
- die Überzeugung, dass die verstorbene Bezugsperson weiterhin existiert, und die Auswirkung dieser Überzeugung auf das eigene Glaubenssystem.

Die innere Überzeugung, dass die Erfahrung echt ist

Anders als in vielen Völkern dieser Welt sind in den materialistisch orientierten westlichen Ländern die Verstorbenen nicht Teil des Alltagslebens. Menschen sterben in Kliniken, hinter hermetisch verschlossenen Türen und so schnell wie möglich. Sind sie tot, bepflanzt man das Grab einmal im Jahr, in der Regel an Allerheiligen. Man kann nicht behaupten, dass die Mehrzahl der Menschen im Westen die Toten an ihrem Alltag teilhaben lassen, indem sie sich beispielsweise bei wichtigen Entscheidungen an sie wenden oder in Notsituation um Hilfe bitten, wie dies in anderen Kulturen der Fall ist (siehe Kapitel 6 „Gespräch mit Natalie Tobert – Wie werden Nachtod-Kontakte in anderen Kulturen aufgenommen?“). Die Trennung von geliebten Menschen scheint nach deren Tod endgültig und unumkehrbar, und vielleicht ist das der Grund, warum die Trauer manchmal so unverhältnismäßig lange anhält und die Angst vor dem Tod in unseren Gesellschaften so ausgeprägt ist.

Wie ist es vor diesem Hintergrund möglich, dass ein NTK von den Empfängern als eine aufwühlende, aber beglückende Erfahrung wahrgenommen wird und sie keine Sekunde lang an dessen Authentizität zweifeln? Woher kommt diese prompt einsetzende Überzeugung, die zu den gesellschaftlichen Paradigmen in einem so krassen Widerspruch steht?

Handelt es sich um ein tief in uns angelegtes altes Wissen, das augenblicklich mit dem NTK in Resonanz tritt und ihm von vornherein den Status der Authentizität verleiht? Tatsache ist, dass ein NTK ein prägendes Erlebnis ist. Ganz gleich, ob solche Kontakte eine Antwort auf geheime Wünsche sind oder sich vollkommen unerwartet ereignen – sie wirken so stark, dass die Empfänger keinen Augenblick vermuten, Opfer einer Illusion oder Halluzination geworden zu sein. Im Großen und Ganzen werden diese häufig als spirituell eingestufte Erfahrungen als Geschenk betrachtet. Sie werden zu Erinnerungen, die ein ganzes Leben lang gehütet und in die Familiengeschichte integriert werden. In einem zweiten Schritt, nachdem sie Bedenkzeit hatten, fragen sich Empfänger manchmal, wie so etwas möglich war, weil der Widerspruch zur herrschenden Denkweise – und möglicherweise ihren eigenen früheren Überzeugungen – allzu eklatant ist, und dann staunen sie selbst darüber, dass sie den Kontakt mit so viel Unbefangenheit und Freude genossen haben.

Gelegentlich heißt es, die Kommunikation mit den Verstorbenen sei eine Reaktion auf die Verzweiflung der trauernden Hinterbliebenen oder werde als solche wahrgenommen. Die Annahme, dass Trauernde einen NTK erleben, wenn der Kummer sie überwältigt und sie den Schmerz, ohne den geliebten Menschen weiterleben zu müssen, nicht mehr ertragen, wird von der Forschung keineswegs gestützt. Man erlebt so etwas nicht, wenn man es sich wünscht, diese Erfahrungen lassen sich nicht herbeiführen. Die Zeugenberichte lassen im Gegenteil erkennen, dass NTK genau dann stattfinden, wenn die Empfänger ruhig und gefasst sind, nicht an den Verstorbenen denken und ihren Alltagsgeschäften nachgehen. Der Kontakt ereignet sich unvermutet, ohne ersichtlichen Grund. Er erfüllt keine Erwartungen, sondern stellt sich überraschend ein.

Überlassen wir dazu unseren Zeuginnen das Wort.

Der Kontakt, den Brigitte F. mit ihrer verstorbenen Schwiegermutter hatte, ist unter „NTK mit Gegenwartsempfinden“ aufgeführt:

> „Ja, das Erlebnis war wichtig für mich, weil ich mir bewusst wurde, dass die Präsenz keine Ausgeburt meiner Fantasie war und auch nicht irgendeine psychische Störung. Meine Schwiegermutter, die medial begabt war, hatte versprochen, mich an ihren Erlebnissen teilhaben zu lassen. Die Krankheit hatte ihr dazu nicht genug Zeit gelassen. Sie wusste, dass ich für das Thema offen war und meine Umgebung mit feinen Sinnen wahrnahm.
>
> Diese Erfahrung hat in mir noch mehr die Lust geweckt, mich über das Thema zu informieren und mir bewusst zu machen, dass viele Leute Ähnliches erlebt haben. Die Erfahrung hat mir auch bewiesen, dass Menschen, die so etwas er-

> leben, keine sensationslüsternen Fantasten oder Sonderlinge sind. Wir sind alle ganz normale Leute, die außergewöhnliche Dinge erleben."

Jacqueline T., die von mehreren NTK berichtet hat, darunter einem „praktischen", schreibt dazu:

> „All die Berichte und Fakten aus meinem Leben, die ich im Vertrauen mitgeteilt habe, sind wahr! Leider sind sie im Labor nicht wiederholbar! Sie sind vielleicht der Beweis, dass wir armen Menschen mit unseren begrenzten Sinnen eines Tages, ohne es zu wissen, in etwas Seltsames, Ungewöhnliches, Unerklärliches eintauchen können, wenn wir es am wenigsten erwarten.
>
> Es ist ein wenig so, als würden uns höhere Kräfte an die Hand nehmen und uns zwingen, mit offenen Ohren und Augen unerklärliche Dinge zur Kenntnis zu nehmen, die immer noch beunruhigend genug sind … selbst für diejenigen, die sie erlebt haben."

Christine H., die Frau, die ihr wenige Monate altes Baby verloren hat, fasst ihren Standpunkt in wenigen Worten zusammen:

> „Jan und ich sind beide sehr vernunftbetonte Menschen und haben absolut nichts mit Esoterik und dergleichen am Hut. Trotzdem haben wir keine Sekunde lang daran gezweifelt, dass Ninas Besuche wirklich stattgefunden haben. Ich bin absolut überzeugt davon."

Schließlich noch ein paar Worte von Michèle H., die die Anwesenheit ihres verstorbenen Ex-Mannes gespürt hat:

> „Ich bin der festen Überzeugung, dass das, was passiert ist, echt war, weil ich das Glück und das wohlige Gefühl nach diesem Erlebnis nicht erfunden, sondern gespürt habe, mit

meinem ganzen Wesen. Ich habe schon vor diesem Erlebnis geglaubt, dass ein anderes Leben auf einer anderen Ebene existiert."

Die Schwierigkeit, einen Nachtod-Kontakt zu beschreiben

Der erste Überschwang und die Gewissheit, dass ein NTK echt war, können schwer erschüttert werden, wenn die Umgebung negativ reagiert. Manche Empfänger haben Angst, sich lächerlich zu machen, und schweigen deshalb lieber. Andere beginnen an ihrer Erfahrung oder gar an ihrer geistigen Gesundheit zu zweifeln. Die Sorge, für psychisch krank gehalten zu werden, ist sehr verbreitet und kann Menschen in große Verwirrung stürzen. Die Diskrepanz zwischen ihrer subjektiven Gewissheit und der gängigen Auffassung von „Realität" kann Kontaktierte zu der Ansicht verleiten, dass sie etwas erlebt haben, was „unmöglich ist", „was nicht geschehen kann". Das entspricht dem vorherrschenden Denken in der materialistischen westlichen Welt, die sich hermetisch gegen transpersonale Erfahrungen abschottet und Menschen mit derartigen Erfahrungen ratlos zurücklässt. Es ist deshalb sehr wichtig, die Öffentlichkeit über das Phänomen NTK zu informieren, wie auch immer dessen ontologischer Status aussehen mag.

Wir haben in Kapitel 1 erfahren, was Marie-Claire B. erlebt hat. Sie beschreibt ihre Freude, aber auch die Schwierigkeit, über Nachtod-Kontakte zu sprechen:

> „Ich persönlich war überglücklich. Die Verbindung war immer noch da. Es war ein wunderbares Gefühl, das mich den ganzen Tag über begleitete, ich schwebte wie auf Wolken. Doch ich konnte es mit niemandem teilen, ich hätte so gern darüber gesprochen. Ich hatte es nicht mehr erwartet und sicher nicht auf diese Weise, aber welch eine schöne Liebesgabe des Lebens! Weil ich nicht wusste, was ich davon halten

> sollte, ging ich zu Notre-Dame de la Peinière (der Kirche in unserer Nähe) und zündete dort eine Kerze an, um mich für das wunderbare Geschenk zu bedanken. Ich fühlte mich privilegiert. Das war keine Einbildung, ich hatte etwas gespürt. Es war wunderbar, ich wäre gern jeden Abend mit diesem Gefühl eingeschlafen. [...]
>
> Danach habe ich versucht, in meiner Umgebung davon zu sprechen, denn es fiel mir schwer, eine so große Freude für mich zu behalten, mit ihr einfach so weiterzuleben. Es war eine Katastrophe. Ich musste darauf verzichten, denn sie haben es fertiggebracht, dass ich anfing, an mir selbst zu zweifeln, mir einzureden, dass ich depressiv sei. Ich wollte nicht, dass man mir das wegnahm. Ich fühlte mich zerrissen zwischen der Realität und meinem Empfinden, der Vernunft und dem Bedürfnis, zwischen den beiden Welten."

Das Kontakterlebnis von Jacqueline T. konnten Sie unter „praktische NTK" lesen. Auch für Jacqueline war es lange Zeit unmöglich, über ihre Erfahrungen zu sprechen:

> „Was ich nie zu sagen wagte ... Meinem Sohn und meinen Enkeln möchte ich gern von den schwierigen Dingen erzählen, die mein Leben bestimmt haben und die ich jahrelang für mich behalten habe. Ich hatte Angst, dass meine Freunde mich für ‚verrückt' hielten, nachdem ich ihnen von meinen übersinnlichen Erlebnissen berichtet hatte. Aber es ist alles wahr, auch wenn manches unglaubwürdig klingt. Ich werde doch in meinem Alter, mit bald neunundsiebzig, nicht anfangen zu lügen oder mir Geschichten auszudenken!"

Marie-Josée, deren visuellen NTK ich weiter oben präsentiert habe, hat mir zusätzliche Informationen über die Auswirkung ihres NTK geschickt:

> „Ich muss einige zusätzliche Details über die folgenden

Stunden und Tage anfügen (die ich ausgelassen hatte, weil ich sie nicht für relevant hielt), weil mir bewusst geworden ist, dass sie in Wirklichkeit eine äußerst wichtige Komponente meiner Erfahrung sind.

Als meine Tochter in Tränen aufgelöst – auch sie! – in den Schulbus gestiegen war, stürzte ich ins Schlafzimmer meines Sohnes (der damals zweiundzwanzig Jahre alt war), um ihn zu wecken, und erzählte ihm in heller Aufregung, was ich gerade erlebt hatte.

Er versuchte mich zu beruhigen, aber seine einzigen Argumente lauteten, es sei nur ein Traum gewesen! Was ich nun gar nicht hören wollte, denn ich bezweifelte überhaupt nicht, auch jetzt nicht, dass der Kontakt echt gewesen ist!

Ich verbrachte den Tag in einem Gefühl unglaublicher Freude, was zu meiner neuen Situation überhaupt nicht in Einklang zu bringen war.

Bei der Messe, die für meinen verstorbenen Mann gelesen wurde, bemerkten mehrere Personen, dass ich regelrecht vor Freude strahlte, was man von einer Frau, die gerade vor fünfzehn Tagen zur Witwe geworden war, wirklich nicht erwartete.

Ich hätte am liebsten der ganzen Welt verkündet und in allen Zeitungen die gute Nachricht geschrieben: Der Tod existiert nicht! Das Leben geht anderswo weiter! Die Verstorbenen lieben uns weiterhin und wachen über uns, so gut sie können.

Im Lauf des Tages habe ich mich beruhigt und rasch aufgeschrieben, was ich erlebt hatte, damit ich nichts vergaß. Die wenigen Freunde, denen ich davon erzählte, sprachen von einem ‚Trauer-Syndrom', aber ein paar (vor allem Frauen) glaubten mir und erzählten mir sogar im Vertrauen von Ereignissen, die in dieselbe Richtung gingen, von Verwandten, die Ähnliches erlebt hatten.

Ich muss noch hinzufügen, dass ich immer, wenn ich in den folgenden Jahren darüber sprach, in Tränen ausbrach, so sehr war ich von Gefühlen überwältigt.

> Es sind inzwischen siebenundzwanzig Jahre seit diesen Ereignissen vergangen, aber die Erinnerung daran ist immer noch genauso lebendig in meinem Geist wie in meinem Herzen."
>
> *(Marie-Josée M.)*

Wer mit seiner Umgebung über den NTK mit einem Verstorbenen spricht, riskiert, dass man ihm nicht glaubt, dass er sich rechtfertigen muss oder als verwirrt oder depressiv gilt. Wie wir gesehen haben, kann die Angst, sich lächerlich zu machen, Menschen ebenfalls davon abhalten, von ihrem Kontakt zu erzählen. Schnell kann sich Freude in Niedergeschlagenheit verwandeln, wenn man Zustimmung sucht und den Gesprächspartner um jeden Preis von der Gültigkeit der Erfahrung überzeugen will. Wie bei anderen subtilen und für die Betroffenen so prägenden transpersonalen Erfahrungen (z.B. Nahtod-Erfahrungen) kann es sehr schwierig sein, mit der Umgebung darüber zu sprechen. Deshalb verzichten nicht wenige Menschen nach ein, zwei Versuchen darauf, wie eine der weiter oben zitierten Personen zugibt:

> „Ich bin froh, dass ich [Ihnen] diese Dinge anvertrauen kann, die ich fast niemandem sonst anzuvertrauen wage."
>
> *(Eliette S.)*

Zwei Personen, die von Peter und Elizabeth Fenwick befragt wurden, sind ebenfalls auf eine Mauer des Unverständnisses gestoßen, aber sie haben Stellung bezogen:

> „Wenn man selbst diese Erfahrung nicht gemacht hat, kann man sie weder glauben noch ihre Bedeutung ermessen. Das verstehe ich. Aber eines weiß ich: Für mich besteht nicht der geringste Zweifel."[42]
>
> „Ich weiß nicht, wie ich ihn [den NTK] erklären soll, vielleicht sollte man ihn lieber unerklärt lassen und nur einfach

42 Fenwick, Peter & Elizabeth, *The Art of Dying*, S.77.

> glücklich sein, dass jemand, den man sehr geliebt hat, immer noch an einen denkt."[43]

Zum Schluss noch ein paar kluge Worte des australischen Soziologen Allan Kellehear: „Man kann jedem beliebigen Ereignis eine Bedeutung zusprechen. Es ist natürlich ein schmaler Grat zwischen Selbsttäuschung und persönlicher Bedeutung, aber lassen Sie nie andere für sich entscheiden. Nur *Sie* allein wissen, wer Sie liebt. Und manche Liebesbriefe sind ein Geheimcode und werden es immer bleiben. Manche Botschaften sind nur für Sie allein bestimmt. Sogar noch im Tod."[44]

Die subjektive Bedeutung und die tröstliche Wirkung von Nachtod-Kontakten

Nachtod-Kontakte schenken Trost, Glück, Hilfe und die Kraft, den eigenen Lebensweg ohne den geliebten Menschen weiterzugehen. Sie sind für die Kontaktierten ein wichtiges und prägendes Erlebnis.

Auf einer persönlicheren Ebene haben die Empfänger das Gefühl, auch weiterhin geliebt zu werden. Der Verstorbene scheint aus einer anderen Dimension über sie zu wachen, die Liebe scheint den Tod zu überdauern. Diese Elemente bilden eine kraftvolle Quelle des Trostes. Die Konsequenzen der NTK auf den Trauerprozess werden wir später noch genauer analysieren. In anderen Fällen finden bislang ungelöste schmerzliche oder konfliktbeladene Beziehungsprobleme bei diesen Kontakten zu einer Lösung.

Die entscheidende und einhellige Botschaft von NTK lautet: Eine bestimmte Form von Bewusstsein und Liebe überdauert den Tod des Körpers. Die Verstorbenen beruhigen ihre Angehörigen: Es geht ihnen gut, sie sind zufrieden und glücklich in ihrer neuen Existenzform, von der sie nichts preisgeben. Sie fordern die Hinterbliebenen auf, ihr Leben ohne sie weiterzuführen, ohne allzu lange in der

43 Ebenda S.77.

44 Persönliche Mitteilung, 2009.

Trauer zu verharren, die unnötig ist, weil es später einmal ein Wiedersehen geben wird. Die tröstliche Wirkung solcher Nachrichten liegt auf der Hand. Die Trauer über die Abwesenheit des geliebten Menschen bleibt natürlich bestehen, aber die hoffnungsvolle Botschaft entfaltet ihre Kraft.

Christiane T.-H. berichtet von dem tröstlichen Gefühl, das ihr der „Besuch" ihres verstorbenen Vaters wenige Tage nach dessen Tod verschafft hat:

> „Mein Vater kam mich in der Nacht besuchen. Er setzte sich auf mein Bett und betrachtete mich voller Liebe und Zärtlichkeit, und er sagte: *Christiane, weine nicht mehr, alles ist gut. Alles ist gut.*
>
> Am nächsten Morgen wachte ich voller Freude und mit leichtem Herzen auf. Mein Vater war tatsächlich gekommen, um mich zu besuchen, und es ging ihm gut. Ich hörte endlich auf zu weinen, zur großen Erleichterung meiner Kinder und meines Mannes, denen ich von diesem außergewöhnlichen Besuch erzählte."

Monique O., die in der Rubrik „NTK mit Tastwahrnehmungen" bereits vom nächtlichen Besuch ihres verstorbenen Mannes erzählt hat, der in ihr große Freude, aber auch einen „Schock" auslöste, schrieb zu diesem Thema:

> „Ich war schon immer davon *überzeugt*, dass es ein Leben nach dem Tod gibt. Obwohl ich das Erlebnis, das mir geschenkt wurde, durch meine Angst verpfuscht habe, hat es mich getröstet! Im Übrigen fühle ich mich durch die Gegenwart meines Mannes sehr beschützt."

Wie wir gesehen haben, scheint der oder die Verstorbene den Kontakt herbeizuführen, um einem Angehörigen oder Freund in der leidvollen Trauerphase beizustehen. Auf sich selbst verweist er nur, wenn er ausdrücken will, dass er weiterhin existiert und es ihm gut geht, aber er enthüllt nichts über seine neue Existenz. Es gibt allerdings Ausnahmen, wie dieser NTK eines Mannes beweist, dessen Frau in der Klinik gestorben war:

> „An einem Januartag saß ich gegen 15 Uhr auf einer Bank in meinem Zimmer. Plötzlich sah ich, wie die Tür aufging und meine [verstorbene] Frau durch die Tür trat. Sie lächelte und kam geradewegs auf mich zu. Ich saß da wie hypnotisiert und starrte sie an, ich brachte kein Wort heraus. Während sie auf mich zukam, hob sie die Hand und sagte: *Habe keine Angst, ich bin am Leben.* Ich nahm ihre Hand und merkte, dass sie nicht kalt war, sie fühlte sich ganz normal an. Da wagte ich zu fragen: ‚Wo bist du? Was ist passiert?' Sie antwortete: *Kurz nachdem ich in der Klinik gestorben bin, haben sie mir erlaubt, zu bleiben, damit ich mich um eine sehr kranke Frau kümmern kann. Seitdem war ich an vielen Orten. Diese Zeit ist nun aber vorbei, ich gehe. Ich bin gekommen, um dir Lebewohl zu sagen.*"[45]

Dieser Bericht ist besonders interessant und erwähnenswert, weil er Informationen enthält, die eine gewisse dynamische Entwicklung in der Existenz der Verstorbenen implizieren.

Dominique Marie C. erlebte mehrere NTK, unter anderem einen, der unter „NTK im Schlaf oder Halbschlaf" angeführt ist. Sie hatte danach das Bedürfnis, ein Buch zu schreiben und Vorträge zu halten, in denen sie die für sie so bedeutsamen Erfahrungen an ein größeres Publikum weitergab:

> „Heute merke ich, dass die Zeit gekommen ist, die Geschichte meiner außersinnlichen Erfahrungen – seien es Vorahnungen, NTK oder intuitives Wissen – durch ein Buch und durch öffentliche Vorträge zu verbreiten, wenn ich dadurch Menschen, die eine Sinnkrise haben oder die Vergänglich-

---

45 Haraldsson, Erlendur, *The Departed among the Living*, S.113.

keit geliebter Menschen nicht akzeptieren können, helfen kann, ihre Verbindung zum Leben, zur Lebensfreude wiederzufinden, die durch Schuldgefühle und die Angst vor dem Vergessen verschleiert ist."

Die Überzeugung, dass der Verstorbene weiterlebt, und ihre Bedeutung für das Glaubenssystem

Die Trauernden haben ihren verstorbenen Angehörigen oder Freund gesehen oder gehört, sie haben seine Gegenwart gespürt oder seine Hand auf ihrem Arm gefühlt, für sie ist klar, dass er oder sie am Leben ist. Wo oder wie, wissen sie natürlich nicht, dieses Mysterium bleibt bestehen, aber von einem sind sie überzeugt: Der Mensch hat sich nicht im Nichts aufgelöst, er existiert weiter … anderswo.

Wir haben gesehen, welche Bedeutung ein NTK für die Kontaktierten hat: Die Verbindung zu dem verstorbenen Menschen, der anscheinend in einem nicht vorstellbaren Anderswo weiterlebt, ist nicht abgerissen. Man kann annehmen, dass eine solche Erfahrung einen starken Einfluss auf ihr Glaubenssystem und den Gedanken an ihren eigenen Tod ausübt, und dies ist auch tatsächlich der Fall. Dass Verstorbene in der Lage sind, sich zu manifestieren und mit Lebenden in Kontakt zu treten, kann den bereits vorhandenen Glauben an ein Weiterbestehen des Bewusstseins verstärken oder ihn erst hervorrufen. Das Ausmaß der Wirkung ist zwar individuell verschieden, allen gemeinsam und entscheidend ist jedoch die subjektive Bestätigung oder Erkenntnis, dass es offenbar über den Tod hinaus eine Verbindung gibt. Dahinter verbirgt sich die Hoffnung auf ein künftiges Wiedersehen, die in der Phase der Konsolidierung der Persönlichkeit nach dem Verlust eines geliebten Menschen ein wesentlicher Faktor sein kann. NTK mit Verstorbenen sind für die Empfänger häufig ein Anlass, bisherige Gewissheiten infrage zu stellen, und können eine neue Weltsicht begünstigen. Bei manchen von ihnen nimmt die Angst vor dem Tod ab, andere interessieren sich mehr für spirituelle Themen.

Post-mortem-Kontakte bieten subjektive Antworten auf fundamentale Lebensfragen, etwa nach dem Sinn des Lebens in der von Verlusten durchsetzten menschlichen Existenz, bis hin zur Frage nach der eigenen Endlichkeit. NTK eröffnen eine neue Perspektive auf das Menschsein.

Ein Todesfall kann, besonders wenn er durch einen Unfall verursacht wurde oder einen jungen Menschen trifft, von den Angehörigen als grausame Ungerechtigkeit, als ein unverdientes Unglück, kurz, als Absurdität empfunden werden. („Hätte er an jenem Morgen nur nicht das Auto genommen …!") NTK können dem Empfänger helfen, das Gefühl von Ungerechtigkeit oder Absurdität abzuschütteln, da ja offensichtlich auch über den Tod hinaus eine Verbindung bestehen bleibt. Die Traurigkeit ist grenzenlos und wird es auch noch eine Weile bleiben, aber der Tod des geliebten Menschen scheint einem Plan zu entsprechen, den der Empfänger nicht durchschaut oder versteht, durch den die Tragödie aber immerhin *einen Sinn* bekommt. Der geliebte Mensch ist zwar nicht mehr von dieser Welt, aber er ist offenbar immer noch in der Nähe oder zumindest so nahe, dass er sich punktuell manifestieren und einen kurzen, aber nachhaltigen Kontakt herstellen kann. Dank dieser Erfahrung fühlen sich Trauernde weniger allein in ihrem Schmerz.

Wir hören dazu Brigitte F., deren Erlebnis in der Rubrik „NTK mit Gegenwartsempfinden" zitiert wurde:

> „Meine Erfahrung hat mein Glaubenssystem nicht verändert, sie hat es erweitert. Ich bin im tiefsten Inneren überzeugt, dass unser Bewusstsein nach dem Tod weiter existiert. Der Übergang vom Leben zum Tod ist furchterregend, weil damit das Unbekannte und die Trennung von den Menschen, die wir lieben, verbunden ist, aber derjenige, der geht, ist für eine gewisse, unterschiedlich lange Zeit mit bestimmten Menschen verbunden und muss auf andere Weise in einer Welt leben, die wir nicht verstehen können, weil wir auf

unsere fünf Sinne beschränkt sind. Ich glaube, den meisten Menschen fehlt die Fähigkeit wahrzunehmen, was sehr wohl existiert; *wenn man es nicht sieht, heißt es noch lange nicht, dass es nicht existiert.*

Ich vergleiche es bei Gesprächen in meinem Umfeld gern mit einem Telefonat. Wir sprechen miteinander, obwohl sich jeder an einem anderen Ort auf der Welt befindet; es gibt keine sichtbare Verbindung und doch können wir kommunizieren.

Abschließend möchte ich sagen, dass ich mich im Alltag bemühe, aufmerksam durch die Welt zu gehen und auf Zeichen zu achten, und ich versuche, einen Sinn in dem zu entdecken, was ich sehe. Manchmal vergehen Monate, in denen ich ganz von meinem Alltag absorbiert bin, dann wieder gibt es Momente, in denen ich ‚wacher' bin."

Die Wirkung eines NTK hält lange an und kann sich mit den Jahren verstärken:

> „Obwohl die Erfahrung schon lange zurückliegt und die Erinnerung ein wenig verblasst ist, bin ich für spirituelle Dinge mit der Zeit immer offener geworden."
>
> *(Suzanne F.)*

NTK lösen bisweilen eine intensive Selbsterforschung aus. Francine L., deren Berichte unter „NTK in Zusammenhang mit unerklärlichen physikalischen Phänomenen" und „symbolische NTK" zu finden sind, verrät uns über ihre innere Entwicklung:

> „Die beschriebenen Erfahrungen, und einige andere, bereichern mein Leben in allen seinen Aspekten. Zunächst befreien sie mich von dem Druck meiner streng katholischen Erziehung, die mir die Angst vor dem Tod, vor der Hölle und vor dem Jüngsten Gericht auferlegt hat. Die kurzen Kontakte mit den Verstorbenen machen mich ruhiger; sie

rufen mir ein ‚Hallo‘ aus dem Jenseits zu und nehmen mir so die schwere Bürde des Kummers, die ich ganz umsonst in meinem Herzen tragen würde. Ich sehe sie nicht mehr, aber ich spüre sie nahe bei mir, und ihre kleinen Zeichen bestätigen mir, dass sie da sind. So werde auch ich mit der größten ‚Hoffnung‘ eines Tages in diese Dimension eingehen, die so anders ist als das Leben."

Ein Kontakt, bei dem sie ihren wenige Tage zuvor verstorbenen Vater zu erkennen glaubte, hinterließ bei Suzanne F. einen bleibenden Eindruck:

„Das Erlebnis hat mich sehr beschäftigt. Ich habe es einigen Leuten gegenüber eine ‚merkwürdige Sache‘ genannt, die vielleicht nur eine Halluzination war, weil ich wusste, dass ich nicht die richtigen Worte finden würde, um den Zustand exakt zu beschreiben.

Seither ist das Gefühl ein bisschen verblasst, aber für mich war es der Ausgangspunkt für eine spirituelle Öffnung, weil ich den Eindruck hatte, dass ich in diesem Leben einen Weg beschreiten muss, dass es vielleicht eine Richtung gibt, einen Sinn, von dem ich bis dahin nichts geahnt hatte.

Seitdem hatte ich häufig den Eindruck, als würde ich ‚beschützt‘, weil ich Gefahren entging, die ich aus eigener Kraft nicht hätte vermeiden können, und dass das, was ich an Gutem erlebe, nicht nur dem Zufall oder persönlichen Verdiensten geschuldet ist. Ich habe auch festgestellt, dass es gut ist, Dankbarkeit zu empfinden und mich zu bedanken (aber bei wem?)."

Nathalie G. hat drei NTK erlebt:

„[…] die drei Menschen betrafen, an denen ich sehr hing und die für mich sehr wichtig waren. […] Was haben mich diese Erfahrungen gelehrt? Vielleicht, dass der Tod nicht das ist,

> was die meisten von uns sich darunter vorstellen. Ich glaube, dass etwas überlebt und die Verstorbenen noch eine Weile bei uns bleiben, aber man sollte danach nicht versuchen, sie zurückzuhalten. Sie müssen auch ihren Weg gehen und sich von dem Planeten Erde entfernen. Ich habe überhaupt keine Angst vor dem Tod, ich sage mir oft, dass hier auf der Erde alles viel schwerer ist!“

Dominique Marie C. hat mehrere NTK erlebt, darunter einen, der unter „NTK im Schlaf oder Halbschlaf“ nachzulesen ist. Aus ihrer Sicht bestätigen diese Erlebnisse eine bereits vorhandene Überzeugung:

> „Als ganz junger Mensch ahnte ich, dass es eine ungreifbare Existenz gibt, die sich um uns herum manifestiert, und diese Erfahrungen waren für mich nur die Bestätigung, dass die Seele nach dem Tod weiterlebt. Weil ich keiner Religion anhänge, weil die für mich sowieso nur mentale Konstrukte sind, haben die NTK in meinem Leben vor allem mein Wissen erweitert. Alle diese Manifestationen waren und sind von Bedeutung für meinen Lebensweg, denn sie sind eine Brücke, die zu einer größeren Freiheit führt, dorthin, wo die emotionalen Spielchen nicht mehr den verheerenden Einfluss haben, dem wir ‚lebendige‘ Wesen ununterbrochen ausgesetzt sind.“

Der Bericht von Agnès Delevingne (INREES)

Agnès Delevingne, klinische Psychologin, Coach und seit zehn Jahren auch Psychotherapeutin, berät seit drei Jahrzehnten Personalabteilungen von Unternehmen. Gleichzeitig engagiert sie sich seit der Gründung von INREES im Institut und leitet heute das Netzwerk ehrenamtlicher Psychologen, Psychoanalytiker und Mediziner, die sich mit Anfragen von Menschen befassen, die außergewöhnliche Erlebnisse hatten. Der Bericht von Agnès Delevingne ist wertvoll, weil ihr beruflicher Werdegang und ihr Engagement bei INREES sie in eine privilegierte Position versetzen, aus der heraus sie ihre eigenen Erfahrungen analysieren kann. Als klinische Psychologin verfügt sie über das theoretische Rüstzeug und die notwendige berufliche Erfahrung, um innerpsychische Vorgänge von anderen Ereignissen zu unterscheiden. Die Zusammenarbeit mit INREES verschafft ihr die Gelegenheit, mit zahlreichen Menschen über die unterschiedlichsten „außergewöhnlichen Erlebnisse" zu sprechen. Für die Analyse komplexer Erfahrungen ist das sehr nützlich. Die Tatsache, dass sie selbst zwei Nachtod-Begegnungen mit Verstorbenen hatte, eröffnet ihr die Perspektive der persönlich Betroffenen, die sich durch kein theoretisches Wissen, so umfassend es auch sein mag, ersetzen lässt.

Agnès Delevingne hat vor zehn Jahren ihren Bruder verloren. Im Lauf der Jahre hat sie zahlreiche Kontakte, Synchronizitäten, Zeichen und symbolische Phänomene wahrgenommen, die sie ihrem Bruder zuordnet:

> „Eine Hand auf meiner Stirn, ein paar Tage nach seinem Tod. Ich lag im Bett, in einer Art Halbschlaf, und hatte große Angst, als ich diese Hand spürte. Ich stieß einen stummen Schrei aus: *Bist du das?* Am Morgen war meine Angst verflogen und nur noch Freude war geblieben, dass es ihm gelungen war, einen Kontakt herzustellen.
>
> Ich höre ganz deutlich eine Stimme, die meinen Vornamen sagt, aber dieses Zeichen hat nicht die Kraft der anderen Kontakte, deshalb bin ich mir nicht sicher …
>
> Ein Spiegel, der an seinem Geburtstag zerbricht, drei Monate nach seinem Tod. Dieser Spiegel stand auf einem Regalbrett im Badezimmerschrank. Der Griff und der Plastikrahmen des Spiegels sind zerbrochen und das Glas in sieben Teile zersplittert. Alle Fläschchen um ihn herum sind ganz geblieben. Die einzige rationale Erklärung für den Zustand des Spiegels wäre gewesen, dass jemand die Schranktür aufmacht, mit dem Hammer auf ihn einschlägt und die Tür

wieder schließt. Was absurd ist, weil ich allein wohne.

Bei einer Schulung, die ich gerade beginnen wollte, senkte sich eine Motorleinwand, ohne dass ich auf den entsprechenden Knopf gedrückt hatte. Das passierte an seinem Geburtstag, und ich hatte die Hoffnung gehabt, dass er mir ein Zeichen gibt."

Vor drei Jahren schlug das Schicksal zum zweiten Mal zu: Agnès' Lebensgefährte starb. Wieder erlebte sie mehrere NTK, einige davon waren besonders auffällig.

„In der Nacht vor seinem Tod schrak ich um 4 Uhr früh durch ein Geräusch aus dem Schlaf; die Glasscheibe von einem gerahmten Bild war heruntergefallen und auch das Foto, nur die vier Klammern hingen noch fest; an der Wand hing noch der schwarze Hintergrund. Die Glasplatte lag am Boden über einem Buch mit dem Titel: *Laufe dem Wissen nicht hinterher, das Wissen ist da, wo du bist.*

Von einem mit Rosen verzierten Glas werden durch ein bestimmtes Spülprogramm alle Rosen abgerieben, wenige Minuten, nachdem ich beschlossen habe, für die Trauerfeier im Internet ein Herz aus Rosen zu bestellen, wobei ich mir schon dachte, dass ihm das nicht gefallen würde, weil er überhaupt nicht romantisch war.

Eine Pendeluhr, die mir am Tag vor der Beerdigung von einer Freundin geschenkt wird, bleibt auf der Uhrzeit stehen, zu der ich ihn gewöhnlich im Krankenhaus besucht habe. Obwohl ich alle möglichen Batterien ausprobiert habe, hat sie nie wieder funktioniert."

Jahre später:

„Ein Traum von einem Besuch, vollkommen anders als ein klassischer Traum, am frühen Morgen meines 60. Geburtstags, in dem alle beide, mein Lebensgefährte und mein Bruder, auftauchen. Wenn ich von meinem Bruder träume, was ab und zu vorkommt, weiß ich, dass ich einfach nur von meinem Bruder geträumt habe. Was an diesem Morgen passiert ist, hatte eine ganz andere Qualität, und ich bin mit der Überzeugung aufgewacht, dass sie beide wirklich gekommen waren. Und ein paar Sekunden später fiel mir ein, dass ich Geburtstag hatte. Ich empfand das als ein sehr schönes Geschenk."

Agnès' NTK fanden an sehr bedeutsamen Zeitpunkten statt. Im Fall des Bruders am Tag seines Geburtstags und seines Todestags. Bei ihrem Lebensgefährten am Vorabend seines Todes und am darauffolgenden Tag sowie fast täglich in der Woche danach. Seit drei Jahren hat Agnès keine Manifestationen mehr erlebt. Doch am Todestag ihres Bruders geschehen seit mittlerweile elf Jahren Ereignisse, die sie als *Synchronizitäten* bezeichnet, „ein wenig wie ein Augenzwinkern, ohne dass man sie in eine der NTK-Kategorien einordnen könnte".

War sie enttäuscht oder traurig, als sie begriff, dass der Kontakt zu ihrem Bruder und ihrem Lebensgefährten abgebrochen war? Empfand sie dies als ein zweites Abreißen der Verbindung zu ihnen?

„Nein, ich habe es nie als ein Abreißen der Verbindung empfunden. Die Manifestationen waren ein so großes Geschenk, dass meine Dankbarkeit alles andere aufwog. Ich weiß, dass nicht alle Menschen Zeichen erhalten, und ich hatte aus unerklärlichen Gründen dieses Glück."

Hofft sie auf weitere NTK mit ihren beiden Verstorbenen oder hat sie den Eindruck, dass sie schon genug Trost und alle nötige Hilfe erhalten hat?

„Natürlich würde ich gerne noch mehr erleben, aber ich habe nicht mehr dasselbe dringende Bedürfnis danach. Meine Suche nach ‚Beweisen' für ein Leben nach dem Tod hat sich in eine spirituelle Suche verwandelt, und meine Sicht auf das Leben hat sich verändert. Außerdem höre oder lese ich durch meine Arbeit bei INREES fast täglich von außergewöhnlichen Erfahrungen. Ich bin also auf gewisse Weise ‚gesättigt', es ist, als bekäme ich immer wieder eine Art ‚Auffrischung', die mich daran erinnert, dass der Tod nur ein Durchgang ist, ein Übergang auf eine andere Ebene."

Ich wollte wissen, ob Agnès von Anfang an von der Echtheit ihrer Erfahrungen überzeugt war oder ob sie irgendwann auch einmal an ihren eigenen Wahrnehmungen gezweifelt hat.

„Ich zweifele immer, und ich achte sehr darauf, dass ich mir mein klares Urteilsvermögen bewahre. Es ist nur so, dass man physikalische Vorgänge wie einen Bruch oder einen Fall, wie etwa bei dem zerbrochenen Spiegel oder dem Glasrahmen, unmöglich erklären kann. Seit mittlerweile elf Jahren beobachte ich solche Phänomene mit großer Aufmerksamkeit, und ich bin an einem Punkt angekommen, wo ich – obwohl ich nicht von Gewissheit sprechen würde (die ich ohnehin nie haben werde) – praktisch keinen Zweifel mehr habe."

Wie alle trauernden Menschen hat Agnès sicherlich viel an ihren Bruder und ihren Lebensgefährten gedacht. Ich fragte sie, worin der Unterschied zwischen den Gedanken an sie – die ja auch unweigerlich das Gefühl von Verbundenheit erzeugen – und ihren NTK besteht. Wie kann sie wissen, dass es sich tatsächlich um Manifestationen von Verstorbenen handelt, die „von außen" kommen und nicht aus ihrer eigenen Psyche?

„Mit einem geliebten Menschen, der gestorben ist, ist man ständig im inneren Dialog. Unsere Psyche ist von seinem Bild besetzt. Nur wenn man in irgendeine Handlung vertieft ist, wird dieser Gedankenstrom unterbrochen. Der innere Dialog löst tiefe Trauer aus. In manchen Augenblicken ist der Schmerz so heftig, dass man vor lauter Seelenqual kaum noch Luft bekommt. Man erstickt am Schmerz. In anderen Momenten drückt uns die Verzweiflung nieder. Man kann dann den Eindruck haben, dass der Verstorbene zu uns spricht oder uns antwortet.

Nachtod-Kontakte sind ganz anders geartet. Sie treten in Zeiten auf, in denen man überhaupt nicht an den Verstorbenen denkt oder mit etwas anderem beschäftigt ist. Manchmal ereignen sie sich kurz nachdem man an ihn gedacht hat, dann kann man sie als Antwort interpretieren: Wenn ich fünf Minuten, nachdem ich im Internet Rosen für die Beerdigung ausgesucht habe, beschließe, den Geschirrspüler auszuräumen, sind die abgeriebenen Rosen wie eine Antwort und außergewöhnlich, weil sie direkt ins Schwarze treffen, wie ein Hinweis, dass ich etwas anderes als ein Herz aus Rosen aussuchen soll. Es stimmt, der Tag, an dem ich den zerbrochenen Spiegel finde, ist ein besonderer Tag, an dem ich meinen Bruder im Stillen gebeten habe, mir ein Zeichen zu geben. Aber wenn ich abends den Badezimmerschrank öffne, denke ich nicht mehr daran. Man spricht in diesem Fall von ‚symbolischen NTK', denn ihre Bedeutung ist an einen bestimmten Zeitpunkt gebunden. Wäre es nicht am Geburtstag meines Bruders passiert, hätte ich mir nichts dabei gedacht, wenn eine Motorleinwand ohne mein Zutun von der Decke abrollt."

Sicher hätten andere Leute den Vorfall mit dem Glas, von dem die Rosen abgerieben wurden, für einen schlichten Zufall gehalten.

„Ich stimme Ihnen zu, dieser Vorfall ist nur für mich von Bedeutung, er ist wie ein Augenzwinkern oder ein persönliches Geschenk. Trotzdem ein sehr außergewöhnlicher Zufall, denn das Glas war ja schon hundertmal in der Spülmaschine; und das Rosenmuster war nicht nur verwischt, sondern nicht mehr vorhanden. Die anderen Gläser der Kollektion stelle ich inzwischen seit zehn Jahren in die Spülmaschine, und sie sind immer noch unversehrt.

Typisch für einen NTK ist die Bestürzung, die er auslöst. Man bekommt einen Beweis geliefert, der einen mit voller Wucht trifft, wenn man es gerade überhaupt nicht erwartet. In allen Berichten, die ich bei INREES hören durfte, ist dieses Merkmal das stärkste. Manche Leute haben in der Tat Zeichen erhalten, nachdem sie darum gebeten hatten, viele haben Zeichen erfleht und (noch) nicht erhalten. All das ist sehr rätselhaft und übersteigt unseren Horizont. Das Einzige, was eine Veränderung des eigenen Blickwinkels und vielleicht sogar des eigenen Lebens erlaubt, ist die direkte Erfahrung. Man kann eine Parallele zu anderen außergewöhnlichen Erfahrungen ziehen. So erklären beispielsweise Menschen, die ein Nahtod-Erlebnis hatten, mit unverrückbarer Überzeugung, dass der Tod nur ein Übergang in eine andere Existenzform ist. Ein NTK ist eine direkte, persönliche Erfahrung, die keinen Zweifel lässt: ‚Ja, natürlich, das ist er'. ‚Das kann nur sie sein'. Solche Erfahrungen sind stark und prägen die Betroffenen nachhaltig und tiefgreifend. Seit der Gründung von INREES, vor neun Jahren, lese ich regelmäßig Berichte, in denen Nachtod-Kontakte beschrieben werden, und ich organisiere Gruppen, in denen man sich über diese Erfahrungen austauscht. Auch wenn man natürlich immer berücksichtigen muss, dass alles eine Frage der Interpretation ist, sind manche Zeichen so überzeugend, dass man sie unmöglich auf simple Fantasiegebilde reduzieren kann. Im Rahmen des Netzwerks arbeiten bei INREES Gesundheitsexperten, die durch ihre klinische Ausbildung in der Lage sind, pathologische Erscheinungen von außergewöhnlichen Erfahrungen zu unterscheiden, und auch ich halte mich heute für fähig, einen echten NTK zu erkennen. Als Psychologin interessiert mich die positive Wirkung von Nachtod-Kontakten auf trauernde Menschen. Mir ist das vertraut, weil ich selbst davon profitiert habe."

Dem eigenen Umfeld von einem NTK zu erzählen, kann problematisch sein. Die Angst, sich lächerlich zu machen, die Angst, dass einem nicht geglaubt wird, die Angst, für verwirrt oder gestört gehalten zu werden, kann Empfänger davon abhalten, ihren NTK anderen anzuvertrauen. Ungläubigkeit oder Skepsis seitens ihrer Angehörigen und Freunde sind für Menschen, die durch Trauer ohnehin schon anfällig sind, sehr schmerzlich und lassen sie an ihren eigenen Wahrnehmungen zweifeln. Ich habe Agnès gefragt, ob sie diese Erfahrung auch gemacht hat und ob die Kommentare ihres Umfelds in ihr manchmal Zweifel ausgelöst haben:

> „Wenn ich in die Situation kam, mit Menschen darüber zu sprechen, die sehr vom materialistischen Denken durchdrungen sind und glauben, dass nach dem Tod nichts mehr kommt, habe ich sie oft bedauert, vor allem, wenn es Verwandte waren, die genauso gelitten haben wie ich. Es hat mir sehr weh getan, wenn sie nicht einmal ein ‚vielleicht' akzeptieren konnten. Ich war trotzdem immer der Ansicht, dass ich über meine Erfahrungen sprechen sollte, ohne jemanden missionieren zu wollen; mein Gesprächspartner sollte die Freiheit haben, sie in einem Winkel seines Gehirns aufzubewahren, um sie vielleicht eines Tages noch einmal neu zu betrachten. Es ist sinnlos, die Einstellung eines anderen Menschen ändern zu wollen, schon gar nicht in einem so sensiblen Bereich. Aus diesem Grund scheint mir das Wort ‚teilen' das passendste. Gar nicht darüber zu sprechen, fände ich schade, denn solche Erfahrungen können für jemanden, der zum ersten Mal davon hört, außerordentlich tröstlich sein. Wenn man sich allein darauf beschränkt – davon sprechen, um zu helfen –, läuft man nicht Gefahr, von skeptischen Reaktionen verletzt zu werden."

Agnès konsultierte auch mehrere medial begabte Menschen, weil sie einen Kontakt zu ihrem verstorbenen Bruder und ihrem Lebensgefährten herstellen wollte. Sie beschreibt den Unterschied zwischen den beiden Arten von Kontakt:

> „Die Wirkung der NTK war stärker und bedeutsamer als die Kontakte durch Vermittlung der Medien, die ich in den Monaten nach den beiden Todesfällen konsultiert habe. Eine Sitzung mit einem Medium, bei einer öffentlichen Veranstaltung oder im privaten Rahmen, dauert generell länger und ist detaillierter als ein NTK. Die emotionale Kraft des NTK ist an die Tatsache geknüpft, dass er überraschend auftritt, wenn man ihn nicht erwartet. Der NTK kommt schnell, erzeugt eine gewisse Fassungslosigkeit, man kann es gar nicht glauben, dann Freude, weil es ein so direkter Kontakt ist. Er berührt das Herz ganz unmittelbar. Es gibt keine intellektuelle Verarbeitung, keine Analyse des Phänomens. Man nimmt ihn hin wie etwas Selbstverständliches. Erst danach können sich Zweifel einstellen, weil wir in unserer Kultur auf Zweifel programmiert sind. Trotzdem war er für mich jedes Mal wirkungsvoller und tröstlicher als die Worte eines Mediums, auch wenn die Begegnungen mit Medien für mich sehr wohltuend waren.“

NTK erhalten ihre Bedeutung durch den Trost, den sie den Trauernden spenden. Haben sie Agnès geholfen, den Schmerz über den Verlust der beiden Verstorbenen zu überwinden?

> „Sie sind uns nur vorausgegangen. Die Gewissheit, dass ich sie, wie auch meinen vor vier Jahren verstorbenen Vater und meine vor Kurzem verstorbene Mutter, wiedersehen werde, hat mein Leben verändert. Vor dem Tod meines Bruders dachte ich, dass ich vor Schmerz umkommen würde, wenn er sterben müsste. Jahre später, als ich meinen Lebensgefährten verlor, merkte ich, dass sich in mir eine Art Zuversicht eingestellt hatte, die mir sagte, dass er nur die Ebene gewechselt hat. Der Grund dafür war all das, was ich nach dem Tod meines Bruders erlebt hatte (durch meine Recherchen, meine spirituellen Erfahrungen, die Begegnungen mit den Medien und die NTK).“

Die Trauerarbeit ist ein Prozess. Ich habe Agnès gefragt, ob ihre NTK in diesem Prozess eine Rolle gespielt haben.

„Ja, unbedingt. Im Trauerprozess durchlaufen wir verschiedene Phasen: Leugnen, Wut, Schuldgefühle oder das Bedürfnis, einen Schuldigen zu finden, Niedergeschlagenheit, Depression, unendliches Leid, und schließlich Akzeptanz. Ich habe diese Phasen wie eine Abfolge beschrieben, aber man kann auch innerhalb weniger Stunden von einem Zustand in den anderen stürzen. ‚Akzeptieren' ist für mich etwas anderes als ‚die Trauer verarbeiten' – ein Ausdruck, der mir schon immer missfallen hat. Ich spreche lieber vom Akzeptieren der Realität. Der Schmerz rührt daher, dass man die neue Situation ablehnt und nicht akzeptieren will, dass das Leben nie wieder so sein wird, wie wir es kannten und liebten. Man rebelliert gegen das Geschehene, denkt, ‚es hätte nicht passieren dürfen …'. Spirituelle Unterweisungen lehren uns, das zu akzeptieren, ‚was ist'. Das ist etwas anderes als Resignation. Als ein Freund nach dem Tod meines Bruders zu mir sagte: ‚Es geht dir gut, das Leben ist schön, bist du glücklich?', fand ich die Frage absolut unmöglich und antwortete innerlich: ‚Ich werde nie wieder glücklich sein, denn ich habe meinen Bruder verloren.' Davon war ich absolut überzeugt. Jahre später habe ich Momente großen Glücks erlebt. Bestimmt hängt das auch damit zusammen, dass ‚das Leben sich nun mal durchsetzt', und trotzdem bin ich der Überzeugung, dass ich durch die tiefgreifende Veränderung, die durch die NTK fast unbemerkt in mir stattgefunden hat, heute mehr in dem Bewusstsein leben kann, dass ich sterben werde, was paradoxerweise dazu führt, dass ich den gegenwärtigen Augenblick besser nutze. Ich führe manchmal einen inneren Dialog mit meinem Bruder, meinem Lebensgefährten, meinem Vater oder meiner Mutter, ganz unbefangen, ganz natürlich. Sie leben auf einer anderen Ebene, davon bin ich zutiefst überzeugt. Deshalb muss ich nicht immer noch mehr über das Thema lesen, muss keine Medien mehr aufsuchen und brauche keine Zeichen mehr. Wenn ich dieses Augenzwinkern erlebe, wenn Synchronizitäten vorkommen, bin ich natürlich sehr glücklich, aber notwendig ist das für mich nicht mehr."

Hätte der Trauerprozess ohne NTK länger gedauert und wäre er schwerer abzuschließen gewesen? Was meint Agnès dazu?

„Wenn unser Glaubenssystem uns suggeriert, dass wir Menschen, die wir sehr geliebt haben, nie wiedersehen werden, dass sie definitiv fort sind, sind wir von Schmerz überwältigt, wir können nicht anders. Allerdings sollten wir uns bewusst machen, dass unsere Denkschemata Konditionierungen sind, die wir durch unseren Intellekt überprüfen können. Vergessen wir nicht, dass das sogenannte ‚cartesianische' Denken in unserer westlichen Kultur erst ein paar hundert Jahre alt ist und die Wahrscheinlichkeit, dass uns nach dem Tod nur das Nichts erwartet, lediglich eine Hypothese und keine wissenschaftlich erwiesene Tatsache ist.

Sie fragen, ob der Schmerz, der mit der Trauer verbunden ist, durch die NTK gelindert wurde. Man muss natürlich sagen, dass der Schmerz der Trauer nie ganz zu Ende ist, sondern transformiert und erträglich wird, wenn wir die Realität akzeptieren. Diese Realität heißt: Wir werden in diesem Leben den Menschen, den wir über alles geliebt haben, nie wiedersehen. Ich habe das Leid wie einen alchemistischen Vorgang empfunden. Der Tod meines Bruders, der mich tief erschütterte, hatte zur Folge, dass mein Leben glücklicher wurde, weil ich lernte, ganz im Hier und Jetzt zu leben. Anfangs spielte es sich so ab: Ich merkte, dass mein Schmerz schwächer geworden war, und dachte: ‚Oh, ich bekomme eine Atempause, das muss gefeiert werden.' Und ich tat alles, um den gegenwärtigen Moment auszukosten. Doch ich war davon besessen, für das Leben nach dem Tod „Beweise

> zu finden". Alles, was ich las und hörte, tat mir gut, aber es genügte mir nicht, weil ich keine direkte Erfahrung hatte. Seit dem Tag, an dem ich diese Hand auf meiner Stirn fühlte (und mir klar war, dass das kein Hirngespinst war), und dem Tag, an dem mir das erstaunliche Ereignis (mit dem zerbrochenen Spiegel) geschenkt wurde, nahmen meine Zweifel immer mehr ab, bis sie praktisch nicht mehr vorhanden waren. Ich habe keine so spektakuläre Transformation erlebt wie andere. Es geschah langsam, fast unmerklich. Als ich Jahre später noch einmal dasselbe Trauma erlebte, war der Schmerz der gleiche, aber gleichzeitig wurde er von einer Art ruhiger Gewissheit begleitet: Der Mensch, den ich liebe, ist immer da, ich habe nur keinen Zugang zu seiner Welt."

Glaubt Agnès nach ihren verschiedenen Erfahrungen, dass NTK ein „Beweis" dafür sind, dass das Leben nach dem Tod weitergeht?

> „Wie andere außergewöhnliche Erfahrungen, zum Beispiel Nahtod-Erlebnisse, können auch Nachtod-Kontakte die Überzeugung stärken, dass das Bewusstsein überlebt. In diesem Bereich wird immer intensiver geforscht, immer mehr Wissenschaftler publizieren Arbeiten zum Thema. Der Fortschritt der Medizin, der es möglich macht, Menschen, die klinisch tot waren, zu reanimieren, führt dazu, dass es immer mehr Berichte über solche Erfahrungen gibt. Alle außergewöhnlichen oder spirituellen Erfahrungen lassen uns vermuten, dass das Bewusstsein überlebt. Ich persönlich würde nach unserem derzeitigen Wissensstand nicht von ‚Beweisen' sprechen. Aber das materialistische Denken, das so entschieden behauptet, nach dem Tod gäbe es nichts mehr, stützt sich auch auf keine Beweise und hat seinen Ursprung im Westen, in den Theorien des 17. Jahrhunderts."

Zum Abschluss unseres langen Gesprächs habe ich Agnès eine letzte Frage gestellt: Wenn unsere Angehörigen und Freunde den physischen Tod überleben, würde das bedeuten, dass wir alle eine Existenzform jenseits unseres verkörperten Zustands kennenlernen werden. Ist es auch dieser Gedanke, der den NTK ihre Kraft verleiht, da er den Kern unseres Menschseins berührt?

„Mich beschäftigt seit einigen Jahren ein Satz von Teilhard de Chardin: ‚Wir sind keine menschlichen Wesen mit einer spirituellen Erfahrung, sondern spirituelle Wesen mit einer menschlichen Erfahrung.‘ Wenn wir das Leben auf unserer Erde aus diesem Blickwinkel betrachten, bekommen die Ereignisse einen Sinn, die Prüfungen werden zu Lektionen, an denen wir wachsen, und Schwierigkeiten werden zu Chancen. Heute glaube ich, dass der Tod des physischen Körpers nur ein Durchgang, ein Übergang ist. Man verlässt einfach eine zeitlich begrenzte Hülle, die unsere Seele für eine punktuelle Erfahrung gewählt hat, nachdem sie in der Vergangenheit andere gewählt hatte und bevor sie in der Zukunft weitere wählen wird. Ich stelle mir mein Leben mehr und mehr als eine Erfahrung meiner Seele vor. Ein wenig wie ein Schauspieler, der sich eine Rolle und ein Bühnenstück aussucht. Unser Problem ist, dass wir das vergessen haben, weshalb wir den Ereignissen in unserem Leben vollkommen verständnislos gegenüberstehen und sie als Absurdität, als Unsinn abtun. Wenn man feststellt, dass das materialistische Denken nur *eine* Sichtweise ist und man zu dem Wissen der angeblich ‚primitiven‘ Völker zurückkehrt, die spirituell viel weiter entwickelt sind, kann man die Ereignisse ganz anders interpretieren.

Nur die direkte Erfahrung kann unsere Intuition bestätigen. Theoretisches, angelesenes Wissen reicht nicht aus. NTK sind für viele Menschen im Westen das einzige Mittel, das sie dazu bringen kann, ihre materialistische Konditionierung anzuzweifeln, die so tut, als könne sie alles wissen und erklären. Mein Blick auf das Leben hat sich verändert, ich sehe die Herausforderungen des Lebens mit etwas mehr Distanz, manchmal mit einem winzigen Aufblitzen der intuitiven Erkenntnis, dass ich mehr bin als ein physischer Körper – und das gilt für alle von uns. Ich habe auch meine Lebensweise verändert. Ich bin nicht mehr ununterbrochen in Aktion, ich gönne mir lange, besinnliche Tage im Einklang mit der Natur und spiele Klavier, denn das ist meine Art zu meditieren."

Kapitel 4

Sterbebett-Visionen: Ein besonderer Nachtod-Kontakt

„Meine Mutter litt an Krebs, und meine Schwester und ich pflegten sie zu Hause. Zwei Tage vor ihrem Tod unterhielt sie sich gerade ganz normal mit uns, als sie plötzlich die Wand am Fußende des Bettes ansah und sagte: ‚Winkt eurem Vater, Mädchen, er winkt uns zum Abschied zu' (mein Vater war sechs Wochen vorher gestorben). Da meine Schwester und ich schon von solchen Beobachtungen gehört hatten, winkten wir unserem Vater zu, obwohl wir ihn nicht sehen konnten, und sagten: ‚Auf Wiedersehen, Papa.' Sie hat nichts weiter gesagt, fiel dann bald ins Koma und starb einige Zeit später."[46]

(Teresa Whichello)

Um was für eine Erfahrung handelt es sich hier? Was hat diese Frau so kurz vor ihrem Tod gesehen? Vermutlich erlebte sie etwas, das man „Sterbebett-Vision" nennt.

Sterbebett-Visionen stellen eine besondere Kategorie von NTK dar: Gegen Ende ihres Lebens sehen Menschen verstorbene Bezugspersonen, kurz bevor sie selbst sterben, und kommunizieren telepathisch mit ihnen. Visuelle NTK dagegen betreffen gesunde Men-

46 Fenwick, Peter & Elizabeth, *The Art of Dying*, S.31.

schen, die verstorbene Angehörige oder Freunde sehen. Auch die Zielrichtung ist unterschiedlich: Die NTK der Gesunden scheinen diese trösten zu wollen, sie dienen offenbar dazu, den Lebenden zu helfen, den Tod eines geliebten Menschen zu akzeptieren und mit ihrer Trauer besser umzugehen. Visuelle NTK von Menschen am Lebensende nehmen diesen die Angst vor dem Tod und helfen ihnen, den nahenden Tod zu akzeptieren, und die Verstorbenen, die sie wahrnehmen, scheinen die Aufgabe zu haben, sie in die „andere Welt" zu begleiten.

In den vorangegangenen Kapiteln habe ich die Typologie der NTK und ihre Folgen für gesunde Menschen skizziert; werfen wir jetzt einen Blick auf die Visionen der Sterbenden.

Ich werde den Begriff „Sterbebett-Visionen" verwenden und sie nicht als „visuelle NTK" bezeichnen, weil das Phänomen unter dieser Bezeichnung bekannt ist.

Sterbebett-Visionen

- führen einer Person am Lebensende einen verstorbenen Angehörigen vor Augen, dessen Aufgabe es zu sein scheint, ihn oder sie in die geistige Welt zu führen
- werden von den Sterbenden auf Anhieb als echt empfunden
- wirken unmittelbar tröstend
- befreien die Sterbenden von der Angst vor dem Tod
- bringen innere Ruhe und ein Akzeptieren des nahenden Todes

Ähnlich wie bei NTK erscheinen bei Sterbebett-Visionen Partner und Partnerinnen, Angehörige oder Freunde, die für die Sterbenden von Bedeutung sind, mit denen sie zu Lebzeiten eine starke emotionale Verbindung hatten. Gelegentlich ist die Gestalt von einem Lichtschein umgeben.

Manchmal wird auch nur ein Licht wahrgenommen – ein Licht mit Wissen – wie bei Pauline, die beschreibt, was ihre Mutter am Vorabend ihres Todes erlebte:

> „Auf einmal hob sie die Augen zum Fenster und starrte aufmerksam hin … Sie drehte sich abrupt zu mir um und sagte: ‚Bitte, Pauline, hab niemals Angst vor dem Tod. Ich habe ein wunderbares Licht gesehen und wollte darauf zugehen … es war so friedvoll, dass ich mich geradezu zwingen musste zurückzukommen.' Als es am nächsten Tag für mich Zeit wurde, nach Hause zu gehen, sagte ich: ‚Auf Wiedersehen, Mama, bis morgen.' Sie sah mir direkt in die Augen und sagte: ‚Ich habe keine Angst vor morgen, und ich will nicht, dass du welche hast, versprich mir das.' Leider ist sie am nächsten Vormittag gestorben … aber ich wusste, dass sie am Vortag etwas gesehen hatte, was sie getröstet hat und ihr Frieden schenkte, als sie wusste, dass ihr nur noch wenige Stunden blieben."[47]

Manchmal sind *religiöse oder mystische Wesen* Gegenstand der Visionen. Sie entsprechen den jeweiligen Glaubensvorstellungen der Sterbenden.

Seltener sind Visionen *paradiesischer Umgebungen*, beschrieben als wunderbare Landschaften, wie wir sie von der Erde kennen, mit einer üppigen Vegetation und nie gesehenen Farben, durchzogen von kleinen Flüssen, die sich plätschernd durch Wiesen schlängeln. Alles ist in ein Licht von unbeschreiblicher Klarheit und Strahlkraft getaucht. Symbolhaft sind diese Visionen, die der realen Welt nachgebildet sind, weil sie sich manchmal an den Vorlieben des Sterbenden orientieren – so wird ein passionierter Bergsteiger möglicherweise vom Anblick einer unsagbar schönen Bergregion schwärmen.

Menschen am Lebensende nehmen immer *verstorbene* Bezugspersonen wahr, niemals lebende. Das scheint auf der Hand zu liegen. Man würde erwarten, dass ein Mensch, der dem Tod so nahe ist, den verstorbenen Lebenspartner oder die Partnerin, die Mutter oder den besten Freund sieht, aber die Visionen scheinen sich nicht nach den Wünschen der Sterbenden zu richten, denn in manchen Fällen sehen

---

47 Fenwick, Peter & Elizabeth, *The Art of Dying*, S.6.

diese eine Person aus ihrem Umfeld, deren Tod ihnen verheimlicht wurde, um ihnen eine zusätzliche Belastung zu ersparen.

Ein sehr ausführlicher Bericht aus dem Jahr 1926 illustriert dies.

Frau B., die unter einer massiven Herzschwäche litt, lag zur Geburt ihres Babys im Krankenhaus von Clapton in England. Das Kind konnte gesund auf die Welt gebracht werden, aber die Mutter würde, das wusste man, die Geburt nicht überleben. Sie lag im Bett, mit Blick auf einen Teil des Krankensaals, der hell erleuchtet war, und sagte zu der Geburtshelferin (der Erzählerin):

> „‚Oh, tun Sie doch etwas gegen die Dunkelheit, es wird so dunkel … immer dunkler.' Wir holten ihren Ehemann und ihre Mutter. Plötzlich fixierte sie eine Stelle im Saal, und ein strahlendes Lächeln überzog ihr Gesicht.
>
> ‚Oh, wie wunderbar, wie wunderbar', sagte sie. – ‚Was ist wunderbar?', fragte ich. ‚Was ich sehe', antwortete sie mit vor Rührung heiserer Stimme. – ‚Was sehen Sie?' – ‚Ein wunderbares Licht, herrliche Wesen.' Ich kann kaum wiedergeben, wie stark der Eindruck war, dass da wirklich etwas war, weil sie so intensiv in den Anblick versunken war.
>
> Dann richtete sich ein paar Sekunden lang ihre Aufmerksamkeit auf einen bestimmten Punkt, und sie stieß fast einen Jubelruf aus: ‚Ach, da ist Vater! Er ist so froh, dass ich komme, er ist so glücklich. Alles wäre perfekt, wenn nur W. [ihr Ehemann] auch mitgehen könnte.' Man brachte ihr das Baby. Sie betrachtete es interessiert und sagte: ‚Glauben Sie, dass ich zum Wohl des Babys bleiben müsste?' Sie wandte sich wieder an ihre Vision und sagte: ‚Ich kann nicht, ich kann nicht bleiben. Wenn Sie sehen würden, was ich sehe, würden Sie verstehen, dass ich nicht bleiben kann.' Sie wandte sich an ihren Mann, der gerade den Saal betreten hatte, und sagte: ‚Du wirst nicht erlauben, dass das Baby jemandem gegeben wird, der es nicht liebt, nicht wahr?' Dann legte sie es sanft ab und sagte: ‚Lass mich dieses wunderbare Licht sehen' ... [...]."

Die Oberschwester, die den Platz der Geburtshelferin bei der Sterbenden eingenommen hatte, ergänzte den Bericht:

> „Meine Schicht begann kurz vor dem Ableben von Frau B., an deren Bett ihr Mann und ihre Mutter wachten. Ihr Mann beugte sich über sie und sprach leise mit ihr, als sie ihn zur Seite schob und sagte: ‚Verdecke es nicht, es ist so schön.' Sie wandte ihm den Rücken zu, wandte sich mir zu – ich stand an der anderen Bettseite – und sagte: ‚Oh, sieh an, Vida ist da!' Mit Vida meinte sie ihre Schwester, deren Tod, der drei Wochen zurücklag, ihr verheimlicht worden war.
>
> Später erzählte mir ihre Mutter, die, wie schon erwähnt, bei der Szene anwesend war, Vida sei der Name ihrer verstorbenen Schwester. Frau B. war über Vidas Erkrankung und Tod nicht informiert worden. Diese Neuigkeit hatte man ihr aufgrund ihrer Schwangerschaft und ihres Gesundheitszustandes absichtlich vorenthalten."[48]

Bei Sterbebett-Visionen scheinen die Betroffenen in den Genuss einer „doppelten Sicht" zu kommen. Offenbar haben sie *gleichzeitig* Zugang zur physischen Realität und zu einer geistigen Dimension, die sie *parallel* sehen und als wirklich erachten. Sie wissen, dass ihre lebenden Besucher die Erscheinungen weder sehen noch hören können, was bedeutet, dass sie selbst sich in einem anderen Bewusstseinszustand befinden als diese. Sie wissen genau, mit wem sie gerade sprechen, und führen Parallelgespräche, bei denen sie die Mitteilungen der Wesenheiten an die Menschen im Raum weitergeben.

Solche Visionen sind gewöhnlich kurz, sie dauern nur wenige Sekunden, maximal einige Minuten. Damit ähneln sie den Nachtod-Kontakten, die ebenfalls von sehr kurzer Dauer sind.

Oft werden die Erscheinungen in den Minuten oder Stunden vor dem Eintreten des Todes wahrgenommen. Häufig ist ihre Erwäh-

48 Barrett, William, *Deathbed Visions: How the Dead Talk to the Dying*, Guildford 2011, S.23-24 (Originalausgabe London 1926).

nung – oder Beschreibung – die letzte Äußerung, die der Sterbende von sich gibt („Sie ist gekommen! Sie ist da! Sie kommt mich holen …“).

Allerdings kommt es auch vor, dass die Erscheinungen wiederholt auftauchen und die Person am Lebensende durch den gesamten Sterbeprozess, über Stunden oder gar Tage, begleiten.

Die Krankenschwestern Callanan und Kelley berichten in ihrem Buch vom Gespräch mit einer Frau in der Endphase ihres Lebens, die das Erscheinen verstorbener Angehöriger kommentierte:

> „‚Sind sie jetzt da?‘
> ‚Nein, sie sind vor Kurzem gegangen, sie bleiben nicht die ganze Zeit, sie kommen und gehen.“[49]

Professor Peter Fenwick, ein international anerkannter britischer Neuropsychiater, der am King‘s College London und am Riken Forschungsinstitut Japan lehrt, ist ein Spezialist für Nahtod-Erfahrungen und Sterbebett-Visionen.[50] In seinem Buch *The Art of Dying*[51], das er gemeinsam mit seiner Frau Elizabeth verfasst hat, stellt er zahlreiche Sterbebett-Visionen vor, analysiert sie und berücksichtigt dabei auch die Beobachtungen und Eindrücke des Pflegepersonals.

Ein Fall, den Peter und Elizabeth Fenwick zitieren, handelt von den letzten Tagen einer neunzigjährigen Frau. Berichtet wurde er von der Tochter der Sterbenden. Die Herzfrequenz und die Sauerstoffsättigung der Sterbenden wurden während des gesamten Sterbeprozesses überwacht:

---

49 Callanan, Maggie und Kelley, Patricia, *Final Gifts: Understanding the Special Awareness, Needs and Communications of the Dying*, S.88. (deustch: *Mit Würde aus dem Leben gehen. Ein Ratgeber für die Begleitung Sterbender*, München 1993.

50 Professor Fenwick ist Präsident der Horizon Research Foundation, einer Organisation, die Forschungen zum Thema „Erfahrungen am Lebensende (*end of life experiences*) fördert. Daneben ist er Präsident des britischen Zweigs von IANDS = International Association for Near-Death Studies.

51 Fenwick, Peter & Elizabeth, *The Art of Dying.*

„Während ungefähr einer Stunde, in der er [ihr Enkel] bei ihr war, erwähnte sie immer wieder, es sei ihr bewusst, dass Leute über sie wachten und diese sich im Garten befänden, der das Krankenhaus umgab. Sie konnte sie nicht beschreiben, weil sie hinter dem Gebüsch waren, aber sie wusste, dass sie da waren, für den Fall, dass ihr ‚Kopf nach vorne fiele'. Sie sagte zu meinem Sohn, dass sie auch ‚Dad' (wie sie meinen Vater gewöhnlich nannte) im Zimmer sähe, was sie nicht zu stören schien. Mein Sohn blickte auf den Überwachungsmonitor und sah überhaupt keine Veränderung bei den Vitalzeichen. Sie unterhielt sich ganz normal mit ihm.

Als kurze Zeit später meine Tochter kam, hatte sie ebenfalls einen sehr schönen Moment mit ihrer Großmutter. Deren Vitalzeichen waren stabil, und als sie wieder ‚diese Leute' sah und erwähnte, waren beim Herzschlag und dem Sauerstoff keinerlei Abweichungen zu merken. Diesmal waren ‚diese Leute' in ihrem Zimmer, in der Nähe der Fenster. Sie war ganz ruhig und sagte, sie wisse, dass meine Tochter sie nicht sehen könne, es aber verstehen werde, ‚wenn ihre Stunde gekommen' sei. Sie winkte ‚diesen Leuten' zu, sprach mit ihnen und stellte ihnen meine Tochter vor – wie in einer normalen Unterhaltung. Dann redete sie wieder über Weihnachten und andere Alltagsdinge. Eine Stunde später kam ich dazu, und wir setzten uns ans Bett meiner Mutter und plauderten mit ihr. Sie sprach mit mir über mein Leben, sie erinnerte sich genau an viele Situationen und Ereignisse der Vergangenheit. Sie sprach auch über meine Zukunft – immer wieder unterbrochen von Anspielungen auf ‚diese Leute', die mittlerweile am Fußende ihres Bettes standen. Sie informierte uns, dass sie am nächsten Tag nicht mehr da sein würde, weil ‚diese Leute' sie ‚aufheben würden, wenn sie fiel' und sie ‚auf eine Reise mitnehmen' würden. Wir waren ein bisschen erschrocken über ihre Worte, sie dagegen war völlig gelassen …"

Gegen 17 Uhr saßen ‚diese Leute' an ihrem Bettrand neben der Enkelin, und die Patientin führte ein Gespräch zu dritt. Dann komplimentierte sie ihre Enkelin hinaus, indem sie ihr riet, sie solle sich amüsieren gehen, es sei schließlich der Weihnachtsabend. Die Enkelin verließ das Krankenhaus, wartete aber im Auto auf ihre Mutter.

„Ich kam ungefähr eine dreiviertel Stunde später, und wir gingen zusammen in das Krankenzimmer. Die Vorhänge um das Bett herum waren zugezogen. Wir warfen einen Blick auf den Überwachungsmonitor, der einen sehr hohen Blutdruck und einen Sauerstoffpegel von ungefähr 80% anzeigte. Wir machten uns auf die Suche nach den Schwestern, die sagten, sie wollten uns gerade anrufen, weil sich der Zustand meiner Mutter massiv verschlechtert habe, wahrscheinlich durch einen Herzinfarkt, und dass sie auf die Ankunft des Arztes warteten. Sie gingen wieder ans Krankenbett zurück, und eine Schwester nahm ihre Hand, um sie zu wecken. Sie öffnete die Augen, schien uns aber nicht zu sehen, und sagte: ‚Ich hatte ein wundervolles Leben.' Dann schloss sie die Augen. […] Sie entschlief friedlich um 21 Uhr 55 am Weihnachtsabend."[52]

Dieser Bericht ist in verschiedener Hinsicht interessant. Er beschreibt, was selten vorkommt, wie sich die Erscheinungen, die die Patientin wahrnimmt, im Raum bewegen. Sie hat gesehen, wie „diese Leute" in mehreren Etappen näher kommen, bis sie sie am Ende mitnehmen; während der Visionen war keine Veränderung der Herzfrequenz oder der Sauerstoffsättigung erkennbar. Sie kommunizierte ganz normal mit ihrer Familie und führte gleichzeitig ein Gespräch mit ihren unsichtbaren Besuchern. Sie war sich bewusst, dass zwei Wirklichkeiten nebeneinander existieren, und fähig, zwischen beiden zu unterscheiden; und sie wusste, dass ihre Familienmitglieder keinen Zugang zu der geistigen Dimension hatten. Anscheinend erhielt sie Informationen über den Zeitpunkt ihres Todes („Sie hat uns informiert, dass sie am nächsten Tag nicht mehr da sein würde").

52 Fenwick, Peter & Elizabeth, *The Art of Dying*, S.24-25.

Doch über das wichtigste Element – das innere Erleben der Patientin – wird in dem Bericht nichts ausgesagt.

In dieser Szene ist von mehreren Wesenheiten die Rede. Das ist nicht ungewöhnlich. Nicht selten werden mehrere verstorbene Angehörige gleichzeitig oder nacheinander wahrgenommen. In einigen sehr ungewöhnlichen Fällen können Personen, die sich im selben Raum befinden, die Erscheinung ebenfalls wahrnehmen.

Ist der Sterbeprozess schon sehr fortgeschritten, sind die Kranken vielleicht nicht mehr in der Lage zu sprechen und müssen zu anderen Mitteln der Verständigung greifen. Ihr Verhalten und ihre Gesten legen den Gedanken nahe, dass sie eine Vision haben, selbst wenn sie nichts darüber mitteilen können. Manche strecken den Arm aus und deuten auf etwas oder jemanden, lächeln einen unsichtbaren Gesprächspartner an, heben die Hand oder nicken als Zustimmung zu Worten, die die Umgebung nicht hören kann. Wieder andere setzen sich zum ersten Mal seit Wochen im Bett auf, wirken auf einmal wieder gekräftigt oder stehen sogar auf und gehen ein paar Schritte auf etwas oder jemanden zu, bevor sie zusammenbrechen und ihr Leben aushauchen. Wie in der eben geschilderten Szene und in Berichten von Pflegepersonal oder Angehörigen, die während der Vision anwesend waren, sind die Erscheinungen offenbar *im physischen Raum* wahrnehmbar, denn die Sterbenden folgen ihnen mit den Augen, strecken ihnen die Hand entgegen, wenn sie näherkommen, oder entdecken sie an einer bestimmten Stelle im Zimmer.

Hier ein Bericht über eine solche „heimliche“ Begegnung:

> „Er war kurz davor, das Bewusstsein zu verlieren. Als ich ihn ansah, starrte er auf etwas, das sich vor ihm befand. Langsam breitete sich ein Lächeln des Wiedererkennens auf seinen Zügen aus, als begrüße er jemanden. Dann entspannte er sich und starb friedlich.“[53]

---

53 Fenwick, Peter & Elizabeth, *The Art of Dying*, S.29.

Die Visionen von verstorbenen Angehörigen, religiösen Wesenheiten oder paradiesischen Landschaften sind nicht an die *Erwartung* des Todes geknüpft. Sie können sich ereignen, wenn der Patient oder die Patientin zwar sehr krank ist, aber noch nicht an der Schwelle des Todes zu stehen scheint. Sie können auch Personen betreffen, die scheinbar bei guter Gesundheit sind und keinen Grund haben, sich auf den Tod vorzubereiten, wie die folgende Geschichte zeigt:

> „Als mein Großvater an einem Sonntagabend aus der Kirche kam, sagte er, er fühle sich nicht gut und ging schlafen. Als meine Großmutter ihm eine Tasse Tee brachte, sagte er ihr, er habe ‚unsere Mabel und unsere Doris' gesehen, zwei ihrer Kinder, die früh verstorben waren. In dieser Nacht ist mein Großvater gestorben."[54]

Im Fall dieses Mannes war die Vision nicht an eine bekannte Krankheit und auch nicht an die Erwartung des nahenden Todes gebunden. Man kann also folgern, dass solche Visionen nicht die *Folgen* eines bestimmten Zustands sind – einer Krankheit im Endstadium und der Erwartung des nahen Todes –, sondern dem Tod *vorausgehen* und ihn *ankündigen*, obwohl nichts auf ihn hindeutet und er in den folgenden Stunden und Tagen überraschend eintritt, zum Beispiel durch einen Herzinfarkt, einen Schlaganfall oder ähnliches.

In manchen Berichten ist von einer Interaktion zwischen den Sterbenden und den unsichtbaren Wesenheiten die Rede, und es kommt zu einer Art Dialog. Es kann darum gehen, den Todeszeitpunkt zu verhandeln, was bedeutet, dass es in diesem Punkt einen gewissen Handlungsspielraum gibt. Ein Mann, der über den hoffnungslosen Zustand seines Vaters informiert wurde, machte sich sofort auf den Weg, doch sein Auto hatte eine Panne und seine Ankunft verzögerte sich. Seine Schwester teilte das dem Vater mit, und Folgendes passierte:

---

54 Ebenda S.39.

> „Meine Schwester hörte, wie Papa in seinem Zimmer sehr aufgeregt mit jemandem sprach. Weil sie befürchtete, dass eines ihrer Kinder hineingegangen wäre und ihn störte, ging sie nachsehen. Im Zimmer war nur Papa, der in seinem Bett lag. Meine Schwester fragte ihn, mit wem er gesprochen hätte. Er antwortete: ‚Ich habe gerade den Engeln gesagt, dass ich noch nicht bereit bin zu gehen! Er wusste, dass ich unterwegs war und war entschlossen, am Leben zu bleiben, bis ich kam.“[55]

Visionen von paradiesischen Landschaften werden wesentlich seltener geschildert als Visionen von verstorbenen Angehörigen, doch es gibt sie. Ich denke da vor allem an einen Jungen von etwa sieben oder acht Jahren, der Leukämie hatte und im Endstadium der Krankheit in der Klinik lag. Er war sehr verängstigt und aufgeregt, zumal sich seine Eltern auch noch um ihre anderen drei Kinder kümmern mussten und nicht immer bei ihm sein konnten. Eines Tages hatte er eine Vision von einem Ort, den er „das Paradies“ nannte und einer Krankenschwester beschrieb. Nach dieser Vision wurde er ruhig und fast heiter und starb kurze Zeit darauf friedlich.[56] Warum sah er „das Paradies“ und nicht ein verstorbenes Familienmitglied? Man kann annehmen, dass bei einem so jungen Menschen die wichtigsten Bezugspersonen vor allem – oder ausschließlich – die Eltern, die Großeltern, vielleicht ein Onkel, eine Tante oder ein Freund der Familie und natürlich die Geschwister sind. Die Wahrscheinlichkeit, dass die wichtigsten Bezugspersonen noch am Leben sind, ist hoch. Deshalb kann man sich vorstellen, dass die Vision vom „Paradies“ diese Funktion erfüllt, da noch kein verstorbenes Familienmitglied die Rolle des „Führers in die andere Welt“ übernehmen kann. Was auch immer der Grund war – seine Vision gab dem Jungen etwas, das ihn beruhigte und es ihm ermöglichte, sanft und vertrauensvoll für immer einzuschlafen.

---

55 Ebenda, S.27.

56 Persönliche Mitteilung, 2015.

Es gibt Menschen, die sagen, sie hätten gesehen, wie **die Seele** im Augenblick des Todes den Körper verließ. Wie soll man sich das vorstellen? Dass im Moment des Todes „etwas" den Körper verlässt, ist für Pflegekräfte ein bekanntes Phänomen und wird manchmal auch von den Angehörigen der Sterbenden erwähnt. Übereinstimmend berichten sie davon, dass eine Form oder ein Schatten den Körper durch den Mund, die Brust oder den Scheitel verlässt. Die Form oder der Schatten – der auch als Nebel, Wolke, weißer Rauch oder Dunst bezeichnet wird – schwebt manchmal für kurze Zeit über dem leblosen Körper, hebt sich dann und entschwindet durch die Decke. Das Phänomen ist jedoch nicht auf die schlichte Wahrnehmung einer Form oder eines Schattens beschränkt; bedeutungsvoll wird es durch die Verknüpfung mit Begriffen wie *Licht, Liebe, Frieden, Trost und Mitgefühl,* die dieser Erfahrung zugeordnet werden. Gelegentlich ist währenddessen auch eine himmlische Musik zu hören. Der Anblick ist von kurzer Dauer und wird nicht unbedingt von allen Anwesenden wahrgenommen. Die geringste Störung – eine Person, die redet oder das Zimmer betritt – beendet gewöhnlich die Wahrnehmung.

Peter und Elizabeth Fenwick berichten von einem solchen Fall:

> „Plötzlich erhellte ein unglaublich helles, strahlendes Licht die Brust meines Mannes, und als es sich hob, hörte ich eine herrliche Musik und wunderbare Gesänge. Meine eigene Brust war von höchster Freude erfüllt, und ich hatte den Eindruck, als würde sich mein Herz heben, um zu diesem Licht und dieser Musik zu gelangen. Plötzlich spürte ich eine Hand auf meiner Schulter, und die Krankenschwester sagte: ‚Es tut mir so leid, meine Liebe, er ist soeben von uns gegangen.' Ich verlor den Kontakt zu dem Licht und der Musik und fühlte mich sehr verloren, weil ich zurückgelassen worden war."[57]

57 Fenwick, Peter & Elizabeth, *The Art of Dying*, S.10.

„Wer eine solche Erfahrung macht“, kommentieren Peter und Elizabeth Fenwick, „vor allem, wenn sie von einem Gefühl von Licht und Liebe begleitet ist, fühlt sich enorm getröstet. Dieses Gefühl kann auch in den folgenden Tagen noch anhalten und, was noch wichtiger ist, die Erfahrung bleibt auf viele Jahre hin ein Trost.“[58]

Was für eine Erfahrung hat diese Frau gemacht? Warum hatte sie das Gefühl „als würde sich [ihr] Herz heben, um zu diesem Licht und dieser Musik zu gelangen“, während sie sah, wie ein strahlendes Licht die Brust ihres sterbenden Mannes erleuchtete? Hatte sie Anteil an der Erfahrung ihres Mannes, als dieser seinen Körper verließ? Hätte sie ihn auf den ersten Schritten in die spirituelle Dimension begleitet?

Wie wirken Sterbebett-Visionen auf Betroffene?

Stellen wir uns einen Menschen vor, Agnostiker oder Atheist, der sein Leben lang jede Vorstellung von einem Überleben des Bewusstseins von sich gewiesen hatte und überzeugt war, dass am Ende des Weges nur Auflösung und das Nichts stehen würden. In seiner Todesstunde erscheint ihm sein verstorbener Vater und spricht zu ihm. Er zweifelt die Echtheit dieser Erscheinung keinen Moment lang an und reagiert mit Freude und Dankbarkeit, als müsse es so sein, und beschreibt seiner Umgebung die Erscheinung.

Das wäre in der Tat die typische Reaktion. Hier ein Bericht zur Veranschaulichung:

„Ich pflegte eine Freundin, die davon überzeugt war, dass es kein Leben nach dem Tod gibt. In ihren letzten Lebensstunden war sie sehr friedlich geworden und gab, wenn sie von Zeit zu Zeit aus ihrer Bewusstlosigkeit erwachte, Sätze von

58 Ebenda, S.10.

> sich wie ‚Bald werde ich es wissen', ‚Gut, gehen wir, ich bin jetzt bereit' oder ‚Es ist so schön'. Nachdem sie gesprochen hatte, verlor sie gleich wieder das Bewusstsein. Sie war sichtlich zufrieden, glücklich und im Reinen mit sich. Für ihren Partner und für mich war es wunderbar, das zu erleben."[59]

Wie die Gesunden bei ihren NTK zweifeln auch die Sterbenden die Echtheit der Erscheinungen nicht an. So unterschiedlich sie selbst, ihre Glaubensvorstellungen und ihre persönliche Biografie auch sein mögen, so erstaunlich homogen ist die Bedeutung, die sie ihren Erlebnissen zuweisen. Ihrer Ansicht nach haben diese die Aufgabe, sie an der Schwelle des Todes zu empfangen und in die unsichtbare Welt zu geleiten. Unbefangen und freudig begrüßen sie die Wesenheiten und beschreiben sie ihrer Umgebung, weil sie wissen, dass nur sie selbst sie wahrnehmen können. Sie sind weder erstaunt noch entsetzt, wenn ihnen ein verstorbener Angehöriger erscheint und mit ihnen spricht, und sie erklären sich die Absicht der Erscheinung in aller Schlichtheit („Sieh an, François ist da, er kommt mich holen").

Sterbebett-Visionen haben eine spirituelle Dimension, die über das flüchtige Auftauchen eines verstorbenen Angehörigen oder Freundes hinausgeht. Sie sorgen für den dringend erforderlichen Trost und eine Gewissheit, die in wenigen Sekunden Befürchtungen hinwegfegt, die womöglich ein ganzes Leben lang gehegt wurden. Bei den Visionen findet offensichtlich eine Wissensübertragung statt, die die Sterbenden auf der Stelle und vollständig von ihrer Angst vor dem Tod befreit. Die Anspannung und die Erregung, die oft im Sterbeprozess zu beobachten sind, lösen sich augenblicklich auf. Eine Art Gelassenheit oder gar Vorfreude überkommen den Sterbenden, was wenige Sekunden zuvor noch undenkbar gewesen wäre. Die Wirkung der Visionen ist außerordentlich stark, direkt und befreiend. Sie haben eine tiefgehende psychische Transformation zur Folge. Nach den Visionen sind die Menschen bereit zu sterben und vielleicht zu einer geheimnisvollen Reise aufzubrechen.

---

59 Ebenda, S.27.

Der australische Soziologe Allan Kellehear, Professor an der Universität Bradford in England, hat auf der Basis einer in Moldawien[60] durchgeführten Studie die wichtigsten Themen ermittelt, die bei Sterbebett-Visionen für die betroffenen Personen eine Rolle spielen. Die *Unterstützung* (*support*)[61]: Die Sterbenden sind beruhigt, weil sie wissen, dass ein ihnen nahestehender verstorbener Mensch sie erwartet und ihnen Hilfe anbietet. Der *Trost* (*comfort*), den die Sterbenden empfinden, ergibt sich entweder aus der Tatsache, dass es den verstorbenen Bezugspersonen allem Anschein nach im Jenseits gut geht und sie dort glücklich sind, oder daraus, dass sie über ihre aktuelle Situation Mitteilungen erhalten, die sie trösten. Von einer fortlaufenden *Begleitung (companionship)* der Verstorbenen wird immer wieder berichtet. Die Verstorbenen führen wiederholt längere Gespräche mit den Sterbenden, die sich so in den langen Stunden der Agonie weniger allein fühlen. Das *Zusammenkommen (reunion)*: Die Verstorbenen holen ihre Angehörigen ab, um sie zu ihrer neuen Existenz zu führen. In einigen Berichten ist von einer gewissen Ungeduld der Verstorbenen die Rede, die ihre Angehörigen möglichst bald bei sich haben wollen, um mit ihnen in der anderen Welt ein neues Leben zu beginnen. Die *Prognose (prognosis)*: Schon allein der Anblick der Verstorbenen zeigt den Sterbenden, dass ihr Tod nahe und unvermeidbar ist. Manchmal wird ihnen eine zeitliche Prognose gestellt, und es scheint eine Verhandlung über den genauen Zeitpunkt des Todes stattzufinden.

Kellehear folgert, dass Sterbebett-Visionen eine signifikante Bedeutung für die geistige Gesundheit und das soziale Wohlbefinden des Sterbenden haben. „Sterbebett-Visionen vermitteln in der Tat Trost, nicht so allgemein und stereotyp, wie man dies in der Vergangenheit oft angenommen hat – als ein Phänomen, das einfach

60 Kellehear, Allan; Pogonet, Vadim; Mindruta-Stratan, Rodica, „Deathbed visions from the Republic of Moldova: A Content Analysis of Family Observations“, *Omega – Journal of Death and Dying* 64 (4), S.303-317, Januar 2011.

61 Die englischen Originalbegriffe sind zum besseren Verständnis von mir eingefügt. Kellehear verwendet sie so in seinen Publikationen. (A.d.Ü.)

nur ein paar vage Bilder von einem vermeintlichen Jenseits liefert –, sondern viel spezifischer, indem sie den Menschen am Lebensende konkrete Botschaften der Hoffnung, der Kontrolle und des sozialen Lebens übermitteln. Wie man auch immer den ontologischen Status dieser Visionen beurteilen mag, ihr psychologischer, sozialer und seelsorgerischer Wert ist offensichtlich für die Sterbenden von ungeheuer großem Nutzen.“[62]

Nur sehr wenige Berichte beinhalten eine negative Reaktion auf eine Vision. Hier ein Fall, den Peter und Elizabeth Fenwick schildern:

> „Vor zwölf Jahren stürzte mein Mann, der seit mehreren Jahren krank war, schwer und musste in die Klinik eingeliefert werden. Als ich ihn eines Tages besuchte, war er verzweifelt, weil er seine vor Jahren verstorbene Mutter gesehen hatte. Er erzählte mir, sie habe mit ihm gesprochen. Ich fragte, was sie denn gesagt habe, und er antwortete: ‚Nur *guten Tag*‘, aber irgendwie wusste er, dass ihr Erscheinen auf seinen baldigen Tod hindeutete. Ich versuchte, ihn zu beruhigen, indem ich sagte, sie sei sicher gekommen, um ihm beim Gesundwerden zu helfen, aber ich hatte schon von solchen Erscheinungen gehört und glaube an ein Leben nach dem Tod. Eine Woche später ist er gestorben. Ich bin überzeugt, dass sie gekommen ist, um ihm beim Übergang ‚auf die andere Seite‘ zu helfen, aber ihm noch etwas Zeit mit seiner Familie zugestanden hat.“[63]

Da die Angst vor dem Tod im Menschen so tief verwurzelt und der Lebenswille so stark ist, könnte man zahlreiche negative Reaktionen auf Sterbebett-Visionen erwarten, doch wenn man die verfügbaren Berichte betrachtet, bilden sie eine Ausnahme.

Bemerkenswert ist, dass Sterbebett-Visionen viele Ähnlichkeiten mit Nahtoderlebnissen haben: Das Licht, das die Erscheinung umgibt oder im Hintergrund wahrgenommen wird, das Gefühl von

62 Ebenda, S.315.
63 Fenwick, Peter & Elizabeth, *The Art of Dying*, S.41.

Frieden und Abgeklärtheit, der Eindruck, einen flüchtigen Blick in eine andere, verlockende und liebevolle Realität geworfen zu haben, die sofortige Beseitigung der Angst vor dem Tod und die absolute Gewissheit, dass das Bewusstsein den physischen Tod überdauert. Bei beiden Arten von Erfahrung steht im Mittelpunkt die Vorstellung einer dynamischen Entwicklung, einer „Reise".

Sterbebett-Visionen scheinen ein häufiges Phänomen zu sein, da sie bei Krankenschwestern und Pflegern gut bekannt sind. Sie statistisch zu erfassen, ist jedoch schwierig, weil die Menschen, die sie erleben, kurz darauf sterben. Um zu ermitteln, wie häufig solche Visionen weltweit vorkommen, müssten zukünftig in Pflegeeinrichtungen und Kliniken Studien durchgeführt und das Pflegepersonal routinemäßig befragt werden.

In der oben erwähnten Studie von Professor Kellehear, die er in Moldawien auf der Basis von 102 Sterbefällen durchführte, hatten 36% der Sterbenden eine Sterbebett-Vision. In einer früheren Untersuchung, die Kellehear im indischen Kerala mit 104 Personen durchführte, hatten 30% der Sterbenden eine Sterbebett-Vision.[64]

In einer Studie von Christopher W. Kerr[65] in einer Einrichtung für Palliativpflege in Cheektowage im Staat New York, für die er täglich Gespräche mit 59 Patienten am Lebensende führte, stellte sich heraus, dass 52 Patienten (88,1%) im Untersuchungszeitraum mindestens eine Vision oder einen Traum hatten. Fast die Hälfte der Träume bzw. Visionen (45,3%) traten im Schlaf auf, 15,6% im Wachzustand und 39,1% im Schlaf oder Wachzustand. Zu sehen waren in den Träumen bzw. Visionen verstorbene Verwandte oder Freunde (46%), lebende Verwandte oder Freunde (17%) oder andere Personen (10%). Die restlichen 27% betrafen bedeutsame Ereignisse aus der Vergangenheit, religiöse Wesen oder auch lebende oder ver-

---

64 Muthumana, Sandhya P.; Kumari, Meena; Kellehear, Allan, „Deathbed Visions from India: A Study of Family Observations in Northern Kerala, *Omega: Journal of Death and Dying*, 2010, 62(2), S.97.

65 Kerr, C.W.; Donnelly, J.P.; Wright, S.T.; „End-of-Life Dreams and Visions: A Longitudinal Study of Hospice Patients' Experiences", *Journal of Palliative Medicine*, 2014, 17(3), S.296-303.

storbene Tiere, vor allem Haustiere. 99% der Patienten beschrieben diese Erfahrungen als „echt“, unabhängig davon, ob sie im Schlaf oder im Wachzustand vorkamen.[66] Wenn der Tod näherrückt, nimmt die Häufigkeit der Träume und Visionen zu. Aus der Studie geht hervor, dass die Patienten ihre Erfahrungen für sich persönlich als bedeutsam und als emotional wegweisend betrachteten. Den größten Trost spendeten Visionen, an denen verstorbene Angehörige oder Freunde beteiligt waren. Daraus folgerten die Wissenschaftler, dass „bei Personen am Lebensende die Angst vor dem Tod häufig infolge eines Traums oder einer Vision abnimmt und ihre Vorstellung vom Tod sich verändert. Auch die emotionalen Folgen sind häufig positiv, tröstlich und paradoxerweise belebend; der Mensch ist körperlich im Begriff zu sterben, aber seine emotionelle und spirituelle Identität bleiben erhalten, wie die Träume/Visionen illustrieren. Diese Träume/Visionen leugnen den Tod keineswegs, sondern transzendieren im Gegenteil die Erfahrung des Sterbens [...].“[67]

Die Ergebnisse der Studien müssen von zukünftigen Untersuchungen noch erhärtet oder entkräftet werden. Außerdem muss man betonen, dass Visionen dieser Art nur dann erfasst werden können, wenn die Betroffenen bereit sind, sie mitzuteilen. Vermutlich hat eine ganze Anzahl Sterbender Visionen, die sie aus den unterschiedlichsten Gründen für sich behalten; der intime Charakter der Erlebnisse mag einer der Gründe sein.

Sterbebett-Visionen im größeren Kontext

Sterbebett-Visionen sind eine der wichtigen Komponenten eines Konzepts, das die beiden amerikanischen Hospizschwestern Maggie Callanan und Patricia Kelley ausgearbeitet haben. Auf der Basis ihrer langjährigen beruflichen Erfahrung in Hospizen und in der häuslichen Palliativpflege haben sie wiederkehrende Verhaltensweisen bei ihren Patientinnen und Patienten erfasst und untersucht. Nach

66 Ebenda, S.298.
67 Ebenda, S.302.

einer Analyse der verschiedenen Elemente haben sie den Ausdruck „gesteigertes Bewusstsein beim Herannahen des Todes" geprägt, der einen speziellen Bewusstseinszustand beschreibt, der in der Nähe des Todes auftritt.[68]

Das Hauptelement bilden **Sterbebett-Visionen von verstorbenen Angehörigen oder Freunden**, manchmal auch von **religiösen oder mystischen Wesen**. Seltener wird vom **Anblick paradiesischer Landschaften** berichtet.

Der **Wunsch nach Versöhnung** ist eine weitere Komponente dieses erweiterten Bewusstseinszustands. Die Bedürfnisse der Sterbenden zielen in aller Regel auf das Ordnen ihrer Beziehungen ab. Sie spüren, dass sie belastende Beziehungsprobleme, die ihnen Schuldgefühle bereiten und unter denen alle Beteiligten leiden, noch bereinigen müssen. Von Ego-Problemen befreit, setzen sie alles daran, Konflikte zu lösen, die nicht selten seit Jahren auf ihnen lasten. Manche Menschen haben das Bedürfnis, mit ihrem Gewissen ins Reine zu kommen und bitten Vertreter ihrer Religionsgemeinschaft um Hilfe.

Auch die **Bedingungen für einen friedlichen Tod** sind Teil des spezifischen Bewusstseinszustands beim Herannahen des Todes. In der Phase der Vorbereitung auf den Tod ist der Dialog essenziell. Solange das allgegenwärtige Thema – der nahende Tod – umgangen wird, bleiben Sterbende in ihrer Isolation und Unrast gefangen, allein mit ihren Fragen und vielleicht auch mit ihrer Angst. Sobald die Realität des nahenden Todes von der Umgebung klar ausgesprochen und geteilt wird, selbst wenn das Thema schmerzhaft und schwierig ist, fühlen sich Sterbende weniger allein und können mit den Menschen, die sie lieben, in einer wiedergefundenen Vertrautheit letzte intensive und wichtige Worte wechseln.

Das Bewusstwerden des nahenden Todes vermittelt den Menschen am Lebensende das instinktive Wissen, dass sie bald sterben werden, selbst wenn ihr Gesundheitszustand nicht darauf hindeutet. Diese Gewissheit bildet sich ungefähr in den letzten zweiundsiebzig Stun-

68 Callanan, Maggie; Kelley, Patricia, *Final Gifts,* a.a.O.

den. Es scheint einen gewissen Spielraum beim Ablauf des Sterbeprozesses zu geben; er kann beispielsweise dann wichtig werden, wenn ein Angehöriger aus dem Ausland anreisen muss und man auf ihn wartet, oder wenn der Patient stirbt, bevor am nächsten Tag der gefürchtete Transport ins Pflegeheim ansteht, oder um genau dann sterben zu können, wenn die Angehörigen kurz das Krankenzimmer verlassen haben.

Häufig verwenden die Sterbenden eine **symbolische Sprache**, um ihrer Umgebung ihren nahenden Tod anzukündigen. Sie sprechen in Metaphern, erwähnen etwa eine kurz bevorstehende Reise und die Notwendigkeit, ihren Reisepass zu finden, ein Flugticket zu buchen, das Schiff oder den Bus zu nehmen und ähnliches. Allzu häufig werden solche Äußerungen als Anzeichen für eine geistige Verwirrung gedeutet (die natürlich auch zum Sterbeprozess gehört) und weder ernst genommen noch verstanden. So geht eine wertvolle Chance verloren, gemeinsam über den nahen Tod zu sprechen, Wesentliches auszutauschen und den geliebten Menschen auf der letzten Wegstrecke zu begleiten.

Doch wie soll man diese Reise-Metaphern denn eigentlich interpretieren? Handelt es sich wirklich um eine Metapher oder muss man die Bildsprache wörtlicher verstehen? Peter und Elizabeth Fenwick schreiben dazu Folgendes:

> „Sprechen Menschen am Lebensende von einer Reise, weil sie sich ihren eigenen Tod nicht vorstellen können? Das ist wenig wahrscheinlich, weil die Umstände klar darauf hindeuten, dass der Tod in Kürze eintreten wird. Wahrscheinlicher ist, dass etwas in ihren Visionen, und zwar die Botschaft, die durch sie übermittelt wurde, eine Kontinuität und nicht ein Ende nahelegt. Das ist eine optimistische Botschaft, die nicht einfach nur das Ende des Lebens ankündigt, sondern die Möglichkeit, hoffnungsvoll weiterzureisen. Anscheinend ist es die Erwartung der bevorstehenden Reise, die Menschen, die eine Vision hatten, aber auch Menschen mit einer Nahtod-Erfahrung davon überzeugt,

> dass die Aussicht auf den Tod nichts Furchterregendes an sich hat."[69]

Sterbebett-Visionen – ein altbekanntes Phänomen

Im Gegensatz zu Nachtod-Kontakten wurden Sterbebett-Visionen im Lauf der Jahre in zahlreichen wissenschaftlichen Studien erforscht. Das Phänomen ist seit Jahrhunderten bekannt, einige Zeugenberichte gehen sogar bis in die vorchristliche Zeit zurück. Man findet Beschreibungen in den Evangelien, in vielen Volkslegenden, in der Literatur (beispielsweise in den Werken von Shakespeare und Goethe). Zu Anfang des 20. Jahrhunderts interessierten sich Wissenschaft wie Öffentlichkeit sehr für die sogenannten „psychischen" Phänomene. Die erste systematische Studie dieser Art wurde von dem Physiker Sir William Barrett vom Royal College of Science in Dublin durchgeführt. 1926 veröffentlichte er die Ergebnisse seiner Forschungen in einem Buch mit dem Titel „Deathbed Visions"[70], das zum Standardwerk wurde. Er leitete aus seinen Forschungen das Ergebnis ab, dass die Visionen nicht einfach Ausgeburten eines sterbenden Gehirns sind, sondern auftreten, wenn der Patient wach und bei klarem Verstand ist. Außerdem stellte er mehrere Fälle vor, in denen das medizinische Personal oder Angehörige im selben Raum waren und die Visionen der Patienten miterlebten, wie der folgende Bericht verdeutlicht.

Die Erzählerin, Emma Pearson, beschreibt die Krankheit und den Tod ihrer Tante:

> „Meine Tante, Miss Harriet Pearson, die im November 1864 in Brighton von einer schweren Krankheit befallen wurde, wünschte sich, in ihr Haus in London zurückzukehren, wo sie und ihre Schwester (einige Jahre zuvor verschieden) den größten Teil ihres Lebens verbracht hatten. Ich ergriff die erforderlichen Maßnahmen und ließ sie nach Hause bringen.

69 Fenwick, Peter & Elizabeth, *The Art of Dying*, S.45.

70 Barrett, William, *Deathbed Visions*, London 1926.

> Ihre beiden Nichten (Mrs. Coppinger und Mrs. John Pearson), die Gouvernante Eliza Quinton und ich pflegten sie dort.
>
> Ihr Gesundheitszustand verschlechterte sich. In der Nacht des 23. Dezember wachte Mrs. John Pearson bei ihr, während Mrs. Coppinger und ich uns im Nebenzimmer ausruhten, dessen Tür offen stand, sodass wir jeden Laut aus dem angrenzenden Zimmer hören konnten. Wir schliefen beide nicht. Plötzlich schreckten wir von unseren Lagern auf, weil wir jemand vor der Tür vorbeihuschen sahen, in einen alten Schal gehüllt, mit einer Perücke, von der an beiden Seiten drei Haarlocken herunterhingen, und darauf einer schwarzen Haube. Mrs. Coppinger rief: ‚Emma, steh auf, das ist die alte Tante Ann!' Ich antwortete: ‚Richtig, dann wird Tante Harriet heute sterben!'
>
> Während wir uns noch aufrichteten, kam Mrs. John Pearson eilig aus Tante Harriets Zimmer gelaufen und sagte: ‚Da war die alte Tante Ann. Wohin ist sie gegangen?' Um sie zu beruhigen, sagte ich: ‚Vielleicht ist Eliza heruntergekommen, weil sie sehen wollte, wie es ihrer alten Herrin geht.' Mrs. Coppinger lief nach oben und fand Eliza schlafend. Wir durchsuchten alle Zimmer, aber es war niemand da. Damals konnten wir uns diese Erscheinung nicht erklären, allerdings vermuteten wir, dass die alte Tante Ann gekommen war, um ihre Schwester abzuholen […]
>
> Miss Harriet starb an diesem Abend. Vor ihrem Tod sagte sie zu uns, sie habe ihre Schwester gesehen, die sie holen gekommen sei."[71]

Jahre später untersuchten Professor Erlendur Haraldsson, ein isländischer Psychologe, und der lettische Psychologe Karlis Osis hunderte von Sterbebett-Visionen in den USA und in Indien.[72] Ihre Arbeiten über die Bewusstseinserweiterung angesichts des nahenden Todes

71 Barrett, William, *Deathbed Visions*, S.37-38.

72 Osis, Karlis; Haraldsson, Erlendur, *Der Tod ein neuer Anfang? Visionen am Sterbebett und Erfahrungen an der Schwelle des Seins*, Schönberg 2018.

und andere Forschungen zu Nahtod-Erfahrungen führte Elisabeth Kübler-Ross fort, eine schweizerisch-amerikanische Psychiaterin und Pionierin der Sterbebegleitung.

In viel jüngerer Zeit, im Jahr 2006, wurden die Ergebnisse eines Pilotprojekts von Professor Peter Fenwick und anderen Wissenschaftlern des Psychiatrischen Instituts am Londoner Kings College publiziert, an denen ein Palliativ-Team des Camden Primary Care Trust beteiligt war. Diese Ergebnisse legen nahe, dass der Tod ein Übergangsprozess ist, der sich durch verschiedene Phänomene andeutet, darunter Visionen, die die Sterbenden trösten und sie seelisch auf den Tod vorbereiten. Aus dem Pilotprojekt geht auch hervor, dass die Patienten ihre Sterbebett-Visionen gewöhnlich als natürlichen Bestandteil ihres Sterbeprozesses empfinden und in Anwesenheit ihrer unsichtbaren Besucher ruhiger werden. Die Phänomene sind weitaus vielfältiger als das traditionelle Bild von der Lichterscheinung am Fußende des Bettes. Die Resultate des Pilotprojekts ergeben unter anderem, dass Visionen nicht von Krankheiten oder Medikamenten hervorgerufen werden und die Patienten lieber mit Krankenschwestern und Pflegern über sie sprechen als mit Ärzten. Außerdem vermuten die Wissenschaftler, dass die Sterbenden generell nicht unbedingt gern über ihre Visionen sprechen, weil sie befürchten, sich zu blamieren, ihre Angehörigen zu beunruhigen oder auch, weil das Phänomen in der Öffentlichkeit zu wenig bekannt ist.[73]

73 Brayne, Sue, Farnham, Chris und Fenwick, Peter, „Deathbed phenomena and their effect on palliative care team: A pilot study“, *American Journal of Hospice and Palliative Medicine*, Januar 2006, 23(1), S.17-24.

Sterbebett-Visionen sind eine spezielle Form von visuellem NTK. Visionen von verstorbenen Angehörigen oder Freunden oder, seltener, von religiösen oder mystischen Wesen:

- sind Erscheinungen einer verstorbenen Bezugsperson oder einer religiösen/mystischen Wesenheit, deren Aufgabe darin zu bestehen scheint, die Person am Lebensende in die geistige Welt zu geleiten;
- werden von den Sterbenden spontan als echt erlebt;
- bieten unmittelbar Trost;
- befreien die Sterbenden prompt von der Angst vor dem Tod;
- führen dazu, dass der nahende Tod mit Gelassenheit und einer positiven Haltung akzeptiert wird.
- Seltener wird von Visionen paradiesischer Landschaften berichtet.
- Die Visionen sind in einen größeren Kontext eingebettet, der als „gesteigertes Bewusstsein beim Herannahen des Todes“ bezeichnet werden kann und der neben Visionen auch den Wunsch nach Versöhnung, die Bedingungen für einen friedvollen Tod und das Bewusstwerden des nahenden Todes umfasst.

Kapitel 5

Konsequenzen der Nachtod-Kontakte für den Trauerprozess

In diesem Kapitel werden wir über die Trauer sprechen. Wozu dient ein Nachtod-Kontakt, diese ebenso kurze und flüchtige wie markante Erfahrung? Bietet er einfach nur schnellen Trost, ist er ein schönes Erlebnis, das das Herz erwärmt, oder hat er eine tiefere, dauerhaftere und transformative Bedeutung? Auf den folgenden Seiten werden wir die Auswirkungen dieser Erfahrung auf den Trauerprozess genauer unter die Lupe nehmen.

Wir haben bisher gesehen, dass NTK im Allgemeinen positive Erfahrungen sind, durchdrungen von Liebe und Fürsorge, die den Kummer der Trauernden lindern. Die Betroffenen halten das Ereignis für „echt", passen in der Folge ihr Glaubenssystem daran an und finden im besten Falle einen neuen Sinn im Leben und im Tod. Sie deuten ihren NTK als subjektiven Beweis, dass der Tod nur ein Übergang ist und nicht gefürchtet werden muss, und die Angst vor ihrem eigenen Tod kann sich legen. Der Rat der Verstorbenen, nicht allzu lange zu weinen, sondern sich dem Leben zu widmen, und die Aussicht, die Verstorbenen eines Tages wiederzusehen, sind für den Trauerprozess von entscheidender Bedeutung. In dieser Hinsicht sind NTK von Natur aus therapeutisch, denn sie kommen den Bedürfnissen der Trauernden nach.

Das *Fehlen* eines NTK dagegen kann im Trauerprozess schmerzlich empfunden werden. Viele Trauernde sehnen sich inständig nach einem letzten Kontakt mit ihrem geliebten Verstorbenen, aber nichts geschieht. Dennoch möchte ich mit Nachdruck betonen, dass man das Fehlen eines NTK *auf keinen Fall als ein Verlassenwerden seitens des Verstorbenen* verstehen sollte und auch nicht als Barometer für die Qualität und Intensität der Liebe, die die beiden Seiten vor dem Tod verband. Niemand weiß, warum manche Menschen einen NTK erleben und andere nicht. Es ist eines der Mysterien, die unser Leben durchziehen – und wir sollten es akzeptieren.

Natürlich bleibt als Lösung, ein Medium zu konsultieren, aber hier sei eine Warnung ausgesprochen: Gute, seriöse Medien sind selten. Es gibt mehr als genug Individuen, die vorgeben, medial begabt zu sein, und ihren trauernden Klienten beflissen alles bestätigen, was diese hören wollen. Es gibt keine Methode, wie man Scharlatane erkennen kann, außer durch größte Wachsamkeit; man sollte nur das absolute Minimum über die Identität des Verstorbenen preisgeben und nichts über die Art der Beziehung. Es ist wichtig, dem gesunden Menschenverstand zu trauen und die Worte des Mediums mit kritischem Geist abzuwägen. Das fällt schwer, wenn der Schmerz und die Trauer so groß sind, dass man den Wunsch oder gar den unbezwingbaren Drang verspürt, sich an alles anzuklammern, was Erleichterung und Hoffnung verspricht.

Selbst wenn man Glück hat und ein gutes Medium findet, müssen diese besonderen Kontakte mit Bedacht herbeigeführt und vor allem nicht missbraucht werden. Eine wiederholte oder gar fieberhafte Inanspruchnahme von Medien kann zur Sucht und damit ungesund und kontraproduktiv werden.

Stéphane Allix hat sich zu diesem Thema mit dem Medium Dominique unterhalten:

> „Eine mediale Sitzung ist imstande, eine kleine Tür zu öffnen, sagt Dominique, aber sie warnt auch davor, dass man sich keineswegs vorstellen darf, dass diese Sitzung die Trauer auflöst: Medialität ist kein magisches Schmerzmittel. Deswegen empfiehlt sie auch, genau wie die anderen Medien, die ich kenne, es mit den Jenseitskontakten nicht zu übertreiben.

> Alle drei Monate ein Medium aufzusuchen, bringt überhaupt nichts. Das Gegenteil ist sogar der Fall, denn es ist nötig, sich Zeit zu lassen, damit sich eine neue Art der Beziehung aufbauen kann. Eine Beziehung, die die Abwesenheit einschließt. Über ein Medium eine künstliche und unveränderte Beziehung mit einem Verstorbenen aufrechtzuerhalten, unter dem Vorwand, dass man mit ihm kommunizieren kann, ist auf Dauer therapeutisch nicht zu empfehlen. Es kann sogar eine Besserung des Wohlbefindens behindern."[74]

Dr. Christophe Fauré, ein sehr bekannter französischer Psychiater und Trauerexperte, pflichtet ihr bei:

> „Ein zu häufiger Gang zu einem Medium kann den Trauerprozess in seiner zweiten Phase auch hemmen. Das heißt, man bleibt an einer äußeren Verbindung zu der verstorbenen Person hängen und wird emotional abhängig von einem Medium, das damit beauftragt ist, den ‚Kontakt' herzustellen, obwohl der Trauerprozess erfordert, dass man eine innere Verbindung zu dem Verstorbenen aufbaut. Man weiß heute, dass diese wiederholten, bewusst herbeigeführten Kontakte Menschen daran hindern, ihren Verlust psychisch zu verarbeiten, weil sie auf ihre vergangene Identität und die frühere Beziehungsform fixiert bleiben, während der Trauerprozess doch verlangt, ohne die reale Anwesenheit des Verstorbenen den Alltag leben zu lernen."[75]

Weder durch NTK noch durch von Medien hergestellte Kontakte mit Verstorbenen kann man sich den Trauerprozess ersparen. Es ist ein langer, schmerzhaften Prozess, der – in dieser Abfolge oder auch in Sprüngen – durch Nicht-Wahrhaben-Wollen, Wut, Niedergeschlagenheit und Schuldgefühle führt, bis am Ende die endgültige Ab-

---

74 Allix, Stéphane, *Das Experiment: Ein Skeptiker auf der Suche nach Beweisen für ein Leben nach dem Tod*, München 2019, S.114.

75 Fauré, Christophe, *Vivre le deuil au jour le jour*, Paris 2012, S.73-74.

wesenheit des geliebten Menschen akzeptiert wird. Ist einmal die physische Abwesenheit wirklich verstanden und akzeptiert, ist die Zeit gekommen, eine *neue innere Verbindung* zu ihm herzustellen, *eine neue Beziehung*, die Bestand haben wird und die nichts zerstören kann. Fauré beschreibt diese Phase der Trauerarbeit so:

> „Diese Arbeit ist die Garantie dafür, dass Sie die geliebte Person nicht noch einmal verlieren werden. Sie schaffen nämlich die Voraussetzungen dafür, sie auf immer in sich aufzunehmen, an einen inneren Ort, den nichts jemals mehr infrage stellen kann. Der Mensch wird von nun an für immer bei Ihnen sein. Das Wort ‚Trauer' macht Angst, weil man es irrtümlicherweise mit Vergessen gleichsetzt. Das ist falsch, denn genau das Gegenteil ist der Fall! Die Trauerarbeit endet nicht im Vergessen des geliebten Menschen, ganz im Gegenteil, sie garantiert das Nicht-Vergessen!"[76]

Kontakte mit Verstorbenen, ob spontan oder herbeigeführt, passen gut in dieses Modell einer neuen Beziehung zu dem Verstorbenen, das Fauré so beschreibt:

> „Man versteht mit der Zeit, durch den Ablauf des Trauerprozesses, dass die Beziehung, die man zu dem Verstorbenen unterhielt, nicht einfach abgebrochen ist, sondern sich auf einer anderen Ebene weiterentwickelt."[77]

Solche Kontakte sind äußerst wohltuend und heilsam, sofern es den Trauernden gelingt, klar zwischen dem endgültigen physischen Tod des geliebten Menschen – der sie zwingt, ihr Leben neu zu organisieren – und der neuen inneren Beziehung zu unterscheiden, deren Aufbau nun ansteht und die durch die NTK großartig ergänzt wird. Wenn die Kontakte sie dagegen weiterhin in der Illusion wiegen, der Verstorbene sei immer noch da und in ihrem Leben habe sich nichts

76 Ebenda, S.25.
77 Ebenda, S.134.

geändert, ist das problematisch, weil der Trauerprozess blockiert werden kann, wenn man die Realität des Todes leugnet.

Daneben möchten wir noch einmal betonen, dass NTK oder durch Medien herbeigeführte Kontakte die Trauer nicht verhindern können, sie wird sich trotzdem einnisten, manchmal für lange Zeit, auch wenn NTK sie ein wenig lindern, etwas erträglicher gestalten können.

Gespräch mit Louis LaGrand

Ich hatte das Vergnügen, über den therapeutischen Nutzen von NTK mit Louis LaGrand zu sprechen, einem der führenden Trauerexperten der USA. Er ist emeritierter Professor an der State University of New York und Gründer und Präsident des *Hospice and Palliative Care of the St. Lawrence Valley.*

Der Autor von acht Büchern und zahlreichen Aufsätzen ist ein gefragter Redner bei internationalen Konferenzen und hält an Gesundheitseinrichtungen Seminare zur Trauerbewältigung und Stressminderung ab.[78]

Ich habe ihn gefragt, ob er NTK für „echt“ oder für Illusionen, Halluzinationen, selbstgenerierte Phänomene oder eine von der Trauer ausgelöste unbewusste Kompensation halte. Seine Antwort:

> „Was wirklich zählt, ist die Meinung des trauernden Menschen selbst. Was *ich* davon halte, hat keinerlei Bedeutung. Nicht ich habe den NTK erlebt, sondern der oder die Trauernde. Wer bin ich, dass ich beurteilen könnte, ob die Erfahrung einfach nur seinem oder ihrem Gehirn entsprungen ist oder nicht? Allerdings möchte ich anfügen, dass die Mehrzahl dieser Erfahrungen meines Erachtens echt sind und nur eine sehr geringe Anzahl auf ein Trauma oder Trauergefühle zurückgeht.“

78 www.extraordinarygriefexperiences.com.

In seinem Buch *Gifts from the Unknown*[79], das 2001 erschien, schrieb er, dass schätzungsweise 44% oder 77 Millionen US-Amerikaner einen oder mehrere NTK erlebt hätten. Ich stellte ihm die Frage, ob diese Zahlen immer noch gültig seien.

> „Niemand weiß wirklich, wie viele meiner Mitbürger einen NTK erlebt haben. Ich habe diesen Schätzwert auf der Grundlage von Studien genannt, die ich gelesen habe, aber ich habe den starken Eindruck, dass die tatsächliche Zahl noch darüber hinausgeht, denn viele Trauernde wollen von ihren Erfahrungen nicht berichten, weil sie Angst haben, als Leute stigmatisiert zu werden, die therapeutische Hilfe brauchen."

LaGrand schätzt, dass annähernd 30 bis 35% seiner Klienten einen NTK erlebt haben. Wie nutzt er diese Erfahrungen bei seiner Arbeit als Trauerbegleiter?

> „Wenn ein Klient mir seinen NTK erzählt, sage ich gewöhnlich als Erstes: ‚Sie haben ein Geschenk erhalten.' Dann überlegen wir gemeinsam, welche Auswirkungen die Erfahrung hat und vor allem, wie wir sie am besten für die Trauerarbeit nutzen können. Von der Liebe zu sprechen, die im Augenblick des NTK empfunden wird, und von der Tatsache, dass die Liebe niemals stirbt, ist vollkommen angemessen. Wir verwenden die Erfahrung auch als Fokus, auf den wir die Aufmerksamkeit richten, wenn der Trauernde von negativen Gedanken überflutet wird. Ich empfehle meinen Klienten, sich einen Gegenstand zu besorgen oder anzufertigen, der den NTK symbolisiert und den sie an einem Ort ihrer Wahl aufbewahren, damit sie sich immer daran erinnern, dass ihnen das Glück einer solchen Begegnung zuteil wurde."

---

79 LaGrand, Louis E., *Gifts from the Unknown*, S.XVI.

Welches Element machte den NTK für die Trauernden so überzeugend? Ist es der Eindruck, dass der geliebte Mensch noch am Leben ist, in einem Anderswo, das wir uns nicht vorstellen können? Ist es die subjektive Bestätigung, dass das Band der Liebe nicht zerrissen ist? Oder ist es die – bereits bestehende oder neu erworbene – Überzeugung, dass ein Leben nach dem Tod existiert, für den Verstorbenen, aber auch für einen selbst?

> „Ich glaube, dass all diese Elemente, die Sie aufzählen, eine Rolle spielen können, abhängig von den Glaubensvorstellungen der Trauernden und der Art des erlebten NTK. Für manche ist das Band der Liebe entscheidend. Für andere der feste Glaube an ein Leben nach dem Tod und die feinstoffliche Welt. Eine große Hilfe bei dem schwierigen Gedanken, sich mit der körperlichen Abwesenheit des Verstorbenen abfinden zu müssen, ist sicher die Aussicht auf ein Wiedersehen."

Wie würde er den therapeutischen Effekt eines NTK beschreiben?

> „Generell ist die therapeutische Wirkung für viele – nicht für alle – immens. Noch einmal: Die Lebensumstände der Trauernden, die Einflüsse aus der Kindheit, das Selbstbild und das Glaubenssystem spielen ebenfalls eine Rolle. So kommt es, in unterschiedlichem Maß, zu einer Bewusstseinsveränderung und einer neuen Sicht auf den Tod, das Leben und das Weiterleben."

Inwieweit erleichtert ein NTK den Trauerprozess?

> „Man kann nicht unbedingt mit Entschiedenheit bestätigen, dass ein Trauernder, der einen NTK erlebt hat, leichter mit seiner Trauer zurechtkommt als jemand, der keinen hatte. Wir erleben unsere Trauer alle unterschiedlich, weil jeder von uns Beziehungen anders führt und selbst anders erzogen wurde. Es besteht kein Zweifel, dass ein Mensch, der von

der Authentizität seines NTK überzeugt ist, die reale Abwesenheit des geliebten Verstorbenen viel leichter akzeptiert. Das ist einer der Hauptvorteile einer solchen Erfahrung, denn dass der Tod des Angehörigen akzeptiert wird, ist Ziel Nummer eins. Trotzdem müssen die Trauernden mit oder ohne NTK ihre Trauerarbeit leisten, was beinhaltet, dass eine neue Alltagsroutine gefunden und massive Veränderungen angepackt werden müssen. Manchmal ist ein NTK eine starke Motivation, über den Verlust des geliebten Menschen hinauszuwachsen und einen Sinn in dessen Tod zu finden. Doch auch Trauernde, die keinen NTK erleben, sind hoch motiviert, ihren Kummer zu überwinden. Das ist ihre Art, dem Verstorbenen Ehre zu erweisen, weil sie wissen, dass er oder sie gewollt hätte, dass sie ihr Leben tapfer weiterführen. Manche sehen den Tod nicht so sehr als Wand, sondern eher als Tor, was ihnen ermöglicht, mit ihrem Kummer auf sehr gesunde Weise umzugehen. Doch es ist auch gut möglich, dass das Erlebnis eines NTK unter Umständen durchaus eine Rolle spielt. Die Erfahrung hilft zweifellos manchen, schneller das Ziel Nummer eins des Trauerprozesses zu erreichen: Den Tod des geliebten Menschen als Realität zu akzeptieren. Das bedeutet aber nicht unbedingt, dass ihre Trauer sich dadurch verringert."

Durch einen NTK verringert sich die Trauer nicht, so viel ist sicher, dafür sprechen auch die hier zitierten Berichte. Welchen Unterschied macht es für den Therapeuten, ob seine Klienten einen NTK erlebt haben oder nicht?

„Ich beginne meine Arbeit bei all meinen Klienten so, als hätten sie keinen NTK erlebt. Wenn dann das Gespräch in Gang kommt und ich das Gefühl habe, dass eine Vertrauensbasis erreicht ist, frage ich, ob etwas Ungewöhnliches in Bezug auf den Verstorbenen geschehen ist – sogar wenn die Klienten das Thema nicht selbst anschneiden. Manchmal

> frage ich das gleich bei der ersten Sitzung, manchmal später. Wenn die Klienten tatsächlich einen NTK erlebt haben, versuche ich auszuloten, was ihrem Eindruck nach passiert ist. Ich beobachte die nonverbalen Signale meiner Klienten, wenn sie von ihrer Erfahrung erzählen, weil mir das einzuschätzen hilft, ob sie wirklich daran glauben und inwieweit das Erlebnis sie berührt hat. Wenn meine Einschätzung positiv ist, lasse ich nichts unversucht, sie in ihrer Auffassung zu bestärken und mit ihnen gemeinsam herauszufinden, wie sie ihre Erfahrung am besten nutzen können."

Ich wollte wissen, ob der positive Nutzen eines NTK vor allem in seiner sofortigen Wirkung besteht oder sich mit der Zeit entwickelt und intensiviert.

> „Wenn der Trauernde glaubt, dass der NTK tatsächlich ein Zeichen oder eine Nachricht des Verstorbenen ist, tritt die Wirkung sofort ein. Eine hohe Motivation, eine gesteigerte Empfänglichkeit für das Numinose und eine größere Bereitschaft, sich an das neue Leben ohne die physische Anwesenheit des Verstorbenen anzupassen, sind nur einige der vielen positiven Auswirkungen. Wenn mit der Zeit das Wissen dazukommt, dass auch andere Menschen solche Erfahrungen hatten, können sie einen tieferen Sinn erhalten. Dieser neue Sinn ist das Ergebnis von Lektüre, Gesprächen und Meinungsäußerungen anderer Menschen. Es gibt ein breites Spektrum an Veröffentlichungen, die sich mit den Erfahrungen von Trauernden befassen. Mit der Zeit tragen diese Informationen zu einem besseren Verständnis bei und führen dazu, dass die Kontaktierten ihrem NTK eine größere Bedeutung beimessen."

Vielleicht ist es in den USA üblich, einen Trauerexperten zurate zu ziehen, aber in Europa ist dies nicht der Fall. In unseren Breiten suchen sich die Menschen erst Hilfe, wenn die Trauer sich in eine Depression verwandelt hat, die sie nicht mehr in den Griff bekommen. LaGrands Klienten, die einen NTK erlebt haben, können mit ihm sprechen und mithilfe seiner Hinweise daraus den größtmöglichen Nutzen für den Umgang mit ihrer Trauer ziehen und die Erfahrung in ihr Leben integrieren. Was aber ist mit den Trauernden, denen keine professionelle Hilfe zur Verfügung steht? Welchen Rat würde LaGrand ihnen geben?

> „Ich sage meinen Klienten, dass ihnen fünf Geschenke gegeben wurden, die ihnen helfen, nach einem Verlust ihre Trauer zu überwinden: Das Wissen, die Wahrheit, die Weisheit, die Abkehr von Trauermythen und die Beharrlichkeit. Die Kategorie des Wissens enthält zweierlei: Eine große Vielfalt an Informationen über die Trauer und die Bedeutung des Mysteriösen in unserem Leben, besonders während einer Trauerperiode. Wir sprechen über NTK, die manche Trauernden erleben durften, wir erwähnen die Nahtod-Erlebnisse, die so viele Menschen hatten, und wir reden über die unerklärlichen Vorgänge, die sich jeden Tag ereignen und jedem begegnen können. Wer kann zum Beispiel erklären, wie ein Hund das Haus seines Herrchens aus mehreren hunderten oder gar tausend Kilometern Entfernung wiederfindet? Selbst nach einer monatelangen Trennung? Dieses bekannte Phänomen ist ein Rätsel. Wie auch Vorahnungen und viele andere außergewöhnliche Erfahrungen von und mit Menschen und Tieren. Sich mit dem Geheimnis und seiner Rolle für die persönliche Entwicklung zu befassen, ist für alle wichtig. Menschen, die einen NTK hatten und keine professionelle Unterstützung in Anspruch nehmen wollen, tun gut daran, sich so viele Informationen wie möglich zu beschaffen, damit sie den maximalen Nutzen daraus ziehen können. Ich würde ihnen auch empfehlen, sich Personen zu suchen, die einen NTK erlebt haben, und sie zu fragen, wie sie dieses Erlebnis in den Trauerprozess integriert haben und welche Bedeutung er für sie hatte. Möglicherweise glauben

> Trauernde auch, der NTK sei ihnen durch eine höhere Macht zuteil geworden und ihr verstorbener Angehöriger lebe froh und munter in der Geistigen Welt. Diese Menschen brauchen keine zusätzlichen Informationen. Ihr Glaubenssystem ist solide und liefert ihnen den nötigen Sinn. Für sie war der NTK voraussehbar und hat nichts Außergewöhnliches an sich."

Alle Empfänger, die auf den Seiten dieses Buches zu Wort kamen, waren von der Echtheit ihres NTK überzeugt, und die große Mehrheit von ihnen hat ihre Meinung nicht geändert, ungeachtet der Reaktionen ihrer Verwandten und Freunde. Einige jedoch haben Zweifel bekommen, wenn ihr Bericht negative Reaktionen hervorgerufen hat. Etwas Wichtiges wurde ihnen genommen, und sie waren verwirrt und unglücklich. Ich habe LaGrand gefragt, ob es riskant sei, von derartigen Erfahrungen zu sprechen und welchen Rat er seinen Klienten in diesem Punkt geben würde.

> „Es ist bedauerlich, dass Berichte über NTK angezweifelt und mit Argwohn aufgenommen werden. Ich würde meinen Klienten raten, nicht auf die negativen Reaktionen zu achten und sich an die ermutigenden zu halten. Außerdem würde ich ihnen raten, das Thema nicht in Gegenwart von Menschen anzuschneiden, die ihm skeptisch gegenüberstehen, das verschärft den Schmerz nur unnötig. Man muss sich schützen, indem man dieses sehr private Erlebnis nur den richtigen – das heißt, offenen und wohlmeinenden – Menschen anvertraut, und es für sich behalten, wenn die Voraussetzungen für eine positive Aufnahme nicht gegeben sind. Menschen suchen und finden, die ein ähnliches Erlebnis hatten, und sich mit ihnen austauschen, kann den Sinn und die Kraft der Kontakte auffrischen."

Manche Menschen erleben einen einzigen NTK, andere mehrere mit demselben Verstorbenen. Ich habe LaGrand gefragt, ob solche

Kontakte süchtig machen können. Anders gefragt: Hoffen die Empfänger auf immer mehr Kontakte oder reicht ein einziger aus, ihren Kummer zu lindern und die meisten oder alle ihrer Fragen zu beantworten?

> „Eine einzige Erfahrung kann den Kummer von Trauernden ohne weiteres lindern, aber es wird ihnen nicht erspart bleiben, Trauerarbeit zu leisten und sich auf den schmerzlichen Verlust einzustellen. Sicher, manche wollen mehr. Wie Sie sagen, können diese Kontakte tatsächlich süchtig machen und großes, unnötiges Leid auslösen, wenn der Wunsch dann nicht erfüllt wird. Wir wissen nicht, warum manche Menschen mehrere NTK erleben und andere nicht. Vielleicht sind sie für das Erlebnis offener? Ein NTK ist nun einmal eine sehr individuelle Erfahrung."

Trauer ist ein komplexer Prozess, und jedes Individuum bewältigt sie auf seine Weise. Es gibt jedoch Phasen, die alle durchlaufen müssen, wenn sie diesen Prozess gut zu Ende bringen wollen. Wie schon erwähnt, besteht eine dieser wichtigen und notwendigen Phasen darin, die Realität und Endgültigkeit des körperlichen Todes eines geliebten Menschen zu akzeptieren. Möglicherweise existiert er in einem „Anderswo" weiter, das wir uns nicht vorstellen und schon gar nicht verstehen können, aber der Trauernde kommt nicht darum herum, seinen Lebensweg ohne diesen Menschen an seiner Seite weiterzugehen. Ich habe LaGrand gefragt, ob er die Gefahr sieht, dass NTK Trauernde daran hindern, die Realität des (physischen) Todes anzuerkennen und dadurch die Bewältigung dieser wesentlichen Phase erschwert wird.

> „Gewiss ist es möglich, dass NTK die Trauernden daran hindern, die Unumkehrbarkeit des Todes anzuerkennen oder den Prozess zumindest verzögern. Alles hängt von der geistigen Gesundheit der Trauernden ab, von der Anzahl der erlebten NTK und auch davon, ob er oder sie übermäßig abhängig von dem Verstorbenen war. Meiner Erfahrung nach

> betrachten jedoch die Trauernden ihre NTK als etwas, das ihnen hilft, den Tod zu akzeptieren, den Verstorbenen zu würdigen und über die Trauer hinauszuwachsen. Aber natürlich gibt es Ausnahmen von der Regel."

Wir wissen, dass NTK nicht als Reaktion auf tiefe Verzweiflung oder den dringenden Wunsch auftreten, sondern unerwartet und spontan. So gibt es viele Menschen, die sich sehnlichst einen letzten Kontakt mit ihrem Angehörigen oder Freund wünschen, doch er kommt nicht zustande. Das ist für einige Menschen schwer erträglich, vor allem, wenn sie daraus folgern, dass sie eine solche Erfahrung nicht verdient hätten oder ihr verstorbener Angehöriger sich nicht genügend mit ihnen beschäftigt und deshalb den Kontakt nicht sucht. Das Band der Liebe, das Verstorbene und Empfänger verbindet, scheint für das Zustandekommen eines NTK ein wichtiges Element zu sein, aber vielleicht nicht das entscheidende. Könnte die Befürchtung, keinen Kontakt zu verdienen, oder die Enttäuschung über einen fehlenden Kontakt einen Risikofaktor für eine gelingende Trauerarbeit darstellen?

> „Zunächst einmal möchte ich sagen, dass niemand weiß, warum Millionen Menschen einen NTK erleben und Millionen andere nicht. Es wird viel darüber spekuliert, aber es gibt keine endgültige Antwort. Unter meinen Klienten sind ein paar, die gehofft haben, ein Zeichen oder eine Botschaft zu erhalten, und nichts geschah. Wenn sie mich um Rat fragen, sage ich gewöhnlich, sie sollen Gebete an eine höhere Macht oder an den Verstorbenen richten, je nachdem, woran sie glauben. Doch ob sie nun einen NTK erleben oder nicht, sie müssen auf jeden Fall anfangen, ihren Alltag neu zu ordnen und eine neue Beziehung zu dem Verstorbenen aufzubauen, sie müssen lernen, ihn in der Trennung zu lieben. Diese Empfehlungen kann man in aller Behutsamkeit geben, begleitet von der Information, dass es immer noch ein Zeichen oder eine Botschaft geben kann und sie die Hoffnung

nicht aufgeben sollen. Trauernde erleben keinen NTK, nur weil sie es sich wünschen. Jeder von uns ist ein Geheimnis, und die Frage, warum jemand einen NTK erlebt oder nicht, ist auch ein Geheimnis."

Manche Empfänger erschrecken über einen NTK, besonders im Fall visueller Erscheinungen, auch wenn sie später ihre panische Reaktion bedauern. Ich wollte von LaGrand wissen, ob es bei ihm Klienten gibt, die furchterregende NTK erlebt haben und welche therapeutische Hilfe er ihnen zukommen lässt.

„Meiner Erfahrung nach sind NTK vom Typ ‚visuelle Erscheinung' nicht so gängig wie NTK, bei denen man ‚die Anwesenheit des Verstorbenen spürt' oder NTK im Schlaf. Falls Erscheinungen Angst machen, würde ich die Lebensumstände des Trauernden in Augenschein nehmen, um Ängste ans Tageslicht zu bringen, die in die Kindheit zurückreichen und deren Hintergrund zu finden. Die meisten Ängste sind gelernt und können auch wieder verlernt werden. Im Verlauf dieses ‚Verlernens' würde ich die Erscheinungen erwähnen, die ein Problem darstellen, und sie als Liebesbeweis des Verstorbenen darstellen, als eine Erfahrung, die man in Ehren halten sollte. Die Liebe ist eine mächtige Kraft, die beim Prozess der Anpassung oder Gewöhnung zu wenig genutzt wird. Ich habe davon gehört, dass Trauernde von einem NTK in Angst versetzt wurden, bei meinen Klienten war das aber nie der Fall."

Meine letzte Frage an Louis LaGrand war eher persönlicher Natur – ich wollte wissen, ob die vielen Jahre Trauerberatung und die vielen Berichte von NTK, die er in seinen Therapiesitzungen hörte, irgendeinen Einfluss auf sein eigenes Glaubenssystem gehabt haben.

„Unbedingt. Ganz sicher. Durch meine wissenschaftliche Ausbildung war ich darauf gepolt, solche Erfahrungen als

Illusionen, Zufälle oder auditive beziehungsweise visuelle Halluzinationen zu betrachten. Meine erste Begegnung mit einem NTK – als einer meiner Klienten mir davon erzählte – hat mich dazu gebracht, meine wissenschaftlichen Prämissen vollständig neu zu überdenken. Ich habe beschlossen, das Potenzial dieser Erfahrungen zu nutzen, um den Trauernden zu helfen. Mit der Zeit haben zahlreiche Gespräche mit meinen trauernden Klienten und Diskussion mit Kollegen meine Überzeugung gefestigt, dass es ein Leben nach dem Tod gibt und ein liebender Gott entscheidet, wer diese Art von Hilfe braucht und wer nicht."

Louis LaGrand bindet die NTK, die seine Klienten vor oder während der therapeutischen Arbeit haben, in den Trauerprozess ein, indem er den Betroffenen hilft, einen maximalen Nutzen aus ihnen zu ziehen. Er unternimmt jedoch nichts, um einen NTK zu provozieren.

Allan Botkin geht noch einen Schritt weiter.

Gespräch mit Allan Botkin

Dr. Allan Botkin ist klinischer Psychologe und arbeitet in Lincolnshire, Illinois. Durch reinen Zufall hat er eine neue Therapie entdeckt, die heute unter dem Begriff „Induced After-Death Communication" (IADC) bekannt ist, auf deutsch „Eingeleitete Nachtod-Kommunikation".

Er entwickelte die Methode, als er 1995 in einem Krankenhaus in Chicago Vietnam-Veteranen behandelte, bei denen er EMDR praktizierte, um Trauma-Folgestörungen zu therapieren.[80] Dabei entdeckte er durch Zufall die eingeleitete Nachtod-Kommunikation mit Verstorbenen, als sein Klient Sam, einer der Veteranen, während einer

80 *Eye Movement Desensitization and Reprocessing*, auf Deutsch etwa: Desensibilisierung und Aufarbeitung durch Augenbewegung, eine Methode, die von der amerikanischen Verhaltenstherapeutin Francine Shapiro 1987 entwickelt wurde.

Sitzung von der Erinnerung an eine junge Vietnamesin verfolgt wurde, die er nicht hatte retten können. Im Lauf der Sitzung sah Sam vollkommen unerwartet den Geist des jungen Mädchens vor sich, der ihm sagte, alles sei gut und sie habe ihren Frieden. Dieses kurze Erlebnis übte auf den Soldaten eine stärkere Wirkung aus als die jahrelange Therapie, sodass er endlich innerlich zur Ruhe kam.

Nach diesem glücklichen Zufall perfektionierte Allan Botkin seine Methode der induzierten Nachtod-Kommunikation in seiner Privatpraxis in Lincolnshire. Er behandelt heute vor allem trauernde Hinterbliebene und Menschen, die einen traumatischen Verlust erlitten haben, und hat das *Center for Grief and Traumatic Loss*[81] gegründet. Inzwischen arbeiten in den USA und auf der ganzen Welt Therapeuten nach seiner Methode. Sein Buch *Zwischen Trauer und Versöhnung. IADC: Therapeutische Kommunikation mit Verstorbenen – Heilung von Schuld und Trauma*[82] beschreibt Anwendungsmöglichkeiten der faszinierenden neuen Methode, die auf dem Gebiet der Trauer- und Traumatherapie mittlerweile einen wichtigen Platz einnimmt.

Ich hatte das Privileg, mit Allan Botkin ein Gespräch führen zu können. Meine erste Frage betraf die Art und Weise, wie man einen NTK herbeiführt:

> „Wer die IADC-Therapie erlernen will, die auf der eingeleiteten Nachtod-Kommunikation beruht, kann an einem Trainingstag teilnehmen, der lizenzierten Therapeuten vorbehalten ist, die bereits mit EMDR gearbeitet haben. Ich kann hier das Verfahren nicht in allen Einzelheiten erläutern, aber ich kann die groben Linien beschreiben. Die Nachtod-Kommunikation wird eingeleitet durch die EMDR-Methode (Desen-

81 www.induced-adc.com.

82 Botkin, Allan, *Zwischen Trauer und Versöhnung. IADC:Therapeutische Kommunikation mit Verstorbenen, Heilung von Schuld und Trauma*, Kirchzarten bei Freiburg, 2009. Originaltitel: *Induced After-Death Communication: A new therapy for healing grief and trauma*, Charlottesville, USA, 2005.

sibilisierung und Aufarbeitung durch Augenbewegung). Bei der Behandlung mit EMDR konzentriert sich der Patient auf einen Aspekt seines Traumas, während er mit den Augen dem Finger des Therapeuten folgt, der seine Hand abwechselnd nach rechts und links bewegt. Die Augenbewegungen versetzen das Gehirn in einen erhöhten Verarbeitungsmodus, der wahrscheinlich dem Modus des Traums oder des REM-Schlafs ähnelt. Wer mit der Wirkung von EMDR vertraut ist, weiß, wie schnell Patienten auf diese Weise einen überwältigenden emotionalen Schmerz behandeln und reduzieren können.

1995 habe ich mit verschiedenen Varianten der Standard-EMDR-Methode experimentiert, als ich entdeckte, dass eine bestimmte Abfolge, die von mir eingeführt wurde, bei Patienten unweigerlich zu einem NTK führten. Zunächst glaubte ich an Halluzinationen, aber sehr bald wurde deutlich, dass sie plötzlich in einem Maße geheilt waren, das ich nicht für möglich gehalten hatte.

Generell nutzt man bei der IADC-Methode die Augenbewegung zunächst dazu, schnell das zu behandeln, was den Kern der Trauer ausmacht – eine abgrundtiefe Traurigkeit. Ist die Traurigkeit erst einmal dauerhaft reduziert, verschwinden alle damit verbundenen Emotionen wie Wut oder Schuldgefühle ganz von allein. Wenn das eintritt, erleben die Patienten ein starkes Gefühl von Ruhe und Frieden.

In diesem Stadium löst eine Folge zusätzlicher Augenbewegungen in der Regel einen NTK aus. Ich formuliere keine Aufforderung, die Patienten sind lediglich gehalten, für alles offen zu sein, was geschehen mag.

Manchmal berichten meine Patienten, dass ihre verstorbenen Angehörigen ihnen während ihrer Erfahrung mitteilen, dass sie schon seit einiger Zeit vergeblich versuchen, mit ihnen in Kontakt zu treten. Anscheinend empfinden uns die Verstorbenen als Wesen, die auf einer viel niedrigeren Schwingungsebene existieren als sie selbst. Manche

Klienten erzählen, dass die Verstorbenen ihnen gesagt haben, wie schwierig es sei, mit den Lebenden Kontakt aufzunehmen. Haben die Klienten jedoch einen inneren Zustand des Friedens erreicht, nachdem ihre Traurigkeit durch die IADC-Methode behandelt und beseitigt wurde, weisen sie ein höheres Schwingungsniveau auf und die Verstorbenen können sie offenbar leichter erreichen. Vielleicht geht es nur darum, die Verstorbenen und die Lebenden auf dieselbe Wellenlänge zu bringen. Wir wissen, dass spontane NTK sich unerwartet ereignen. Sie finden nicht statt, wenn die Trauernden von Schmerz überwältigt sind oder sich eine solche Erfahrung wünschen. Dasselbe Prinzip gilt auch für die IADC-Methode. Wir behandeln zunächst die Traurigkeit, dann weisen wir unsere Patienten an, offen für alles zu sein, was geschehen mag. Wir können einen Kontakt weder herbeiführen noch erzwingen, aber wir können dafür sorgen, dass er geschehen *kann*.

Im Übrigen ist EMDR heute eine anerkannte Psychotherapieform, wissenschaftlich belegt und fest in den Neurowissenschaften verankert. Kurz gesagt, veranlassen die Augenbewegungen das Gehirn, seine gesünderen Teile vollständig in die traumatische Erfahrung einzubringen. Wenn das gelingt, kommt es auf natürliche Weise zur Heilung.

Ein NTK am Ende einer IADC-Sitzung verstärkt den Heilungsprozess, löst häufig ein freudiges Gefühl aus und hinterlässt beim Patienten den Eindruck, dass ihre verstorbenen Angehörigen noch bei ihnen sind."

Ich wollte wissen, zu welchem Zweck Botkin seine IACD-Methode aktuell einsetzt.

„Die Therapeuten, die mit der IADC-Methode arbeiten, behandeln damit gleichzeitig das Trauma und die Trauer. Wenn sie ein Trauma behandeln, das seinen Ursprung nicht in einem Todesfall hat, tritt gewöhnlich kein NTK auf. Doch

> die Aufmerksamkeit, die man unterschwelligen Gefühlen schenkt, führt gewöhnlich zu einem raschen Verblassen der traumatischen Erinnerungsbilder. Ich habe die Methode bei vielen Kriegsveteranen und Missbrauchsopfern angewandt. Die IADC-Therapie funktioniert sehr gut für ein breites Spektrum leidvoller Erfahrungen, von traumatischen Belastungen bis hin zur ganz normalen Trauer. Wie groß der Verlust ist, spielt dabei keine Rolle."

Wie hoch ist der Prozentsatz von Botkins Patienten, der während einer Therapiesitzung einen NTK erlebt hat?

> „Von den Therapeuten, die weltweit nach der IADC-Methode ausgebildet wurden, weiß ich, dass ungefähr 75% ihrer Klienten einen NTK erleben, in fast allen Fällen nach nur zwei Sitzungen. Ich freue mich, sagen zu können, dass die von mir ausgebildeten Therapeutinnen und Therapeuten dieses Ergebnis ebenso leicht erzielen wie ich."

Das ist ein hoher Prozentsatz, höher als der bei spontanen NTK. Als Botkin Vietnam-Veteranen mit einem posttraumatischen Stresssyndrom mit EMDR behandelte, traten NTK spontan auf. Jetzt nutzt er EMDR bewusst, um NTK hervorzurufen, die den Patienten den Umgang mit ihrer Trauer erleichtern sollen. Derzeit suchen ihn Patienten auf, weil sie hoffen und erwarten, einen NTK zu erleben. Ich wollte wissen, ob sich unter diesen Umständen NTK heute häufiger oder weniger häufig ereigneten als bei der Arbeit mit Veteranen, die nicht im Mindesten auf einen NTK gefasst waren.

> „Als ich damals mit Variationen der EMDR-Methode experimentierte, geschah das in einem Krankenhaus für Kriegsveteranen, die unter einem posttraumatischen Stresssyndrom litten. Anfangs erlebten nur 15% meiner Patienten einen NTK, immer spontan und unerwartet. Ich habe darüber nachgedacht, was ich in den Fällen, in denen es zu einem NTK

kam, anders gemacht habe, und ich weiß es jetzt. Seither habe ich ein entsprechendes Element in das Standard-EMDR-Verfahren eingeführt, mit der vollen Absicht, einen NTK herbeizuführen, und die Erfolgsquote stieg auf 98%.

Als ich dann allerdings meine Privatpraxis eröffnete, sank der Prozentsatz der NTK auf 75%. Dafür gibt es mehrere Gründe. So war zum Beispiel die Mehrzahl der Veteranen, die zu mir kamen, überzeugt, dass sie keinen NTK erleben würden, weil sie nicht an ein Leben nach dem Tod glaubten. Natürlich änderten sie ihre Meinung, sobald ein NTK auftrat. Heute arbeite ich in meiner Privatpraxis mit Menschen, die leidenschaftlich an ein Weiterleben nach dem Tod glauben. Wenn man Nachtod-Kontakte herbeiführen will, ist es sehr wichtig, für alles offen zu sein, was passiert. Menschen, die nicht an ein Leben nach dem Tod glauben, neigen dazu, offener oder empfänglicher zu sein. Menschen, die eine feste Meinung zum Leben nach dem Tod haben, sind hingegen geneigt, ihre Meinung in den Ablauf der Behandlung einzubringen. In diesem Fall ereignen sich keine NTK. In dieser Hinsicht unterscheiden sich spontane und eingeleitete NTK nicht. Wir können weder die einen noch die anderen erzwingen. Außerdem haben wir keine Kontrolle über das, was passieren wird. Wenn wir versuchen, die Erfahrung zu kontrollieren, endet sie sehr schnell."

Gibt es einen Unterschied zwischen spontanen und eingeleiteten NTK?

„Ich erinnere mich an die Zeit, als es bei meinen Patienten zu den ersten NTK kam und ich nicht verstand, wovon sie redeten. Etwas später las ich *Trost aus dem Jenseits* von den Guggenheims. Ich war höchst verblüfft, dass solche Kontakte gar nicht so selten vorkamen und viele Menschen sie spontan erlebten. Ich verstand sofort, dass spontane und eingeleitete NTK vom Inhalt her gleich sind. Ich war überzeugt, dass es sich um das gleiche Phänomen handelte.

Eingeleitete NTK haben zwei Vorteile. Zum einen ist es, hat der trauernde Patient erst einmal einen eingeleiteten NTK erlebt, üblicherweise ziemlich leicht, die Erfahrung zu wiederholen und zu vertiefen. Zweitens behandeln wir mit der IADC-Therapie vor allem die Traurigkeit. Wenn sich ein NTK ereignet, bleibt wenig oder nichts von der Traurigkeit zurück, durch die der Patient in die Trauer zurückgestoßen wird. Manche Klienten, die einen spontanen NTK erlebt haben, kommen zu mir, weil sie ein Stück weit in ihrer Trauer feststecken, obwohl sie einen NTK hatten. Erst wenn die Traurigkeit vollständig aufgelöst ist, hindert nichts mehr die wunderbaren Gefühle, die mit einem NTK verbunden sind, an ihrer Entfaltung.

Als mein Buch 2005 erschien, erwartete ich, dass die Wissenschaftler, die über spontane NTK forschen, sich als Erste auf meine Entdeckung stürzen würden. Es ging mir sehr nahe, dass dies nicht der Fall war. Einige dieser Wissenschaftler behaupten, authentische NTK könnten nur spontan und zufällig auftreten. Für mich war das einfach nur eine Frage der Definition. Für mich lag auf der Hand, dass die Natur sich nicht auf eine so enge Definition reduzieren lässt. Natürlich lösen wir, wenn wir die IADC-Therapie praktizieren, einen NTK nicht direkt aus, sondern führen nur einen Bewusstseinszustand herbei, der das Auftreten eines natürlichen oder sogar spontanen NTK erleichtert. Noch einmal: Wenn die Traurigkeit reduziert werden kann und die Patienten ein Gefühl von Frieden empfinden, sind sie viel offener für einen NTK, der sich dann ganz natürlich ereignet. Manchmal haben Verstorbene uns mitgeteilt, dass sie den Kontakt lenken, nicht wir. Nach vielen tausend Therapiesitzungen mit IADC scheint mir das vollkommen glaubhaft."

Welches sind die häufigsten Arten von NTK, wenn man sie nach den Kategorien der Guggenheims einteilt: Eine visuelle Erscheinung, das Wahrnehmen einer Gegenwart, das Hören einer Stimme, ein physischer Kontakt, eine Geruchswahrnehmung?

> „Bestimmt mehr als die Hälfte der Personen, die einen eingeleiteten NTK erlebt haben, sahen ein Bild ihres verstorbenen Angehörigen oder Freundes vor sich. Diese Bilder sind im Allgemeinen mit einer sehr aussagekräftigen Botschaft verbunden. Die Verstorbenen sagen zum Beispiel: ‚Du kannst sehen, dass es mir gut geht, ich bin glücklich und möchte, dass du es auch bist.‘ Ein Bild ist natürlich oft mehr wert als tausend Worte. Manche erleben eine verbale Kommunikation, die mit einer physischen Kontaktaufnahme, zum Beispiel einer Umarmung, verbunden ist. Viele erleben eine verbale und visuelle Kommunikation gleichzeitig. Die verbalen Nachrichten werden gewöhnlich als telepathischer Dialog beschrieben, nicht so sehr als ‚eine Stimme hören‘. Fast alle NTK sind mit einem konkreten Sinneseindruck verknüpft und nicht auf das Empfinden einer Gegenwart beschränkt. Wenn bei einer Sitzung mit IADC-Therapie der Eindruck einer ‚Präsenz‘ entsteht, kündigt sich damit in der Regel ein Kontakt an, der die Sinne mit einbezieht.“

Sind NTK „echt“ oder handelt es sich um Illusionen? Oder Halluzinationen? Selbstgenerierte Phänomene? Eine von der Trauer ausgelöste unbewusste Kompensation? Was meint Botkin dazu?

> „Als Psychologe, der mit traumatisierten Menschen arbeitet, die unvorstellbare Verluste erlitten haben, ist mein Hauptziel die Heilung. Die IADC-Therapie funktioniert bei Gläubigen, Agnostikern und Atheisten gleich gut. Da NTK Erfahrungen sind, die von allein auftreten, spielt es keine Rolle, woran man glaubt.

Es wäre außerdem unangemessen, wenn ich als Psychologe meinen Patienten meine persönliche Meinung aufdrängen wollte. Ich lasse sie glauben, was immer für sie am angenehmsten ist. Natürlich ändern fast alle, die vorher nicht an ein Leben nach dem Tod geglaubt haben, schnell ihre Meinung, wenn sich ein NTK ereignet.

Dennoch liegt für mich auf der Hand, dass psychologische Erklärungen (z.B. Wahnvorstellungen, die einen Wunsch oder ein Bedürfnis befriedigen) und Erklärungen, die sich auf die Funktionsweise des Gehirns stützen, schlichtweg unangebracht sind. Die Hypothese, die mit den uns bekannten Daten am besten übereinstimmt, legt nahe, dass es tatsächlich ein Leben nach dem Tod gibt und die Verstorbenen imstande sind, mit uns zu kommunizieren. Andererseits würde ich nie behaupten, dass spontane oder eingeleitete NTK der Beweis für ein Leben nach dem Tod sind. Ein ‚Beweis' ist ein mathematisches und kein wissenschaftliches Konzept. Als verantwortungsbewusste Wissenschaftler stützen wir uns auf Tatsachen; was wir glauben, spielt keine Rolle. In diesem Punkt werden die fundamentalistischen Skeptiker der Sache nicht gerecht, denn sie interpretieren die Fakten im Licht ihrer vorgefassten Meinungen.

Ich möchte ergänzen, dass die Ansicht von Experten in diesem Bereich wenig zählt. Die einzigen Personen, die den Anspruch auf eine qualifizierte Meinung erheben können, sind Menschen, die selbst eine Nahtod-Erfahrung, einen spontanen oder eingeleiteten NTK oder eine Sterbebett-Vision hatten."

Ich stellte Botkin die Frage, welche anderen transpersonalen Erfahrungen in die Diskussion eingebracht werden müssten, um ein breiteres und globaleres Verständnis von NTK zu ermöglichen?

„Für mich versteht sich von selbst, dass sich Nahtod-Erfahrungen, spontane oder eingeleitete NTK und Sterbebett-Vi-

> sionen in ihrem Wesen sehr ähneln. Sie betreffen Personen mit unterschiedlichen Glaubenssystemen, die in unterschiedlichen Kulturen leben. Außerdem – und das ist vielleicht der wichtigste Punkt – geschehen solche Erfahrungen unter sehr, sehr unterschiedlichen Umständen. Ich glaube, dass diese Erfahrungen in ihrer Gesamtheit für die Hypothese sprechen, dass es ein Leben nach dem Tod gibt. Als Psychologe, der sich recht gut mit der Wahrnehmung und den Gehirnfunktionen auskennt, halte ich es für erwiesen, dass die Versuche, solche Erfahrungen auf rein psychische oder neuronale Mechanismen zu reduzieren, sehr weit an der Wirklichkeit vorbeigehen. Kein heute bekannter Mechanismus kann ein Nahtod-Erlebnis, einen NTK oder eine Sterbebett-Vision erklären."

Wie erklärt er es sich, dass eine Wahrnehmung, die nur wenige Sekunden oder allenfalls ein paar Minuten dauert, auf die Betroffenen eine so starke Wirkung ausübt?

> „Wenn wir einen geliebten Menschen verlieren, haben wir das starke Gefühl, dass etwas abgeschnitten, abgebrochen wurde. Ich glaube, dass darin der Grund für unsere tiefe Traurigkeit liegt. Mit der IADC-Therapie behandeln und vermindern wir in erster Linie diese Traurigkeit. Dann bringt der eingeleitete NTK das deutliche Gefühl hervor, dass wir wieder verbunden sind, was das Empfinden von Trennung und die restliche Traurigkeit noch weiter reduziert. Das Gefühl, das am häufigsten mit der Kontakterfahrung assoziiert wird, ist Freude.
>
> Außerdem scheinen sich eingeleitete NTK außerhalb der linearen Zeit abzuspielen. Ich habe einmal bei einem Patienten Augenbewegungen eingesetzt, um einen Zustand von Empfänglichkeit herzustellen. Er hatte die Augen geschlossen, und nach ungefähr drei Sekunden öffnete er sie wieder. Zuerst dachte ich, das Verfahren habe nicht funktioniert,

aber mein Patient fing an, mir von einem sehr langen und komplexen NTK zu erzählen. Als ich ihn fragte, wie lange er denn wohl die Augen geschlossen hatte, sagte er: ‚Zwei oder drei Minuten.' Anscheinend ist es ähnlich wie bei der ‚Lebensrückschau', die zu einer Nahtod-Erfahrung gehören kann und bei der die Menschen in sehr kurzer Zeit jedes einzelne Lebensereignis zu sehen glauben."

Botkin hat gesagt, dass er als Psychologe im Rahmen seiner therapeutischen Arbeit seine persönlichen Überzeugungen nicht an Patienten weitergibt. Das wäre in der Tat unprofessionell und unangemessen. Doch wenn man ihn als Privatperson fragt, nach tausenden NTK, die während seiner therapeutischen Sitzungen aufgetreten sind, kann man doch annehmen, dass sein Glaubenssystem von diesen Erfahrungen beeinflusst wurde?

„Ich meine schon erwähnt zu haben, dass mein Hauptinteresse der Heilung gilt. Seit fünfundzwanzig Jahren arbeite ich mit Menschen, die unvorstellbaren Horror erlebt haben. Ich verfüge über eine Therapie, die diese Menschen von Grund auf heilt. Sie ist einfach und wirkt bei allen, unabhängig von ihren Glaubensvorstellungen. Wir haben mittlerweile wissenschaftliche Ergebnisse, die die Therapie untermauern. Auch wenn ich verstehe, dass die Frage, ob es ein Leben nach dem Tod gibt, die vielleicht wichtigste Frage ist, vor der wir alle stehen, ist meine Haltung eine andere. Sie wüssten, wovon ich spreche, wenn Sie die letzten fünfundzwanzig Jahre ihres Lebens damit verbracht hätten, Menschen zuzuhören, die unter tragischen Verlusten und Traumata leiden. Es ist meine Aufgabe, diesen Menschen zu helfen, es ist das, was ich am besten kann.

Bei einem meiner Seminare hat mich einmal jemand gefragt:

‚Herr Doktor, glauben Sie, dass die Erfahrungen des Jenseits echte spirituelle Erfahrungen sind?'

Ich habe geantwortet:

‚Warum fragen Sie das mich? Ich bin nur Psychologe. Wenn sie eine wirklich sachverständige Antwort wollen, fragen sie jemanden, der selbst so eine Erfahrung gemacht hat.'"

Als Nächstes möchte ich Sie mit NTK bekannt machen, die sich in einem anderen therapeutischen Kontext spontan ereignet haben – bei Sitzungen mit der holotropen Atemarbeit.

Gespräch mit Vincent Liaudat

Vincent Liaudat ist Psychiater und Psychotherapeut. Neben einer universitären Ausbildung hat er transpersonale Psychologie in der Schweiz, in Frankreich und den USA studiert. Er ist zertifizierter *Holotropic Breathwork Practicioner* (GTT)[83] und arbeitet in einer Privatpraxis in Lausanne, nachdem er über zehn Jahre als Klinikleiter und Forschungsbeauftragter in einer Psychiatrischen Einrichtung der Universität angestellt war.

In seiner psychiatrischen Praxis setzt Liaudat die holotrope Atemarbeit ein. Ich habe ihm die Frage gestellt, wie sie funktioniert, welches Ziel diese Therapieform hat und was seine Patienten davon erwarten. Ich wollte außerdem wissen, in welchem pathologischen Kontext er sie anwendet.

„In meiner Praxis biete ich im Verlauf einer Psychotherapie Sitzungen mit holotroper Atemarbeit an. Das heißt, dass ein Teil der Sitzungen als Gespräch, von Angesicht zu Ange-

83 Eine Methode zur Selbsterforschung und Bewusstseinserweiterung. Die holotrope Atemarbeit nutzt die Kraft des Atems und der Musik, um die üblichen Schranken der Wahrnehmung zu überwinden. Es soll einen veränderten Bewusstseinszustand erleichtern, der dem Geist eine andere Funktionsweise ermöglicht. Nach Ansicht des Psychiaters Dr. Stanislav Grof, dem Begründer dieser Methode, ist bereits das Erreichen dieses veränderten Zustands unmittelbar therapeutisch wirksam.

> sicht, stattfindet, andere in liegender Position mit verändertem Atem. Das holotrope Atmen ist ein Verfahren, das darauf abzielt, die Tiefe und Intensität des Atems zu verändern, um eine Bewusstseinsveränderung einzuleiten. Durch manche Bewusstseinszustände, die ich als ‚nicht gewöhnlich' bezeichnen würde, kann man auf eine Ebene gelangen, die ich ‚transpersonal' nennen möchte, das heißt, sie kommen offenbar aus einem Teil des Selbst, das nicht vom Ego beherrscht wird, wobei wir unter Ego eine Funktion der Psyche verstehen, die die Ebene der Persönlichkeit beherrscht.
>
> Es gibt zahlreiche Indikationen, die im Verlauf einer verbalen Psychotherapie den Einschub von Sitzungen mit holotropem Atem nahelegen: Eine besondere Sensibilität des Patienten auf der transpersonalen Ebene, der Versuch, eine transpersonale Erfahrung zu integrieren, die normale Konzentrationsfähigkeit nimmt ab, der Patient setzt andere Abwehrmechanismen ein als sonst, der psychotherapeutische Prozess stockt, der Zugang zur kognitiven Introspektion ist begrenzt oder erschöpft.
>
> Die Patienten, denen ich solche Sitzungen vorgeschlagen haben, wollen hauptsächlich das Verfahren kennenlernen und sich offen zeigen. Man muss wissen, dass die Mehrzahl der Patienten, die in meiner Praxis holotrope Einzelsitzungen hatten, noch keine Erfahrung mit veränderten Bewusstseinszuständen gemacht haben. Ich nehme also an, dass ihre Erwartungen in hohem Maß davon abhängen, wie ich ihnen den Prozess erkläre."

Bei einer der Sitzungen mit holotropem Atmen kam es zu einem ungewöhnlichen Vorfall. Ich habe Liaudat gebeten, davon zu berichten.

> „Vor der fraglichen Sitzung hatte die Patientin die Absicht geäußert, mit ihrem kürzlich verstorbenen Bruder in Kontakt zu treten. Diese Absicht äußerte sie spontan, es war keine therapeutische Indikation von meiner Seite. Sie hatte in

der Nacht von ihrem Bruder geträumt. In ihrem Traum ist sie in einem Zimmer mit anderen Verwandten (darunter ihre vor Kurzem verstorbene Cousine). Ihr Bruder kommt vorbei, erklärt, er wolle sich jetzt ausruhen, und verschwindet wieder. Die Cousine wendet sich an die Patientin und sagt, dass der Bruder fortgegangen sei, um sich auszuruhen.

Während des holotropen Atemprozesses veränderte sich in einem bestimmten Moment die Qualität der Atmosphäre. Es wurde sehr still, und man hatte den Eindruck, dass die Schwingungen in der Luft feiner und ruhiger geworden waren. Die Patientin war sehr entspannt. Man spürte eine Dichte und gleichzeitig eine Leichtigkeit. Ich war ebenfalls sehr entspannt, und mein inneres Erleben signalisierte mir, dass es zu einem Kontakt mit der Energie eines Verstorbenen gekommen war."

Wie hat die Patientin darauf reagiert? Wie hat sie diese Erfahrung verarbeitet?

„Die Patientin war in diesem Moment ganz ruhig und friedlich. Nur eine Hand bewegte sich leicht. Am Ende der Sitzung sagte ich ihr, ich hätte bemerkt, dass sie einen starken Kontakt mit ihrem verstorbenen Bruder gehabt hätte. Sie war erstaunt über meinen Kommentar. Sie hatte nicht erwartet, dass ihre Erfahrung von außen sichtbar wäre. Dann erzählte sie in schlichten, ruhigen Worten von ihrem Kontakt, als sei er für sie das Natürlichste auf der Welt. Der Kontakt mit ihrem Bruder beruhigte sie. Er war vor ihr erschienen und hatte gesagt, es gehe ihm gut und er werde sich jetzt ausruhen. Die Handbewegung war eine Art Abschiedsgeste gewesen. Danach konnte die Patientin die Tatsache akzeptieren, dass ihr Bruder gestorben war und in ihrem Umfeld darüber sprechen. Die Erfahrung hat auch zwischen uns zu mehr Verbundenheit und Vertrauen geführt.

Ich denke, dass Menschen, die eine außergewöhnliche,

> subtile Bewusstseinserfahrung machen, darauf angewiesen sind, dass ihr Therapeut dafür offen ist. ‚Offen' heißt nicht einfach, dass er sie als individuelle Erfahrung betrachtet, sondern als Phänomen des menschlichen Bewusstseins, das sich in einem nicht-pathologischen Kontext manifestiert. Es besteht die Gefahr, dass ein Therapeut, der sich im beruflichen Rahmen nicht mit diesem speziellen Bereich der menschlichen Seele befasst, eine außerordentliche Bewusstseinserfahrung pathologisiert."

Wusste Dr. Liaudat vor der Sitzung, ob seine Patientin vor ihrem NTK an ein Leben nach dem Tod glaubte?

> „Nicht explizit. Sie hat nur erwähnt, dass sie als Christin betete und anderen spirituellen Wegen gegenüber aufgeschlossen sei. Später erzählte sie in der Therapie, genau in dem Moment, in dem sie am Telefon vom Tod ihres Bruders erfahren habe, sei ein Schatten vor ihr vorbeigehuscht. Sie hatte im Zusammenhang mit dem Tod eindeutig subtile Bewusstseinserfahrungen gemacht."

Hat der NTK das Glaubenssystem der Patientin verändert? Wie ist heute ihre Einstellung zum Leben nach dem Tod?

> „Ja, das ist tatsächlich der Fall. Der Nachtod-Kontakt beziehungsweise die Kontakte haben ihr geholfen, die Botschaften anzunehmen, die dabei vermittelt wurden, und ihr spirituell eine grundsätzliche Veränderung ermöglicht, die vor allem eine neue Vorstellung vom Tod mit sich brachte. Sie erlebte, wie die innere Verbindung zu ihrem verstorbenen Bruder gestärkt wurde, so als sei der Tod nicht das Ende, sondern ein Übergang, nach dem man sich ausruhen könne. Die Botschaft aus dem Jenseits war für sie wichtig, sie musste wissen, dass es ihrem Bruder dort gut ging."

Welche Auswirkung hatte der NTK auf die Trauer über den Tod ihres Bruders?

> „Die Patientin konnte aufhören, die Tatsachen teilweise zu leugnen und bestimmte Verhaltensweisen gegenüber ihrem Bruder erwähnen, deretwegen sie sich schuldig fühlte. Sie hatte es vermieden, mit ihm über das Sterberisiko zu sprechen, als ihr Bruder dieses Thema anschnitt. Sie konnte zum ersten Mal zum Grabstein ihres Bruders gehen und ihre Familie besuchen. Da sie nun wusste, dass es ihrem Bruder gut ging, konnte sie aufhören, sich Sorgen um sein Seelenheil zu machen. Der Kummer ließ rasch nach, und an seine Stelle trat ein ruhiges Gefühl von Verbundenheit, das sie durch stumme Gebete ausdrückte."

Ich wollte wissen, ob seines Wissens auch andere Patienten während einer Sitzung mit holotroper Atemarbeit Nachtod-Kontakte erlebt haben.

> „Ja, aber die genaue Anzahl kenne ich nicht. Ich weiß von sporadischen NTK bei Sitzungen mit holotroper Atemarbeit in einer Gruppe von Frauen mit Schwangerschaftsabbrüchen. Sie konnten ihren durch den (freiwilligen oder unfreiwilligen) Abbruch ausgelösten Trauerprozess beenden, selbst wenn er lange zurücklag.
>
> Bei meinen Patienten gab es einen weiteren NTK, sehr ähnlich dem oben geschilderten. Eine Patientin, die bei mir eine Psychotherapie machte, erlebte bei einer Sitzung mit holotropem Atmen eine Begegnung mit der Seele ihres jüngst verstorbenen Bruders. Sie erwähnte während der Sitzung, dass sie mit ihrem Bruder in Kontakt sei. Auch sie beschrieb das Phänomen sehr gelassen und zweifelte nicht im Geringsten daran, dass sich ihr die Seele ihres verstorbenen Bruders gezeigt hatte. Das heißt, in meiner Praxis habe ich zwei Patientinnen mit NTK erlebt."

Zwei von Dr. Liaudats Patientinnen haben demnach einen NTK oder eine ähnliche Erfahrung erlebt. In Anbetracht der großen Anzahl von Sitzungen mit holotroper Atemarbeit, die er im Rahmen seiner therapeutischen Arbeit durchgeführt hat, ist das doch eher ein sehr geringer Prozentsatz?

> „Ja, so ist es. Ich schätze, dass es in ein bis zwei Prozent der Einzelsitzungen mit holotroper Atemarbeit vorkam."

Als Nächstes interessierte mich seine Haltung zum Auftreten von NTK. War er erstaunt? Kannte er das Phänomen davor schon?

> „Ich kannte das Phänomen durch Erzählungen von Personen aus meinem Umfeld und aus meiner Praxis. Außerdem kannte ich das Buch von Allan Botkin. An sich war ich nicht erstaunt. Erstaunt hat mich eher die Wiederholung des NTK, zweimal hintereinander, erst im Traum, dann bei der Atemsitzung mit der Patientin, die ich oben erwähnt habe.[84] Und es hat mich überrascht, wie gelassen die Patientin im Anschluss damit umging und davon erzählte."

Wie ging er selbst mit dem unerwarteten Auftreten von NTK bei den beiden Patientinnen um? Ist es für ihn denkbar, die holotrope Atemarbeit einzusetzen, um die Trauer seiner Patienten zu lindern? Spricht er mit Patienten, die gerade einen geliebten Menschen verloren haben, darüber oder tritt dieser Fall gar nicht ein?

> „Die psychische Integration der NTK findet im Verlauf der Psychotherapie statt, die Atemsitzungen sind in diesen Prozess eingebunden. Ich halte es für wichtig, dass ein Psychotherapeut für die Existenz dieses Phänomens offen ist, nicht nur in dem Sinn, dass er die Person mit ihrer Erfahrung würdigt, sondern auch in dem Sinn, dass er sie bestärkt

84 Liaudat, Vincent F., „From Head Trauma to Contact with the Dead", *Integral Transpersonal Journal*, 5. April 2014, S.96-105.

> und einer gewissen Realität dieser subtilen Bewusstseinserfahrungen Gewicht verleiht. Ich neige dazu, diese Art von Psychotherapie anderen trauernden Menschen zu empfehlen, aber im Moment ist die Situation nicht danach."

Dr. Liaudat hat erwähnt, dass er die IADC-Therapie kennt, die Allan Botkin anwendet. Die ersten NTK, die durch sie ausgelöst wurden, ereigneten sich vollkommen zufällig, genau wie im Fall der Patientinnen von Dr. Liaudat. Würde er die Hypothese unterschreiben, dass NTK ein natürliches Phänomen sind, das sich unter ganz unterschiedlichen Umständen (spontan, durch Channeling etc.) ereignet, und dass die dazu verwendeten Mittel – in unserem Fall EMDR oder holotropes Atmen – nur die „Auslöser" sind?

> „Ich glaube, dass sich NTK unter sehr unterschiedlichen Umständen ereignen können. Aus meiner beruflichen Erfahrung heraus spreche ich von Nachtod-Kontakten und halte dieses Phänomen für natürlich. Es gibt zahlreiche Arten von Kontakt zwischen zwei Menschen, die eine starke Verbindung haben (spirituell, durch Liebe, durch Sex, durch Übertragung). Über Ozeane hinweg können manche Menschen sekundenlang wahrnehmen, was ein geliebter Mensch gerade erlebt, vor allem, wenn es ein sehr starkes Erlebnis ist. Diese Phänomene werden häufig als Intuition bezeichnet und als naturgegeben betrachtet. Ich glaube, NTK gehören zu dieser Kategorie von menschlichen Erfahrungen."
>
> „Channeling ist ein anderer Fall, da das Medium die verstorbene Person nicht kennt. Dieses Phänomen zeigt gewöhnlich, dass sich der Verstorbene eher ‚von außen' manifestiert."

Meint Liaudat damit, dass direkte und spontane NTK – ohne Beteiligung eines Mediums – eher „innere" Manifestationen sind, die von der Psyche hervorgebracht werden und deshalb nicht von den Verstorbenen kommen?

„Nein, nicht unbedingt. Ein NTK ohne die Vermittlung eines Mediums kann aus einer seelischen oder energetischen Quelle des Herzens der trauernden Person kommen, aber auch aus einer äußeren Quelle. Für mich ist nicht leicht ersichtlich, in welchem Maß der innere oder äußere Einfluss eine Rolle spielt. In den beiden Fällen, die in meiner Praxis auftraten, würde ich sagen, dass bei der Erfahrung meiner ersten Patientin die Quelle im Wesentlichen außerhalb lag. Der Grund dafür ist die deutlich wahrnehmbare Veränderung der Atmosphäre. Im zweiten Fall war die Veränderung auch in einer neuen Schwingung spürbar, aber mehr um die Patientin herum, nicht im ganzen Zimmer. Ich glaube, diese Erfahrung entsprang wahrscheinlich mehr einer inneren Quelle. Aber beide Patientinnen haben einen Kontakt mit einem Verstorbenen erlebt und keine Träumerei oder innere Projektion.

Mir ist bei dieser Antwort sehr wohl bewusst, dass meine Argumente nur Eingebungen sind und man bei subtilen Bewusstseinserfahrungen kaum wissen kann, wo die Quelle des Phänomens liegt. Natürlich berührt das den Kern der Frage, wie wir uns die Welt vorstellen.

Ich weiß auch, dass manche Menschen, die einen NTK erleben, Mitteilungen erhalten über Sachverhalte, von denen sie noch nichts wussten, Botschaften, die sich im Nachhinein bewahrheiten. Diese Fälle sind eher vergleichbar mit Fällen, bei denen der Kontakt mit dem Verstorbenen durch ein Medium zustande kommt."

Könnte Hypnose eine Methode sein, einen NTK auszulösen? Was meint Liaudat dazu?

„Ich glaube, das hängt von der Hypnose-Technik ab, die vom Hypnotherapeuten angewendet wird. Eine Erfahrung in einem veränderten Bewusstseinszustand hängt von vier Faktoren ab: Der verwendeten Technik, dem Kontext, in dem die Sitzung angesiedelt ist, der Qualität und Erfahrung des Therapeuten und dem Zustand des Patienten (seine Ressourcen, seine Abwehr). Ich glaube auch, dass eine Sitzung mit holotropem Atmen nicht nur das auslöst, was man einen ‚holotropen Zustand' nennt, sondern auch andere, verwandte Zustände, die sich manchmal mit anderen Techniken leichter herbeiführen lassen. In diesem Sinne kann ich mir gut vorstellen, dass NTK auch unter Hypnose auftreten. Ich glaube, dass die Macht der Heilung und der natürlichen Schmerzlinderung im Menschen mit Kreativität und gesundem Menschenverstand ausgestattet ist. So manifestiert sie sich nicht unbedingt auf lineare Weise oder durch eine bestimmte therapeutische Methode."

Schließlich stellte ich Dr. Liaudat die Frage nach der Authentizität. Hält er die NTK für „echt" oder eher für Illusionen? Halluzinationen? Selbstgenerierte Phänomene? Eine von der Trauer ausgelöste unbewusste Kompensation? Er gab eine zurückhaltende Antwort.

„Was mich betrifft, so würde ich die Hypothese vertreten, dass in Bezug auf den Ursprung von NTK beide Optionen möglich sind. In manchen Fällen entspringt das Phänomen dem psychischen Material, wird also von der Person selbst generiert. In anderen Fällen halte ich den NTK für die Erfahrung einer Verbindung mit dem Bewusstseinsfeld des Verstorbenen. Doch jede innere Erfahrung manifestiert sich im Bewusstsein der betreffenden Person, ist demnach durch diese Person gefärbt, selbst wenn ein Feld außerhalb von ihr sich mit einer gewissen Autonomie manifestiert. Es ist manchmal schwer herauszufinden, ob die Quelle des Phänomens anfänglich in einem äußeren oder im inneren Bewusstseinsfeld liegt. Vielleicht handelt es sich um einen Gradienten zwischen beiden Feldern und jede Erfahrung ist das Ergebnis einer Kombination aus einem inneren und einem äußeren Einfluss, wobei manchmal der innere, manchmal

> der äußere Anteil sehr gering ist, also gegen null geht. So würde ich zum Beispiel ein Medium, das die Botschaft eines Verstorbenen für einen Angehörigen channelt und dabei etwas mitteilt, was dieser noch nicht wusste, als eine vorwiegend von außen beeinflusste Erfahrung bezeichnen."

Meine letzte Frage an Dr. Liaudat hatte einen etwas persönlicheren Inhalt. Ich fragte ihn, ob das Auftreten der NTK bei seinen beiden Patientinnen Auswirkungen auf sein Glaubenssystem gehabt habe.

> „Die therapeutischen Maßnahmen mit NTK haben in der Tat meine Überzeugungen und meine therapeutische Erfahrung verändert. Meine Berufspraxis, die eine Arbeit im psycho-spirituellen Bereich umfassen kann, hatte mir schon das bedeutende Potenzial gezeigt, das im Einbeziehen eines transpersonalen Feldes liegen kann. Was die NTK betrifft, so war ich erstaunt über den starken und sofortigen therapeutischen Nutzen. Ich glaube, dass NTK das Herz direkt berühren und zu ihm sprechen. Und das Herz ist ein Kraftzentrum der Integration und Befreiung."

Kapitel 6

Überlegungen zur sozialen Dimension von Trauer und Tod im In- und Ausland

Der Tod ist in den westlichen Gesellschaften ein Tabu, das Thema, das wie eine kalte Dusche wirkt, wenn es in Gesellschaft angeschnitten wird. Warum? Wie ist es dazu gekommen? Schließlich betrifft das Thema einhundert Prozent aller Menschen; er ist das einzige Ereignis, das ausnahmslos alle am Ende ihres Lebensweges erwartet.

Gewiss, manche von uns haben eigene Erfahrungen mit dem Tod gemacht, etwa die Großeltern, einen Freund, Bruder oder gar Partner verloren. Je älter wir werden, desto häufiger stirbt naturgemäß jemand aus unserem Freundes- und Bekanntenkreis. Doch das passiert nur hin und wieder, und möglicherweise haben wir noch nie ein Sterben hautnah miterlebt. Uns fehlen umfassendere Informationen. Jeder Tod ist anders, kostbar in seiner Einmaligkeit, zuweilen auch traurig oder erschreckend mit anzusehen, zumindest von außen. Kenneth Ring, emeritierter Professor für Psychologie an der US-amerikanischen Universität von Connecticut und Pionier der Forschung über Nahtod-Erfahrungen, hat sich auf der Basis unzähliger Berichte über Nahtod-Erlebnisse und deren Analyse über Jahrzehnte hinweg über das innere Erleben und die äußere Beobachtung von Sterbeprozessen geäußert.

Hier seine Ansicht, die er im Verlauf eines Gesprächs dargelegt hat, das ich mit ihm führen konnte:

> „Was wir von außen bei einem sterbenden Menschen beobachten, ist nur die halbe Wahrheit, denn ein wesentlicher Teil bleibt unbeachtet: Das innere Erleben wird nicht berücksichtigt. Joseph Campbell hat in einem seiner Bücher Folgendes geschrieben: ‚Von außen gesehen, wirkt der Tod schrecklich, aber aus der Nähe betrachtet, ist er das Antlitz eines liebenden Wesens. Es ist das Antlitz einer liebevollen Gestalt, die alles umarmt und alles annimmt.' Das sehen wir nicht, wenn wir den Tod aus der Position des äußeren Betrachters heraus beobachten. Doch wenn wir den Todeskampf erleben, verwandelt sich der Tod, der uns wie ein Feind erschien, in eine willkommene Freundin. Um wirklich zu verstehen, was der Tod ist, was er uns zu lehren hat, nicht nur über den Tod selbst, sondern auch über das Leben, um das zu verstehen, müssen wir diese doppelte Perspektive einnehmen. Man kann unmöglich leugnen, dass die physische Seite des Todes unschön, entwürdigend und oft scheußlich ist, aber wir dürfen uns durch diese Facette des Todes nicht blenden lassen, die das wahre, innere Gesicht verdeckt, das schön und erhaben ist. Wir müssen beide Perspektiven in Betracht ziehen, wenn wir ein wirkliches Verständnis erreichen wollen.[85]

Hier kommt ein erstes wichtiges Element zur Sprache: Das innere Erleben des Sterbenden entspricht nicht dem, was wir von außen beobachten. Sterbende, die eine Vision hatten, wurden augenblicklich von ihrer Todesangst befreit und von etwas erfasst, das wie Abgeklärtheit wirkt oder sogar wie Vorfreude. Menschen mit Nahtod-Erfahrungen berichten von so überwältigend schönen Erlebnissen, dass sie bereit waren, auf das irdische Leben zu verzichten, um in diesem Zustand der Glückseligkeit verweilen zu können. Aus ihren Berichten geht klar hervor, dass das innere Erleben von Sterbenden oder Menschen an der Schwelle zum Tod das Entsetzen oder Mitleid nicht rechtfertigt, das durch die Beobachtung eines Menschen im

85 Elsaesser-Valarino, Evelyn, *Erfahrungen an der Schwelle des Todes. Wissenschaftler äußern sich zur Nahtoderfahrung*, München 1995, S.140.

Todeskampf ausgelöst wird. Die Traurigkeit ist etwas anderes, sie ist unvermeidbar, weil sie durch den Verlust des geliebten Menschen entsteht, aber wir müssen uns klar machen, dass wir in Wirklichkeit unseretwegen traurig sind und nicht wegen der Menschen, die gegangen sind. Das zu unterscheiden, ist wichtig, denn es ist der erste Schritt zu einer konstruktiven und gesunden Trauerarbeit.

Wir können immer wieder beobachten, dass Menschen, die an ihrem Lebensende Visionen haben, darüber nicht erstaunt sind. Sie begrüßen ihre unsichtbaren Besucher freudig und unbefangen. Ihre Angehörigen dagegen reagieren auf ihre Erzählungen nicht selten mit Unverständnis, ja sogar mit Ungläubigkeit, einfach weil sie zu wenig darüber wissen. Deshalb kann man nicht ausschließen, dass manche Sterbende ihre Visionen lieber für sich behalten, um ihre Angehörigen nicht zu beunruhigen oder um sich Erklärungen zu ersparen, zu denen ihnen die Kräfte fehlen. Vorkenntnisse auf beiden Seiten würden solche unerfreulichen Situationen vermeiden helfen und einen letzten, für beide Seiten wohltuenden Austausch begünstigen.

Man kann annehmen, dass bestimmte Phänomene – beispielsweise die schattenhafte Form, die laut einigen Zeugen im Moment des Todes den Körper verlässt – unbemerkt bleiben, weil wir nicht auf sie gefasst sind. Bekanntlich neigen wir dazu, nur das zu sehen, was wir erwarten und worauf wir unsere Aufmerksamkeit richten. Fundierte Information über all das, was sich zum Todeszeitpunkt *ereignen kann*, würde zweifellos die Wahrscheinlichkeit erhöhen, dass solche Phänomene wahrgenommen werden.

Wir haben auf den vorherigen Seiten ausführlich dargestellt, wie schmerzlich und frustrierend es für die Empfänger von NTK ist, auf Skepsis oder gar Widerspruch zu stoßen, wenn sie im Kreis ihrer Vertrauten von derartigen Erfahrungen erzählen. Wie erleichtert wären sie, wenn ihre Gesprächspartner bereits auf dem Laufenden wären und sich ihre Geschichte in Kenntnis der Sachlage anhören könnten, selbst wenn sie persönlich nicht unbedingt an so etwas glauben. Ein gemeinsamer Kenntnisstand in Bezug auf diese sehr verbreiteten und paradoxerweise so wenig bekannten Phänomene würde zu einer gemeinsamen Sprache verhelfen und gleichzeitig jedem die Freiheit lassen, nach eigenem Ermessen mehr oder weniger in die Materie einzusteigen.

Die Vorteile eines „Unterrichts" über Phänomene im Zusammenhang mit dem Tod liegen auf der Hand, nicht nur, wenn für uns Tod und Trauer gerade aktuell sind, sondern auch im Hinblick auf unsere eigene Endlichkeit. Idealerweise sollte die Beschäftigung damit ein Leben lang stattfinden, weil es zweifellos viel leichter ist, über den Tod nachzudenken, wenn alles in Ordnung ist, als zu warten, bis man sich ihm stellen *muss*, weil man durch einen Trauerfall oder eine ungünstige medizinische Diagnose dazu gezwungen ist.

Aufklärung über die Themen Trauer und Tod

Wie kann man sich über das Thema Tod informieren? Der australische Soziologe Allan Kellehear, Professor an der Universität Bradford in England, hat eine große soziologische und sozialpsychologische Untersuchung über die menschliche Erfahrung mit Sterbeprozessen durchgeführt und Modelle für das Gesundheitswesen entwickelt, die Patienten am Lebensende, trauernden Hinterbliebenen und Pflegekräften zugute kommen sollen.

Kellehear hat ein Lernprogramm zur Todesthematik entwickelt, das sich hauptsächlich, aber nicht ausschließlich, an Pflegende richtet. Einige Aspekte möchte ich hier vorstellen.

Zum normalen Umgang mit Tod und Trauer ermutigen

Dazu ist es sehr wichtig, sich über das individuelle Erleben beim Tod eines nahestehenden Menschen und über die Trauer mit anderen Menschen auszutauschen. Ein Erfahrungsaustausch dient dazu, das Gefühl von Isoliertheit zu vermindern, vor allem dann, wenn der Verlust besonders schmerzlich oder traumatisierend war, und er kann Schuldgefühle und die Wut über die ‚Ungerechtigkeit des Schicksals' verhindern. Wenn wir die eigene leidvolle oder traumatisierende Erfahrung in einen größeren Kontext stellen, entgehen wir der quälenden Überzeugung, wir würden als Einzige einer solch schweren Prüfung ausgesetzt.

Kellehear zeigt Wege auf, wie man diese Problematik aus dem rein medizinischen Kontext herausholen könnte:

> „Für Menschen, die nicht von Berufs wegen mit der Pflege Sterbender befasst sind, zum Beispiel Schüler, kann ein jährlich stattfindender schulischer Thementag, an dem sie sich mit Tod, Sterben und Trauer befassen, denselben Zweck erfüllen. Die Eltern, Lehrer und Schüler könnten einen schulischen Leitfaden oder ein Grundsatzdokument erarbeiten, das allen drei Gruppen als Diskussionsgrundlage dient, um praktische Antworten auf die Erfahrungen mit Tod und Trauer im Umfeld der Schule zu entwickeln. Wenn sich im Lauf der Jahre immer mehr Erfahrungsberichte ansammeln, wird der Leitfaden ein lebendiges Dokument, das die ganze praktische Weisheit der Gemeinschaft in sich bündelt. So könnte man Tod und Trauer routinemäßig in den Lehrplan der Schule integrieren, genau wie dies mit den Themen Gesundheit oder Sicherheit bereits geschieht."[86]

Die Ängste des Individuums und der Gesellschaft minimieren

Kellehear stellt fest, dass die Menschen in unseren Ländern normalerweise recht selten und erst spät im Leben mit Tod und Trauer konfrontiert werden. Aufgrund dieses verzögerten und eingeschränkten Kontakts ist ihr Wissen begrenzt, ihr Verständnis mittelmäßig und ihre Reaktion darauf häufig alles andere als optimal. Eine bessere Aufklärung über das Thema Tod könnte dem abhelfen.

---

86 Kellehear, Allan, „Death Education as a Public Health Issue", Judith M. Stillion, Thomas Attig, *Death, Dying and Bereavement: Contemporary Perspectives, Institutions and Practices*, New York 2015, S.223.

> „Wenn im Lauf des Lebens, in der Schule, bei der Arbeit, in der Freizeit oder in den sozialen Netzwerken Möglichkeiten zu Information und Diskussion gegeben sind, haben die Menschen ausreichend Möglichkeiten, etwas über die Realitäten des Todes und der Trauer zu erfahren, bevor sie selbst von solchen Ereignissen oder Erfahrungen betroffen sind. Dadurch hätten sie auch die Chance, über ihre eigenen Erfahrungen zu diskutieren und sie in einen größeren Zusammenhang zu stellen, mit der Unterstützung anderer Menschen und mithilfe von Informationen, die ihren eigenen, bisher begrenzten Erfahrungshorizont erweitern."[87]

Kellehear fügt hinzu, dass neben Schule, Beruf, Kirchen und Religionsgemeinschaften auch die Massenmedien eine Rolle bei der öffentlichen Aufklärung über den Tod spielen sollten. Fernsehen, Radio, Zeitungen, Zeitschriften und Websites sind in seinen Augen Informationsquellen erster Güte.

Die Hoffnung und das Gefühl von Kontrolle stärken: Wissen ist Macht und fördert den Überblick

Dazu Kellehear:

> „Obwohl der Sterbeprozess, der Tod und die Trauer uns allen mit Sicherheit bevorstehen, wissen wir nicht, was im Rahmen dieser Erfahrungen geschehen wird. Der Sterbeprozess kann schwierig sein und dennoch eine bereichernde soziale Erfahrung, oder er kann einfach eine Erfahrung von Einsamkeit und Leid sein. Wenn wir sterben, gehen wir vielleicht an einen besseren Ort im Jenseits, oder wir verlieren einfach nur das Bewusstsein und werden zur Nahrung für die Würmer. Der Verlust eines geliebten Menschen löst Kummer aus, und der Kummer kann ein Leben zerstören

87 Ebenda, S. 226.

oder ihm eine neue Richtung geben, es festigen, es inspirieren. Dass unser Leben endlich ist, wissen wir mit Sicherheit, über die Prozesse, die damit zusammenhängen, wissen wir nicht viel. Alles ist möglich, das Beste wie das Schlechteste. Eine Aufklärung über den Tod bietet die Chance, den positiven Nutzen der Ungewissheit zu erforschen, denn in der Erfahrung der Ungewissheit liegen Chancen auf Hoffnung und mehr Kontrolle.

Deshalb brauchen wir nicht nur Informationen, die über den Tod aufklären, wir brauchen auch eine aktive Beteiligung – eine Mitwirkung an dem Prozess der Erforschung, der Evaluierung und Meinungsbildung, sodass man neue Ideen einbringen und für sich selbst neue Schlussfolgerungen ziehen kann. Das kann die Aufklärung über den Tod bewirken, und dieser Aspekt kann die Menschen aus ihrer passiven, durch eine halbherzige Informationspolitik über den Sterbeprozess, den Tod und die Trauer ausgelöste ‚Opferhaltung‘ befreien, die sie für Mythen, verzerrte Tatsachen und Missverständnisse anfällig macht. Die Aufklärung über den Tod im Rahmen der schulischen Ausbildung, am Arbeitsplatz oder in der Freizeit ermöglicht eine aktive Abwägung der Informationen unter verschiedenen Blickwinkeln, durch Gruppengespräche und Lernprogramme, vor allem aber durch die Tatsache, dass überhaupt eine Beteiligung stattfindet, denn das begünstigt ein Gefühl von Kontrolle, wodurch sich die eigene Unwissenheit und Furcht wirksam eindämmen lassen. Eines der Hauptziele der Aufklärung über den Tod im öffentlichen Gesundheitswesen (und einer der Pluspunkte) ist deshalb der partizipative Ansatz in den Lehrprogrammen, der zu einem eigenverantwortlichen Umgang mit den Lerninhalten führt. [...] Die Aufklärung über den Tod als Thema der öffentlichen Gesundheit ist partizipativ.“[88]

88 Ebenda, S.227.

Ich beende hier meinen kurzen Aufriss der Möglichkeiten, die Allan Kellehear aus der Perspektive des Soziologen für eine inklusive, partizipative und wirksame Aufklärung über den Tod entwickelt hat (es gibt zahlreiche weitere Vorschläge). Welchen Ansatzpunkt man auch wählt, zweifellos wäre für alle eine Informationspolitik zum Thema Tod ebenso nützlich wie notwendig.

Gespräch mit Natalie Tobert: Wie werden Nachtod-Kontakte in anderen Kulturen aufgenommen?

Auch wenn ich das Thema im Rahmen dieses Buches nicht vertieft behandeln kann, möchte ich doch kurz darauf zu sprechen kommen, wie einige nichtwestliche Kulturen mit dem Thema Tod und Nachtod-Kontakte umgehen. Zu diesem Zweck habe ich mich mit Dr. Natalie Tobert unterhalten, einer englischen Medizinanthropologin, die in Indien und Afrika viele Studien auf diesem Gebiet durchgeführt hat. Ihre jüngste Studie über ein anderes Verständnis von geistiger Gesundheit führte sie nach Indien und Großbritannien, wo sie mit Psychiatern, Patienten, spirituellen Lehrern und Hellsehern sprach. Die Ergebnisse ihrer Forschungen hat sie in einem Werk mit dem Titel *Spiritual Psychiatries* veröffentlicht.[89]

Zuerst wollte ich wissen, wie andere Kulturen den Tod sehen.

„In den nichtwestlichen Ländern gilt der Tod als Teil des Lebens. In Indien zum Beispiel wird der Körper vor der Bestattung oder Einäscherung mit Blumen bedeckt und aufgebahrt, sodass ihn alle sehen können. Die Hindus glauben an die Reinkarnation, also sind sie, obwohl sie ihre Verstorbe-

89 Tobert, Natalie, *Spiritual Psychiatries: Mental Health Practices in India and UK*, Aethos 2014.

> nen beweinen, überzeugt davon, dass er ‚recycelt' und reinkarniert wird. In Afrika werden die Vorfahren ins Alltagsleben integriert, und in den Dörfern wird ihnen an dem Ort, an dem sie gelebt haben, ein Platz freigehalten."

Gibt es eine „Erziehung" zum Thema Tod in diesen Kulturen?

> „Das bezweifle ich. Ich glaube, eine Erziehung ist nicht nötig, weil die Kinder und die Erwachsenen dem Tod auf natürlichere Art begegnen als in den westlichen Ländern. Der Tod wird nicht versteckt. In den ländlichen Regionen Afrikas glauben die Menschen oft, dass der Tod durch Hexerei eintritt. In Westafrika wird der Tod durch Skulpturen oder Masken symbolisiert, die die Verstorbenen darstellen. Bei öffentlichen Zeremonien werden die Geister der Vorfahren von einem *maskierten Tänzer* herbeigerufen. Die Geister der Menschen können die Lebenden verfolgen und müssen besänftigt werden. Die Geister sind überall, in den Menschen, den Pflanzen, den Steinen … und die Skulpturen stellen eine Verbindung zu ihrer Welt dar."

Ich fragte Tobert, in welcher Verwandtschaftsbeziehung die Verstorbenen stehen, die in Visionen wahrgenommen werden. Sind die in Afrika häufig erwähnten „Vorfahren" die Eltern oder die Großeltern der Person, der sie erscheinen, oder gehören sie früheren Generationen an?

> „Unter dem Begriff ‚Vorfahren' verstehen sie alle Verstorbenen, die von der Gruppe verehrt werden. Die Afrikaner unterscheiden nicht wie wir so genau, wer zu ihrer Familie gehört und wer nicht. Für sie gehören alle Mitglieder ihrer Gemeinschaft zur Familie, ganz gleich, welcher Generation er oder sie angehört und wie die verwandtschaftliche Beziehung aussieht."

Ich stellte die Frage, ob Sterbebett-Visionen und spontane Kontakte mit Verstorbenen in Afrika und Indien als „ungewöhnliche" Erlebnisse betrachtet werden.

„Meines Erachtens gibt es bei diesen Völkern ‚ungewöhnliche' Erfahrungen, wie wir sie verstehen, nicht. Besonders in Afrika hält man Visionen für ganz natürliche, normale Erfahrungen, es sei denn, die Betreffenden sind extrem verwestlicht oder betrachten sie aufgrund ihrer Ausbildung unter dem Blickwinkel der ‚Geisteskrankheit' oder Pharmakologie. Vor allem im ländlichen Afrika werden visuelle oder auditive Mitteilungen nach dem Tod eines Angehörigen erwünscht und erwartet. Es ist völlig normal, die Verstorbenen zu sehen, weil ohnehin alles geistig existiert. Die Leute wissen, dass solche Kontakte echt sind. Für sie gibt es keine ‚andere Dimension', alles passiert hier, bei uns, jetzt, im Rahmen unseres Alltags. Die Dualität existiert nicht. Die verstorbenen Vorfahren leben bei uns, jetzt, in diesem Moment. Außerdem wachen Angehörige gewöhnlich bei dem Sterbenden, um seine letzten prophetischen Worte mitzubekommen.

Manche indigene Völker in Amerika beobachten ihre natürliche Umgebung sehr genau, weil sie sich Visionen erhoffen.

In Indien ist es ein wenig anders, weil die Kontakte in der Regel durch Vermittler stattfinden, beispielsweise durch Priester.

Im Westen nennen wir diese Kontakte ‚Nachtod-Kontakte', weil sie uns ausgefallen und ungewöhnlich vorkommen. Die Authentizität dieser Erfahrungen wird ausschließlich in den westlichen Ländern angezweifelt. Da weniger Menschen solche Erfahrungen machen, sind sie nicht so bekannt. Der Grund liegt vielleicht darin, dass unsere Sensibilität für solche Phänomene abgestumpft ist. Außerdem neigen wir im Westen dazu, Visionen als Krankheitssymptom zu begreifen, wogegen andere Völker sie bewusst herbeizuführen versuchen."

Wie werden diese Visionen ins Glaubenssystem der Völker integriert?

„Die Bewohner Afrikas und Indiens betrachten diese Kontakte als förderlich, aber wenn der Geist eines Vorfahren boshaft ist, müssen sie Gebete sprechen und ihn damit zum Gehen auffordern.

Bei den Hindus, in deren Glaubenssystem die Reinkarnation verankert ist, ist es normal, wenn auch beunruhigend, dass man Geister ruheloser Verstorbener wahrnimmt. In diesem Fall muss man für die Verstorbenen beten, um sie in die geistige Welt emporzuheben."

Das heißt, die Verstorbenen manifestieren sich nur, wenn sie ruhelos sind? Diejenigen, die ihren Frieden gefunden haben – vielleicht, weil sie einen sanften Tod hatten – erscheinen den Lebenden nicht?

„Die Verstorbenen können sich zu jedem Zeitpunkt und in allen Situationen Menschen zeigen, die sensibel genug sind, sie zu sehen. Ein ‚schlechter Tod' ist ein plötzlicher Tod, unerwartet und ohne Gebete. Die Geister sind ruhelos, wenn ihr Tod traumatisch war, von einem Unfall verursacht wurde oder wenn ihr Körper nicht bestattet wurde. Das gilt für Indien wie für Afrika. Ein ‚guter Tod' dagegen ist ein vorhersehbarer Tod, namentlich im hohen Alter, und ein Tod, der durch Gebete geehrt wurde."

Die allermeisten Berichte in den Kapiteln dieses Buches beschreiben wohlmeinende Verstorbene, die ihren Angehörigen erscheinen, um ihnen zu helfen und sie zu trösten. In Afrika dagegen ist häufig von boshaften Geistern die Rede, die fortgeschickt werden müssen, damit sie die Lebenden nicht länger belästigen. Das ist ein grundlegender Unterschied. Was meint Tobert dazu?

„Ich bin mit dieser Unterscheidung nicht einverstanden. Wenn jemand plötzlich stirbt oder der Leichnam nicht ge-

> funden und bestattet wurde, wie das in Kriegszeiten geschehen kann, und wenn sein Tod deshalb nicht von Gebeten begleitet werden konnte, wird dieser Verstorbene ruhelos sein und vielleicht die geistige Gesundheit seiner Verwandten beeinflussen. Das ist nicht spezifisch für Afrika, das kann in jedem beliebigen Land geschehen. Wenn die Menschen im Westen gutartige Erscheinungen sehen, nennen wir diese Kontakte tröstlich. Wenn sie dagegen feindselige Erscheinungen wahrnehmen, sagen wir, sie hätten psychische Probleme. Das ist genau unser Dilemma, wir interpretieren die unterschiedlichen Erscheinungen willkürlich aus unserer subjektiven Sicht. Ruhelose Geister gibt es überall. Jeder Mensch, der stirbt, braucht die Gebete seiner Angehörigen, und wir beten in aller Regel ja auch für unsere Toten."

Inwieweit kann der Kontakt zur unsichtbaren Welt helfen, Trauer zu bewältigen?

> „Die Erscheinungen spenden Trost. Sie unterstützen die Trauernden im Trauerprozess. Sogar im Westen, zum Beispiel in Großbritannien oder in den USA, ist es normal, dass die Menschen die Anwesenheit eines verstorbenen Angehörigen oder Freundes wahrnehmen, ihn sehen oder hören."

In der Tat sind solche Erlebnisse in unserer Kultur verbreitet, aber sie werden (noch) nicht als normal betrachtet. Genau aus diesem Grund haben Menschen, die so etwas erleben, so große Probleme, darüber zu sprechen.

> „Und doch gibt es im Westen so viele Schamanen, Medien, Hellseher und andere Menschen mit psychischen Gaben, die imstande sind, Verstorbene zu sehen. Die Schwierigkeit besteht in den radikal gegensätzlichen Paradigmen: Wer selbst keine solchen Erfahrungen gemacht hat, ist unfähig, sie für glaubwürdig zu halten."

Kapitel 7

Wie authentisch sind Nachtod-Kontakte?

Wir kommen nun zu der entscheidenden Frage dieses Buches: Sind Nachtod-Kontakte „echt“? Oder doch Halluzinationen? Illusionen? Selbstgenerierte Phänomene? Eine von der Trauer ausgelöste unbewusste Kompensation? Sind die tröstlichen Erlebnisse nur eine Ausgeburt der Fantasie untröstlicher Hinterbliebener? Um diese Frage kommt man nicht herum.

Im ersten Kapitel habe ich erwähnt, dass Stéphane Allix (INRESS) und ich uns entschieden haben, den Begriff „subjektives Kontakterlebnis mit Verstorbenen“ für das *Klinische Handbuch außergewöhnlicher Erfahrungen* zu verwenden. Wir wollten nicht nur von „Kommunikation“ oder „Kontakt mit Verstorbenen“ sprechen, sondern das Adjektiv „subjektiv“ in die Terminologie einführen; denn es handelt sich in der Tat um eine subjektive, nicht messbare, im Labor nicht wiederholbare und schwer zu beschreibende Erfahrung. Sie ist nicht reproduzierbar, denn die von Allan Botkin erfundene ADC-Methode und das von Vincent Liaudat praktizierte holotrope Atmen, wie in Kapitel 5 beschrieben, lösen keine NTK aus, sondern verhelfen lediglich zu einem Bewusstseinszustand, der ihr Auftreten erleichtert.

Betrachten wir nun den ontologischen Status der NTK, ihre Authentizität. Was haben wir aus den Berichten unserer Zeugen erfahren? Die Wirkung der Kontakte ist so stark, dass die Empfänger die

Echtheit ihres Erlebnisses nicht anzweifeln, auch wenn sie später ins Wanken geraten können, falls ihr persönliches Umfeld Zweifel am Wahrheitsgehalt ihrer Geschichte äußert. Doch lässt man einmal das subjektive Empfinden der Menschen beiseite – was ist wirklich ihr ontologischer Status?

Sind Nachtod-Kontakte Halluzinationen?

Halluzinationen gibt es, kein Zweifel. Sie werden vom Larousse definiert als „die Wahrnehmung eines nicht realen Gegenstands" und definiert als „Halluzinationen haben, etwas sehen, das die anderen nicht sehen, Visionen haben". Viele Menschen leiden darunter, aber genau das ist der Punkt, sie *leiden*, sie ziehen keinen *Nutzen* daraus. Der grundlegende Unterschied zwischen einer Vision während eines NTK und einer Halluzination besteht gerade in ihrer *Wirkung*, ihren *Folgen* und sicher auch in der zugrunde liegenden *Absicht*. Die Art der Visionen ist ebenfalls eine andere, denn NTK sind in sich schlüssig und in den meisten Fällen erfreuliche Auftritte der verstorbenen Angehörigen oder Freunde, während „pathologische" Halluzinationen erschreckend und irrational sind und der Person, die sie erlebt, keinen Vorteil bringen.

Dr. Bruce Greyson, Professor für Psychiatrie und Direktor der *Division of Perceptual Studies* an der Universität von Virginia, hat sich in einem Gespräch mit Stéphane Allix dazu geäußert.

> „Viele Patienten erzählen von ungewöhnlichen religiösen Erfahrungen. Sie haben zum Beispiel gehört, wie Gott zu ihnen gesprochen hat. Wie kann man herausfinden, ob es sich um eine Illusion handelt oder nicht? Es gibt drei Sorten von Botschaften, die von Gott kommen. Manche Patienten versichern mir, Gott hätte ihnen gesagt, sie müssten bestraft werden, und aus diesem Grund, weil sie sich für abgrundtief schlecht halten, haben sie sich heute früh die Pulsadern aufgeschnitten. Für mich ist das pathologisch, weil es sich

um ein unangepasstes Verhalten handelt. Folglich behandelt man solche Menschen mit einer Psychotherapie oder verschreibt ihnen Antipsychiotika, weil man der Ansicht ist, dass es sich um einen pathologischen Zustand handelt. Die Leute hören auf, das zu glauben, und führen von nun an ein produktiveres Leben.

Andere kommen zu mir und sagen: ‚Gott hat heute zu mir gesprochen und mir gesagt, ich soll mich nicht länger wegen meiner verstorbenen Mutter quälen, denn sie ist an einem besseren Ort und es geht ihr sehr gut.' Sie fühlen sich besser, das vermeintliche Gespräch mit Gott tröstet sie; und ich werde nicht versuchen, ihnen das auszureden. Würde ich ihnen eine Psychotherapie oder Medikamente vorschlagen, damit sie aufhören, daran zu glauben, würde das nicht funktionieren. [...]

Die Definition im Lexikon – im übrigen identisch mit der medizinischen Definition – lautet: ‚Das Gefühl, etwas wahrzunehmen, obwohl es keine physisch nachweisbaren Objekte gibt.' Doch man geht mit dem Begriff ‚Halluzination' recht frei um. Es kann heißen ‚etwas wahrnehmen, was die anderen nicht wahrnehmen'. Damit kann man Halluzinationen vom pathologischen Typ beschreiben, bei denen es nichts wahrzunehmen gibt, aber auch andere Arten von Erfahrung, die nur keiner verifizieren kann. Obwohl also das Wort ‚Halluzination' einen pathologischen Beigeschmack hat, benutzt man es manchmal für Erfahrungen, die nicht pathologisch sind. Das häufigste Beispiel dafür sind die Halluzinationen, die 50% der Witwen und Witwer zu sehen, hören oder spüren meinen, wenn ihr Ehemann oder ihre Ehefrau stirbt. Man kommt keinen Schritt weiter, wenn man so etwas als ‚pathologische Halluzination' abqualifiziert. Sie lösen keine Bedrängnis aus, helfen denjenigen, die sie erleben, und werden außerdem von keinerlei Symptomen einer psychischen Erkrankung begleitet. Menschen, die unter pathologischen Halluzinationen leiden, die also wirklich Dinge sehen, die nicht existieren, zeigen häufig – ich müsste sagen *grundsätzlich* – andere Symptome einer psychischen Krankheit, zum Beispiel einen Verfall der Persönlichkeit oder Stimmungsschwankungen. Ihr Verhalten ändert sich, sie finden sich nicht mehr zurecht, verlieren das Zeitgefühl, wissen nicht, wo sie sind, wirken alles in allem sehr verwirrt … Eine Halluzination kommt nicht aus heiterem Himmel, sondern entsteht in einem *Kontext*, dem einer psychischen Beeinträchtigung; und das findet man bei den vermeintlichen Halluzinationen trauernder Menschen nun überhaupt nicht. Diese Menschen sind vollkommen normal, nur dass sie eben verstorbene Angehörige sehen oder hören oder sich von ihnen berührt fühlen. In diesem Sinn kann man nicht von ‚Halluzinationen' sprechen. Aber leider haben wir kein anderes Wort zur Verfügung, es sei denn, man verwendet den religiösen Begriff der ‚Vision' oder den paranormalen Begriff der ‚Erscheinung', aber ein wissenschaftlicher Terminus für die Bezeichnung einer nicht mit anderen geteilten Wahrnehmung existiert nicht."[90]

Gespräch mit Dean Radin

Seit über zwanzig Jahren führt Professor Dean Radin an den Universitäten Princeton, Edinburgh und Nevada Forschungen über das Bewusstsein durch; am *Stanford Research Institute* arbeitet er für die amerikanische Regierung an einem Geheimprojekt über psychische Phänomene. Er ist Forschungsleiter am *Institute of Noetic Sciences* (IONS) im kalifornischen Petaluma, Ex-Präsident der *Parapsychological Association* und stellvertretender Chefredakteur der Zeitschrift *Explore: The Journal of Science and Healing*.

Zunächst fragte ich Radin nach seiner Definition von Bewusstsein.

90 Allix, Stéphane und Bernstein, Paul, *Manuel clinique des expériences extraordinaires*, S.146-147.

> „Das Bewusstsein zeichnet sich durch die Tatsache aus, dass es bewusst ist[91], was Erkenntnis, Wahrnehmung und Erinnerung einschließt. Das elementare Geheimnis, das allen Faktoren zugrunde liegt, die einen Bezug zum menschlichen Geist haben, liegt in dem erstgenannten Element: dem Bewusstsein seiner selbst. Wie kann sich ein Gewebeklumpen, der keine drei Pfund wiegt[92] und sich ‚Gehirn' nennt, seiner selbst bewusst sein? Liegt das einfach am Vorhandensein komplexer rekursiver Systeme oder ist das Bewusstsein selbst eine Eigenschaft des Universums? Wir wissen es noch nicht, aber viele Forscher befassen sich mit der Frage und halten es für sehr wichtig, eine Antwort darauf zu finden, denn schließlich gelangt alles, was wir über jedes beliebige Thema wissen und in Zukunft wissen werden, durch das Bewusstsein zu uns."

Hält Radin Nachtod-Kontakte für ein psychologisches Phänomen?

> „Ja, zumindest in dem Sinne, dass die Kontakte psychologisch bedeutsame Ereignisse sind. Sie unterscheiden sich von konventionellen Erfahrungen wie der Telepathie etc."

Radin ist sicher der Wissenschaftler mit den meisten Laborversuchen zu psychologischen Phänomenen, zum Beispiel Telepathie, Hellsehen und Vorahnungen. Wie ordnet er im Vergleich zu diesen Phänomenen Nachtod-Kontakte ein?

> „Generell sind NTK spontane Ereignisse, die sich als Forschungsgegenstand für das Labor nicht eignen und im Gegensatz zu vielen anderen Psi-Experimenten mit starken Gefühlen verbunden sind, die nicht simuliert werden können."

---

91 engl. *awareness*
92 3 pound (US) = 1360g

Auch wenn man die Gefühle nicht simulieren kann, könnten sie aber doch selbstgenerierte Phänomene, unbewusste, trauerbedingte Kompensationen oder sogar Halluzinationen sein?

> „Das hängt von der einzelnen Erfahrung ab. Einige sind vermutlich Zufälle, andere Wahrnehmungsfehler, Illusionen oder Halluzinationen, aber es ist durchaus möglich, dass einige von ihnen authentische Anomalien sind."

Radin verwendet in seinen Publikationen – das sollte man hier erwähnen – den Begriff „Anomalien" im Sinne von „außergewöhnlichen Erfahrungen" oder „ungewöhnlichen Erlebnissen".

Ich habe Radin gefragt, wo er NTK einordnen würde, wenn er für Psi-Phänomene eine „Wahrhaftigkeitsskala" erstellen müsste.

> „Es gibt nicht *den* subjektiven Nachtod-Kontakt mit einem Verstorbenen, es gibt verschiedene Arten von NTK und jeder sollte für sich allein betrachtet werden. Da es generell nicht möglich ist, sie im Labor zu studieren, würde ich die NTK auf einer Wahrhaftigkeitsskala niedriger einstufen als die ‚konventionellen' Psi-Phänomene."

Tatsächlich besteht der Unterschied zwischen NTK und Psi-Phänomenen in der Tatsache, dass man sie nicht im Labor studieren kann. Wie Nahtod-Erfahrungen können auch NTK nicht oder nur mittels der Wirkung auf die Kontaktierten „authentifiziert" werden. Alle Empfänger, die in den vorhergehenden Kapiteln zitiert wurden, waren sich hundertprozentig sicher, dass ihre NTK mit Verstorbenen echt waren. Wie kommt es, dass sie von der Authentizität ihrer Erfahrung so überzeugt sind?

> „Weil sie das extrem starke Bedürfnis haben, dass ihre Erfahrungen echt sind, und weil es für uns alle sehr schwierig ist, unsere eigenen Erfahrungen zu negieren. Die eigentliche

> Frage lautet, ob sie, objektiv gesehen, echt sind, das heißt, echt auch für andere Personen."

Das ist bei gemeinschaftlich erlebten NTK der Fall, wenn mehrere Personen in ein und demselben Raum gleichzeitig einen Kontakt mit einem Verstorbenen erleben. Sie sehen zum Beispiel eine Erscheinung, nehmen einen charakteristischen Duft wahr, können den Verstorbenen hören, und anderes mehr. Ist ein gemeinsam erlebter NTK also glaubwürdiger? Oder kann man vermuten, dass sich die Anwesenden gegenseitig bestärken und so eine Art übertragener Illusion erzeugen? Radin bevorzugt die erste Deutung.

> „Eine von mehreren Personen geteilte Wahrnehmung macht solche Ereignisse in der Tat glaubwürdiger. Zudem sind gemeinsam erlebte Illusionen, speziell, wenn sie detailliert und präzise sind, ganz und gar unüblich."

Was soll man von den NTK halten, die *nicht* von mehreren Menschen wahrgenommen werden? Nehmen wir an, mehrere Personen halten sich im selben Raum auf und eine von ihnen erlebt einen NTK, während die anderen nichts Ungewöhnliches bemerken. Wären NTK im mathematischen Sinne „echt", müssten logischerweise alle Anwesenden sie wahrnehmen. Was meint Radin dazu?

> „Es liegt in der Natur der Psi-Phänomene, dass so etwas vorkommt. Die meisten dieser Ereignisse sind rein subjektiv und können nicht mit anderen geteilt werden. Wenn eine Person in einer bestimmten Umgebung Farben sieht und alle anderen farbenblind sind, wird man den einen für gestört halten. Unsere Sinne sind alle relativ gleich beschaffen, aber es gibt trotzdem erhebliche Unterschiede zwischen den Menschen."

Im Falle der „praktischen NTK" scheinen die Verstorbenen sehr konkrete und präzise Informationen zu liefern, die den Empfängern vorher nicht bekannt waren. Das können ein verstecktes Sparbuch, eine Lebensversicherung oder andere Dokumente sein, die die Hinterbliebenen dringend brauchen. Bei solchen Kontakten findet ein regelrechter Informationstransfer statt, da die Empfänger diese Information vorher wirklich nicht besaßen. Wie kann man sich das erklären?

> „Wenn man berücksichtigt, wie eindeutig sich in Laborexperimenten gezeigt hat, dass psychische Fähigkeiten existieren, ist es plausibel, dass sie die Informationsquelle sind, beispielsweise durch hellseherische Fähigkeiten."

Dennoch verfügten die Empfänger wirklich nicht über Informationen, die anscheinend tatsächlich von den Verstorbenen stammten, sodass man annehmen muss, dass sie die Fähigkeit haben, mit den Lebenden zu interagieren.

> „Die Informationen *könnten* von den Verstorbenen stammen, aber die Vorstellung, dass die Verstorbenen mit uns kommunizieren, ist rein hypothetisch. Wir wissen durch ein reiches Datenbündel, dass lebende Personen Informationen auf ungewöhnliche Weise erhalten können, zum Beispiel durch Hellsichtigkeit oder Telepathie, aber wir haben praktisch keine unabhängigen Daten, die zeigen, dass die Verstorbenen mit uns kommunizieren können. Alle Hinweise, die in irgendeiner Form auf ein Weiterleben deuten, gehen letztlich auf einen lebenden Menschen zurück, auf die Aussage eines Mediums, den Bericht eines Wahrsagers, ein Nahtod-Erlebnis, die Interpretation eines ungewöhnlichen Vorfalls nach einem Todesfall und so weiter. Sie werden alle durch lebende Wesen vermittelt."

Alle unsere Zeugen waren von der Echtheit ihres NTK überzeugt, und die meisten von ihnen behielten ihre Meinung auch bei, trotz der Reaktion ihrer Umgebung. Ein paar begannen jedoch zu zweifeln, als ihre Erzählung auf Skepsis stieß. Sie fühlten sich hilflos und waren traurig, weil ihnen etwas Wichtiges genommen worden war. Ich fragte Radin, ob es riskant sei, über diese Art von Erfahrungen zu sprechen.

> „Ja, es ist riskant. Wenn durch den Kontakt der Schmerz über einen Verlust gelindert wird, ist er wertvoll, wo immer er herkommen mag. In diesem Fall ist es keine gute Idee, andere Menschen von der Echtheit der Erfahrung überzeugen zu wollen, denn wenn sie nicht selbst einen NTK erlebt haben, können sie nicht davon überzeugt sein und werden bei den Empfängern unweigerlich Zweifel säen."

Man kann sich fragen, warum Erfahrungen wie Nachtod-Kontakte in unseren westlichen Gesellschaften mit so viel Skepsis aufgenommen werden.

> „Die Skepsis wird größtenteils durch das bei uns vorherrschende Denken bestimmt, mit dem wir in der modernen Welt unsere Kenntnisse auf wissenschaftlichem Weg erwerben. Wir haben noch keine wissenschaftlichen Theorien, die die Natur des Bewusstseins erklären, und solange das nicht der Fall ist, können wir nicht mit Sicherheit wissen, ob etwas den physischen Tod überdauert. Deshalb gilt die Vorstellung, dass wir mit Toten kommunizieren, eher als Aberglaube oder als psychisches Bedürfnis, und nicht als etwas, das objektiv so ist, wie es zu sein scheint."

Wie sieht es mit der Toleranz anderer Kulturen und Traditionen gegenüber solchen Erfahrungen aus?

> „Die moderne westliche Gesellschaft ist vermutlich einzigartig mit ihrer Skepsis. In anderen Kulturen und Epochen wird die Existenz von Geistern als gegeben angenommen."

Wenn NTK im Labor wiederholt werden könnten, wären sie dann besser angesehen? Warum sind die Wissenschaftler so kritisch und weigern sich, diesem und anderen Phänomenen einen Status der Authentizität zuzubilligen?

> „Laborstudien sind der Standard schlechthin für die Entscheidung, ob wir etwas als wahr betrachten."

Die Schlange beißt sich in den Schwanz: Ohne Befunde aus dem Labor kein ontologischer Status. Einverstanden, aber NTK *sind nicht reproduzierbar*. Was tun? Die Forschung kann sich auf zwei Elemente stützen: *Das Erlebnis* des Empfängers, das ich in den vorhergehenden Kapiteln ausführlich beleuchtet habe, und das *massive Auftreten* solcher Erfahrungen. Nach einer großen, oben schon erwähnten wissenschaftlichen Studie haben ungefähr 25% der Europäer schon einmal einen NTK erlebt. Für die USA liegen die Schätzwerte bei 30% bis 50% der Bevölkerung. Anders gesagt, Millionen Menschen scheinen Kontakt zu einem verstorbenen Angehörigen oder Freund gehabt zu haben. Diese Schätzung kann entweder als Hinweis auf die Authentizität von NTK betrachtet werden oder einfach nur bedeuten, dass Trauernde die Eigenschaft haben, Verstorbene wahrzunehmen – worin auch immer der Ursprung dieser Wahrnehmungen liegt.

Warum wird ein Phänomen dieser Tragweite weiterhin von den Medien ignoriert? Warum gibt es so wenige wissenschaftliche Studien in diesem Bereich? Warum bleibt es ein so problematisches Thema? Wie denkt Radin darüber?

> „Aus denselben Gründen, aus denen ein ernsthaftes wissenschaftliches Interesse an Psi-Phänomenen ignoriert wird. Solche Phänomene weichen von dem derzeit vorherrschenden Verständnis von der Beschaffenheit und dem Potenzial des Bewusstseins ab. Außerdem denkt man bei solchen Phänomenen sofort an Nervenkitzel und Horrorfilme oder hält sie für ein Steckenpferd von Randgruppen. Deshalb wollen

> sehr wenige ‚seriöse' Wissenschaftler es riskieren, dass man sie mit so etwas in Verbindung bringt."

Es ist sicherlich sehr schade, dass Wissenschaftler – besonders im universitären Bereich – ihren Ruf und möglicherweise ihre Karriere riskieren, wenn sie ungewöhnliche Phänomene im Zusammenhang mit dem Tod in ihre Forschung einbeziehen. Selbst Radin, der im Labor und mit großer Gewissenhaftigkeit in zahllosen wissenschaftlichen Experimenten die Existenz von Psi-Phänomenen nachgewiesen hat, äußert sich zurückhaltend zum ontologischen Status von NTK. Zugegeben, die Implikationen dieser Erfahrungen sind atemberaubend: Das Überleben des Bewusstseins, die Existenz einer „unsichtbaren Welt", die für uns alle das letzte Ziel wäre, die punktuelle, kurze Möglichkeit, mit verstorbenen Angehörigen und Freunden zu kommunizieren, die Vorstellung, dass sie ständig ein Auge auf uns haben und intervenieren, wenn wir in unmittelbarer Gefahr sind (NTK mit Schutzfunktion). Solche Kontakte und ihre Folgen stellen unsere Vorstellung von der Wirklichkeit grundlegend infrage. Sie drohen das paradigmatische System unserer heutigen Wissenschaft einzureißen, und es gibt nichts Verstörenderes, als womöglich die eigenen Gewissheiten zu verlieren und alles neu überdenken müssen. Der Widerstand, den die Wissenschaft den ungewöhnlichen Phänomenen rund um den Tod entgegenbringt, ist stark und begünstigt nicht gerade die Etablierung und Finanzierung aufwendiger Forschungsprojekte.

Trotz dieser Schwierigkeiten bin ich der Ansicht, dass die Zeit gekommen ist, Informationen über NTK sowohl in der breiten Öffentlichkeit als auch unter Wissenschaftlern großflächig zu streuen, aber auch sich um ein besseres Verständnis zu bemühen.

Zu diesem Zweck habe ich ein auf zwei Jahre angelegtes internationales Forschungsprojekt in die Wege geleitet, das den Titel „Studie über die Phänomenologie und die Wirkung spontaner und direkter Nachtod-Kontakte" (*Investigation of the phenomenology and impact of perceived spontaneous and direct After-Death Communications (ADCs)*) trägt. Dank einer großzügigen Förderung konnte das Projekt im Februar 2018 beginnen und wird im Januar 2020 beendet sein. An ihm sind Forschungsteams aus der Schweiz, Großbritannien, Argentinien und den USA beteiligt.

Wir haben einen sehr detaillierten Online-Fragebogen erarbeitet, der den Teilnehmern auf Englisch, Französisch und Spanisch zur Verfügung gestellt wurde, sodass wir 1004 Zeugenberichte in drei Sprachen sammeln konnten. Wir verfügen demnach über die derzeit weltweit wichtigste mehrsprachige Datenbasis über Nachtod-Kontakte.

Nachtod-Kontakte im größeren Kontext

Wenn man sich die Frage nach der Authentizität der NTK stellt, muss man sich bewusst sein, dass diese Kontakte kein isoliertes Phänomen sind, sondern in einem größeren Kontext auftreten – dem Kontext der verschiedenen Erfahrungen rund um den Tod. Wenn man die Erlebnisse getrennt voneinander untersucht – Nahtod-Erfahrungen, Sterbebett-Visionen, NTK, Kommunikation mit Verstorbenen mithilfe von Medien –, scheint das Geheimnis undurchdringlich, und viele Fragen bleiben offen. Studiert man sie dagegen als Ganzes, indem man sie parallel setzt und ihre Phänomenologie und ihre Auswirkungen vergleicht, stellt man auffallende Ähnlichkeiten fest. Die Puzzleteile ergeben nach und nach ein Muster, sie fügen sich an verschiedenen Stellen des Tisches aneinander, und ein Bild entsteht, wie es uns vorschwebt: Ein Bild der Wirklichkeit, die umfassender und globaler ist als jene, die durch unser heutiges Bewusstsein gemalt wird. Wir müssen jedoch zugeben, dass wir nicht mehr tun können als uns anstrengen und uns der Realität so weit wie möglich annähern, denn sie bleibt in ihrem Kern für unser menschliches Verständnis unerreichbar.

Wir suchen geduldig, überprüfen und kontrollieren immer noch einmal, ob das Teilchen, das wir in der Hand halten, zu den anderen, schon zusammengefügten Teilen passt oder vielleicht an eine andere Stelle gehört oder erst später seinen Platz findet. Da das Puzzle aus vielen Teilen besteht – die Phänomene sind komplex und facettenreich – ist das Gesamtbild noch nicht sichtbar, nicht einmal mit all seinen schwindelerregenden Konsequenzen, und dennoch erkennen wir hier ein Stück Landschaft, dort ein Stück Himmel. Die Berichte der Menschen und die Erlebnisse, die viele von ihnen großzügig mit uns geteilt haben, werden uns bei der Arbeit an dem Puzzle helfen, das uns, wenn es erst einmal fertig ist, zweifellos ein besseres Verständnis vom Wesen der Wirklichkeit liefern wird.

In Kapitel 4 bin ich detailliert auf Sterbebett-Visionen eingegangen. Sehen wir uns jetzt die Nahtod-Erfahrungen an, die in denselben Kontext gehören.

Nahtod-Erfahrungen (NTE)

Im Gegensatz zu Nachtod-Kontakten werden Nahtod-Erfahrungen (engl. *Near Death Experiences* oder NDE) von den Medien häufiger aufgegriffen und sind relativ bekannt, auch in den Deutschland. Sie kommen jedoch bei Weitem nicht so häufig vor wie NTK.

Eine Umfrage unter 2044 nach einem statistischen Schema ausgewählten Deutschen von Hubert Knoblauch, Professor für Soziologie an der TU Berlin, und seinen Kollegen ergab, dass etwa 4% der Befragten eine Nahtod-Erfahrung gemacht haben – und zwar gleich verteilt über Ost- und Westdeutschland, Männer und Frauen, Norden und Süden, Großstädte und Dörfer, Protestanten und Katholiken. Hochgerechnet auf die gesamte Bevölkerung wären das etwa 3,3 Millionen Menschen.

Für einen sehr bemerkenswerten Aufsatz, der in der renommierten Zeitschrift *The Lancet* publiziert wurde, untersuchten der holländische Kardiologe Pim van Lommel und seine Kollegen die Ergebnisse einer Befragung in zehn holländischen Kliniken mit 344 Patienten, die nach einem Herzstillstand reanimiert worden waren. 62 Patienten, das heißt 18%, hatten während des Herzstillstands eine NTE erlebt.[93] Nach einer Meta-Analyse, die von Marie Thonnard

93 Van Lommel, Pim; Van Wees Ruud; Meyers Vincent, „Near death experience in survivors of cardiac arrest: a prospective study in the Netherlands“, *The Lancet*, 2001, 358:2039-2045.

und anderen Wissenschaftlern erstellt wurde, liegt die Häufigkeit von NTE bei Personen, die einen Herzstillstand erlitten haben, zwischen 2% und 12%.[94]

Die Anzahl der NTK in der europäischen und US-amerikanischen Bevölkerung wird auf 30% bis 50% geschätzt. Man muss jedoch bedenken, dass nur eine begrenzte Anzahl von Personen überhaupt einen Herzstillstand und anschließend vor ihrer Reanimation eine Nahtod-Erfahrung hatte, während praktisch alle Menschen einen Angehörigen oder engen Freund verloren haben, was sie zu potenziellen Kandidaten für einen NTK macht.

Erinnern wir uns: Nahtod-Erfahrungen können spontan auftreten, wenn jemand dem Tod nahe oder klinisch tot ist, im Koma liegt oder, seltener, ein schweres Trauma (einen Angriff, eine Vergewaltigung) oder einen panischen Schrecken ohne direkte physische Schädigung erlebt (zum Beispiel, wenn ein Frontalzusammenstoß mit einem anderen Fahrzeug unvermeidlich scheint, in letzter Sekunde aber abgewendet werden kann).[95] Eine Nahtod-Erfahrung wird beschrieben als das Gefühl, den eigenen Körper zu verlassen, in eine transzendentale Realität einzutauchen und ein strahlendes Licht voller Liebe und Wissen wahrzunehmen. Dabei scheint das Gefühl für Zeit und Raum abhandenzukommen.

Manche sagen, dass sie bei dieser Erfahrung keinen Körper hatten, sondern reines Bewusstsein oder ein kraftvolles Energiezentrum waren. Andere beschreiben ihren Körper als leicht, flüssig, mit fließenden Konturen. Eine Konstante der Erfahrung ist, dass die eigene Identität erhalten bleibt. Die Betroffenen haben die Gewissheit, während der NTE sie selbst gewesen zu sein, ihre Identität und Persönlichkeit, ihren Charakter und ihre Biografie behalten zu haben.

Der Ablauf einer NTE kann die folgenden Etappen enthalten, die jedoch nur selten vollständig ablaufen.

Die Betroffenen haben das Gefühl, ihren physischen Körper zu

94 Thonnard, M., Schnakers, C. und Boly, M., „Expériences de mort imminente: phénomènes paranormaux ou neurologiques?", *Rev Med Liege*, vol. 5-6 n° 63, 2008, S.438-444.

95 Sog. *fear death experience (Todesangst-Erfahrung)*

verlassen (**außerkörperliche Erfahrung**), sich zu erheben und auf ihren Körper und seine Umgebung (den Ort des Unfalls, die Reanimationsversuche im OP) aus einer gewissen Höhe herabzublicken. Gewöhnlich erinnern sie sich später an die Handlungen, Worte und Gesten der anderen Anwesenden und können sie wiedergeben. Die Personen spüren sofort ein großes **Wohlbefinden**, stellen fest, dass sie keinen Schmerz empfinden und legen ein vollständiges Desinteresse an ihrem Körper an den Tag, den sie ohne Bedauern zurücklassen. Sie berichten übereinstimmend von der Klarheit, die eine NTE kennzeichnet, die sich dadurch deutlich von einem Traum oder einer Halluzination abhebt. In diesem Stadium haben die Menschen den Eindruck, in einen dunklen **Tunnel** „hineingesaugt" zu werden und sich auf ein strahlend helles Licht zuzubewegen, das sich in sehr großer Entfernung am Ende des Tunnels befindet. Sie nähern sich diesem Licht, das sie wie ein Magnet anzieht, mit rasender Geschwindigkeit, bis sie in einem wahren Feuerwerk an Freude und Seligkeit darin eintauchen. Aus diesem intensiven, aber nicht blendenden Licht löst sich ein Lichtwesen, das als Personifikation der Liebe, des Wissens, des absoluten Verstehens beschrieben wird. Viele benennen das Gefühl als „nach Hause kommen" oder „in den Hafen zurückkehren". Die Kommunikation zwischen dem Lichtwesen und dem Menschen geht telepathisch vonstatten. Die Begegnung erzeugt ein Gefühl von vollkommenem **Glück**, von umfassendem **Verstehen** und tiefem **Frieden**. Manche sprechen vom Anblick herrlicher **Landschaften**, die wunderschönen irdischen Gegenden nachgebildet sind. An diesem Punkt kann ein **Lebensrückblick** stattfinden. Dabei sieht die Person außerhalb der Zeit und in drei Dimensionen alle Ereignisse ihres Lebens vor sich ablaufen, von den eindrücklichsten bis zu den banalsten. Häufig nehmen **Geistführer** die Menschen in Empfang, um sie zu begleiten und zu trösten. Manchmal begegnen sie **verstorbenen Angehörigen**, die sie intuitiv wiedererkennen und nicht durch die Sinnesorgane ihres Körpers, der gelegentlich als fließend, durchsichtig oder auch abwesend beschrieben wird. Die Zeugen sprechen von einer **Grenze**, auf unterschiedliche Art symbolisiert, deren Überschreitung die Rückkehr in den physischen Körper unmöglich macht. Die Erfahrung endet mit dem **Wiedereintritt in den physischen Körper**, häufig eher aufgebürdet als erwünscht, der selten sehr präzise beschrieben wird und häufig verbunden ist mit dem Wissen um eine Aufgabe, die man auf der Erde noch zu erledigen hat.[96]

Man muss allerdings festhalten, dass zwischen 4 und 5% der NTE als erschreckend empfunden werden; sie bezeichnet man als „negative NTE".

> „Während der Nahtod-Erfahrung", schreibt eine Betroffene, „konnte ich einen Blick auf die Welt werfen, die uns jenseits unserer irdischen Existenz erwartet. Ich weiß nicht, wie dieses neue Leben aussehen oder wie es ablaufen wird, aber ich weiß, dass ich dort unendlich glücklich sein werde."

Zahlreiche Menschen haben während einer NTE einen Zugang zum universellen Wissen gefunden. Bei der Rückkehr in den gewöhnlichen Bewusstseinszustand behalten sie eine vage Erinnerung daran, aber an die Einzelheiten können sie sich nicht mehr erinnern. Während der Erfahrung sind ihre intellektuellen Fähigkeiten grenzenlos, sie verstehen alles, wissen alles, erkennen den Sinn ihres Lebens, die Gründe für ihre vergangenen Freuden und Leiden. Ihnen werden die Berechtigung und Kohärenz ihres individuellen Schicksals klar, und sie begreifen, dass sie in ein unendlich harmonisches Ganzes eingegliedert sind. Manche sehen zukünftige Ereignisse voraus, die später tatsächlich eintreffen. Die Sicht auf zukünftige Ereignisse impliziert die Abwesenheit von Zeit, wie wir sie verstehen, weil Vergangenheit, Gegenwart und Zukunft gleichzeitig vorhanden und zugänglich sind. In Gegenwart des Lichtwesens wird ihnen enthüllt, wie alle Elemente im Universum funktionieren, zusammenwirken und sich ergänzen, und ihnen wird das Schicksal der Menschheit von Anbeginn der Zeit bis in eine unendlich ferne Zukunft offenbart.

---

96 Vgl. meine Website www.eyelyn-elsaesser.com.

Der Lebensrückblick, bei dem eine phänomenale Menge an Informationen freigesetzt wird, ist ein wesentliches Element der NTE. Die Betroffenen sehen die Ereignisse ihres Lebens dreidimensional vor sich ablaufen, angefangen bei ihrer frühen Kindheit bis zum Moment der NTE. Sie können den Lebensfilm beschleunigen, wenn eine Episode kein besonderes Problem darstellt, oder „auf Pause drücken“, wenn sie eine Sequenz, die schlecht verständlich, schmerzhaft oder konfliktreich war, noch einmal detaillierter sehen wollen. In Gegenwart des Lichtwesens und aus der Perspektive des Beobachters erleben sie die fragliche Szene aus ihrem eigenen Blickwinkel, aber auch aus dem der anderen, die von dem Ereignis betroffen sind, wodurch sie gleichzeitig die Gefühle aller Beteiligten nachempfinden können und die Tragweite und Folgen ihrer Handlungen verstehen. Der Lebensrückblick hat offenkundig eine erzieherische Funktion.

Nachdem sie sich eine Weile in dieser Umgebung aufgehalten haben, häufig in Begleitung eines Geistführers oder Lichtwesens, nehmen die Betroffenen einen Bach, einen Weg, eine Steinmauer oder ein anderes Element wahr, das eine Grenze symbolisiert. Sie wissen oder werden von den Geistführern darüber informiert, dass das Überqueren dieser Grenze die endgültige Trennung von ihrem physischen Körper nach sich ziehen würde. Ihr Glücksgefühl ist so stark, dass die Mehrzahl von ihnen sich sehnlichst wünscht, die Grenze überschreiten zu dürfen, und bereit ist, ihren Körper und ihr Leben hinter sich zu lassen. Andere bitten darum, nicht selten flehentlich, ihr irdisches Leben weiterführen zu dürfen, weil jemand sie braucht, insbesondere wenn kleine Kinder im Spiel sind. Die Mehrzahl jedoch ist bereit, sich ohne jedes Bedauern auf die neue Existenz einzulassen; die Liebe zu und von ihren Angehörigen ist nicht stark genug, um sie zurückzuhalten. Über diejenigen, die weitergegangen sind, wissen wir natürlich nichts, aber die anderen, die das Ereignis überlebt haben, das sie an die Schwelle des Todes führte, berichten, dass die Geistführer ihnen erklärten, ihre Stunde sei noch nicht gekommen, sie hätten auf der Erde noch eine Aufgabe zu erfüllen, bevor sie endgültig an diesen wunderbaren Ort kommen können.

Ähnlich wie bei NTK werden Menschen, die eine Nahtod-Erfahrung machen, von diesem Erlebnis tief und dauerhaft beeinflusst oder innerlich verwandelt. Nach einer längeren Phase, in der die NTE allmählich ins Leben integriert wird – sie kann Jahre dauern, schwierig sein und mit Verwirrung und sogar Depressionen einhergehen – beginnen allmählich die positiven Seiten der Erfahrung zu wirken und verstärken sich sogar mit der Zeit. Dass die Erfahrung anderen Menschen so schwer zu vermitteln ist, isoliert die Betroffenen, die häufig erklären, sie fänden keine Worte dafür und niemand verstünde sie wirklich. Eine NTE führt zu einem grundsätzlichen Infragestellen der eigenen Werte, Ziele und Lebensgewohnheiten.

Vereinfacht dargestellt, sind die wichtigsten Veränderungen folgende:

- **Die Vorstellungen von Leben und Tod:**

Die wichtigsten, tiefgreifendsten Veränderungen sind der Abbau oder die Beseitigung der Todesangst, die Gewissheit, dass das Bewusstsein den Tod des physischen Körpers überdauert, und die Überzeugung, dass es eine geistige Dimension gibt; all das führt zu einer neuen Einstellung zum Leben und zum Tod. Auch die Veränderung der Werteskala ist eine Konstante; die Weltsicht der Betroffenen verändert sich dramatisch. Wenn die Phase der Integration beendet ist, zeigen sich häufig eine innere Ausgeglichenheit, gesteigerte Lebensfreude und die Fähigkeit zu intensivem Lebensgenuss im Hier und Jetzt; auch kleinere Alltagsärgernisse sind leichter zu relativieren. Mit der Zeit kristallisiert sich ein neuer Lebenssinn heraus. Dies geht Hand in Hand mit einem spirituellen Erwachen, das jeder und jede individuell gestaltet und umsetzt.

- **Die Vorstellung vom Ich:**

Der Zugang zum universellen Wissen, wie er von zahlreichen Betroffenen beschrieben wird, führt häufig zu einem gewaltigen Hunger nach mehr Wissen und dem Streben nach einer persönlichen Weiterentwicklung. Selbstvertrauen und Selbstwertgefühl gehören ebenfalls zu den Konsequenzen einer NTE. So hört man von den Betroffenen:

„Wenn das Lichtwesen mich lieben kann, so wie ich bin, mit all meinen Unvollkommenheiten und Schwächen, kann ich mich selbst auch annehmen.“ Das Urteil der anderen Menschen hat nicht mehr so viel Gewicht. Sehr präsent ist die Vorstellung, eine Aufgabe erfüllen zu müssen, was manchmal zur Last werden kann. Die Betroffenen sind der Überzeugung, dass sie aus einem bestimmten Grund zur Erde zurückgeschickt wurden, den sie mit einiger Dringlichkeit herauszufinden versuchen. Sie werden erst dann wieder ruhig, wenn sie verstehen und akzeptieren, was von ihnen erwartet wird – häufig ist das eine Neuorientierung, auch in beruflicher Hinsicht.

- **Zwischenmenschliche Beziehungen:**

Die Liebe hat für alle Betroffenen absolute Priorität. In der Gegenwart des Lichtwesens fühlten sie sich umfassend, bedingungslos, grenzenlos und ohne Vorbehalte geliebt, und sie selbst haben diese Liebe aus ganzem Herzen erwidert. In den Alltag zurückgekehrt, sehen eine Reihe von ihnen eine Emanation des Lichtwesens in jeder Person, der sie begegnen oder deren Weg sie kreuzen, weil sie bei ihrer Erfahrung gelernt haben, dass die Trennung eine Illusion ist und alle lebenden Wesen – ja, selbst alle Elemente im Universum – miteinander verbunden sind und ständig interagieren. Folglich nehmen sie in jedem Menschen „den göttlichen Funken“ wahr, und ihre Liebesfähigkeit und ihre Fähigkeit zum Mitgefühl sind deutlich gesteigert. Die neue Beziehung zu anderen Menschen muss jedoch erst gelernt werden, und so sind die Betroffenen, vor allem in der Phase der Integration der NTE, nicht vor Täuschungen oder gar Vertrauensbrüchen gefeit. Die Bedeutung, die den zwischenmenschlichen Beziehungen, der Toleranz, der gegenseitigen Hilfe und Unterstützung zugemessen werden, sind bei allen Betroffenen hoch.

- **Materielle Werte:**

Eine sehr verbreitete Folge von NTE sind die geringere bis negative Bedeutung, die materiellen Gütern, beruflichem und finanziellem Erfolg und gesellschaftlichem Status zugemessen werden.
Man bemerkt Ähnlichkeiten, aber auch wichtige Unterschiede zwi-

schen NTE und NTK, zu denen ich auch die Sterbebett-Visionen zähle, die NTK der Sterbenden. Der frappierendste Unterschied betrifft den *physischen Zustand* der betroffenen Personen. Bei einer Nahtod-Erfahrung stehen die Menschen an der Schwelle des Todes, sind klinisch tot oder liegen im Koma; das heißt, sie sind zu Beginn einer NTE oft, wenn auch nicht immer, bewusstlos. Die Erfahrungen bei einem schweren Trauma wie einer Vergewaltigung oder einem Angriff, die durch die *Erwartung* des scheinbar unvermeidlichen Todes ausgelöst werden, der jedoch im letzten Augenblick vermieden werden kann (bei einem Unfall, einem Sturz etc.), beginnen zwar bei Bewusstsein, aber dieser Typ NTE kommt eher selten vor. Die „klassischen" NTE ereignen sich blitzartig, beispielsweise bei einem Herzinfarkt, einem Unfall oder einem Suizidversuch. Bei einem NTK dagegen tritt keine Veränderung des körperlichen Zustands ein, wie aus den vielen oben zitierten Berichten hervorgeht, mit Ausnahme der vorübergehenden Quasi-Lähmung, die in Zeugenberichten erwähnt wurde, in der Fachliteratur aber nicht auftaucht. Es ist deshalb noch zu früh für eine qualifizierte Aussage, ob es sich wirklich um ein Merkmal von NTK handelt.

Sterbebett-Visionen ereignen sich bei Menschen, die langsam an einer Krankheit oder aus Altersgründen sterben, aber sie bringen keinerlei physiologische Veränderungen mit sich. Die Menschen sind wach und bei Bewusstsein, und ihre Vitalzeichen sind stabil. Es kommt zu keiner Trennung vom physischen Körper. Die Menschen am Lebensende können mit ihrer Umgebung kommunizieren und gleichzeitig mit ihren unsichtbaren Besuchern sprechen, und sie wissen sehr wohl, dass ihre Angehörigen die Verstorbenen nicht sehen können. Die Sterbenden scheinen problemlos und gekonnt zwischen der physischen Realität und der geistigen Dimension navigieren zu können. Anscheinend treten sie nach und nach und nur punktuell in eine andere Realität ein, während bei einer NTE die Person unversehens in sie hineingeworfen wird, bevor sie sich wieder mit ihrem physischen Körper vereint.

Medien

Der Begriff „Medium“ wird von Larousse definiert als „Person, die die Fähigkeit besitzt, durch augenscheinlich übersinnliche Mittel Botschaften von den Geistern der Verstorbenen wahrzunehmen und als Mittler zwischen Lebenden und Verstorbenen zu dienen. Person mit paranormalen Begabungen.“ Medialität wird beschrieben als die „Fähigkeit medial begabter Menschen, Geistern als Dolmetscher zu dienen“.

In dieser sehr allgemeinen Definition finden sich die Worte „übersinnlich“ und „paranormale Begabung“. Zahllose Berichte von NTK sprechen jedoch eine ganz andere Sprache. Sie sprechen dafür, dass die Fähigkeit der Medien, die „Geister der Verstorbenen“ wahrzunehmen und mit ihnen zu kommunizieren, zweifellos *in jedem und jeder von uns vorhanden ist*, in gewöhnlichen Zeiten latent, aber aktivierbar, wenn die Umstände es erfordern. Diese Fähigkeit hat eindeutig nichts Übersinnliches oder Paranormales an sich.

Der erweiterte Bewusstseinszustand, der in Todesnähe auftritt, gehört in eine ähnliche Kategorie. Wenn der Tod näherrückt, kann das Potenzial, das in jedem von uns vorhanden ist, aber gewöhnlich brachliegt, aktiviert werden. So können Menschen am Lebensende verstorbene Bezugspersonen wahrnehmen und zahlreiche nützliche Informationen über ihren nahenden Tod und das Jenseits erhalten.

Medien haben lediglich eine Veranlagung oder größere Sensibilität als der Durchschnitt, die sich, oft schon von frühester Kindheit an, im Lauf ihrer Entwicklung verfeinert und vertieft und sich mit der Zeit und durch praktische Erfahrungen erweitert. Medien definieren sich als „Botschafter“, die sich an der Grenze zwischen der materiellen und der spirituellen Welt bewegen. Sie sehen sich als Kanal (*channel*) und teilen ihren Klienten die Gefühle, Bilder und Worte mit, die sie aus der unsichtbaren Welt erhalten, während Empfänger von NTK eine seltene, punktuelle und ausgesprochen persönliche Erfahrung machen.

In seinem ausgezeichneten Buch *Das Experiment* stellt sich Stéphane Allix die Frage, wie Medien an ihre Informationen über Lebende und Verstorbene kommen, über die sie nichts wissen:

> „Die Forscher stehen vor zwei Hypothesen, um die erzielten Ergebnisse zu erklären: Entweder die Medien kommunizieren tatsächlich mit den Verstorbenen oder es handelt sich um eine Form von Telepathie, und diese Erklärung ist an sich bereits außergewöhnlich. In letzterem Fall wäre das Medium fähig, die Gedanken des Menschen, der es aufgesucht hat, zu lesen. Das Medium würde also nicht mit einem Geist reden, sondern die Informationen aus dem Kopf seines Gegenübers pflücken, das diese Informationen kennt.
>
> Allerdings hat sich erwiesen, dass diese Form der Telepathie eine passive Handlung darstellt: In diesem Fall empfängt das Medium Bilder, sogenannte Flashs, doch die Medien erzählen von interaktiven Gesprächen bei der Kommunikation mit Verstorbenen. Und, was noch entscheidender ist: In vielen Fällen sind die Informationen, die vom Medium überliefert werden, dem Tester, der im Versuch als Klient fungiert, unbekannt."[97]

NTK unterscheiden sich von Kontakten, die durch Medien hergestellt werden, durch die *Umstände* ihres Auftretens, die *Art der Informationen* und ihre *emotionale Wirkung*. Ein NTK spielt sich innerhalb weniger Sekunden ab, allenfalls einiger Minuten, wogegen Sitzungen mit Medien einen viel längeren Zeitraum beanspruchen. Sich mit einem Medium zu verabreden, erfordert eine gewisse *bereits vorhandene Überzeugung*. Man beschließt, bei einem Trauerfall, ein Medium aufzusuchen, weil man glaubt, dass es möglich ist, einen Kontakt zum Jenseits herzustellen, man geht zu der Sitzung in der Hoffnung, mit dem geliebten Verstorbenen kommunizieren zu können. Man ist demnach *vorkonditioniert* oder zumindest offen

97 Allix, Stéphane, *Das Experiment*, S.15-16.

für die Möglichkeit, über den Verstorbenen Informationen zu erhalten. Das ist nicht der Fall bei NTK, die den Empfänger unversehens treffen, ohne jede *Erwartungshaltung* von seiner Seite. Die *Absicht* ist eine völlig andere, im ersten Fall sehr klar, im zweiten nicht vorhanden. Bereits existierende Meinungen spielen für das Auftreten eines NTK keine Rolle. Ein Atheist oder Agnostiker kann eine solche Erfahrung ebenso machen wie ein Gläubiger. Der Glaube an ein Weiterleben des Bewusstseins oder die standhafte Leugnung dieser Möglichkeit sind für einen NTK irrelevant. Das Ereignis tritt ein, die Wirkung entfaltet sich unmittelbar, es gibt keine Zweifel mehr – der geliebte Mensch hat sich manifestiert, er lebt, er sorgt sich um uns, die Verbindung ist nicht abgerissen. Das eigene Weltbild kann sich infolge dieser Erfahrung ändern, aber dann befinden wir uns bereits in der Phase der Intellektualisierung des Phänomens und nicht mehr im unmittelbaren Empfinden.

Bei einer Sitzung mit einem Medium werden die Informationen durch das Medium übermittelt. Der Erfolg der Sitzung hängt von der Fähigkeit des Mediums ab, sich auf dieselbe Frequenz wie der Verstorbene zu begeben, ihn zu erreichen, ihn zu verstehen und die erhaltenen Informationen in Worte zu übersetzen. Dazu darf das Medium nicht zulassen, dass sich seine eigenen Gedanken und Gefühle einmischen. Das ist heikel, das ist schwierig, manchmal verwirrend, oft anstrengend, vor allem dann, wenn die Klienten Antworten auf präzise Fragen verlangen.

Die *Art der Informationen* unterscheidet sich ebenfalls. Bei der Sitzung mit einem Medium gibt sich der Verstorbene offenbar zunächst zu erkennen, damit ihn die Rat suchende Person wiedererkennt. Dann wird in der Regel eine große Zahl von Informationen übermittelt. Bei einem NTK handelt es sich im Allgemeinen – es gibt Ausnahmen – weniger um eine Informationsübermittlung als um eine Kontaktaufnahme, ein Lebenszeichen, ein Wort der Unterstützung oder der Liebe, ein letztes Lebewohl.

Die *emotionale Wirkung* unterscheidet sich gravierend. Bei einer Sitzung mit einem Medium drückt der Verstorbene *durch den Mund des Mediums* seine Fürsorge und seine Liebe für den Ratsuchenden aus, was für einen trauernden Menschen zweifellos ein großer Trost ist. Bei einem NTK dagegen *spürt* der Empfänger die Liebe seines verstorbenen Angehörigen oder Freundes selbst. Er macht eine *direkte Erfahrung.* Selbst wenn ein flüchtiges Gegenwartsempfinden nur ein paar Sekunden dauert, empfindet der Empfänger die unendlich sanfte Liebe des Verstorbenen, die sein ganzes Sein erfüllt. Die emotionale Wirkung – und die Heilkraft – eines NTK sind bemerkenswert.

Parallelen zwischen den verschiedenen Erfahrungen in Todesnähe

Stimmen die Worte und Beschreibungen, die von den Medien weitergegeben werden, mit dem überein, was ansonsten bei Erfahrungen in Todesnähe erlebt wird, sei es NTE, Sterbebett-Visionen oder NTK? Kann man die Ergebnisse vergleichen? Übereinstimmungen finden? Ich möchte es mithilfe der Transkriptionen von Sitzungen mit Medien versuchen, die Stéphane Allix in *Das Experiment* veröffentlicht hat.

Das Licht ist bei allen Erfahrungen in Todesnähe ein zentrales Motiv, wie übrigens in allen großen Religionen. Dieses Licht ist viel mehr als eine simple Quelle von Helligkeit, es ist lebendig, intelligent, liebevoll und allwissend.

Bei **NTE** berichten die Betroffenen von der Begegnung mit einem Lichtwesen, das Wissen und absolute Liebe verkörpert und ein Gefühl von Glück und tiefem Frieden erzeugt. Dieses herrliche Wesen kennt sie genau und liebt sie bedingungslos, ungeachtet ihrer Schwächen und Verfehlungen, die ihnen während der Lebensrückschau vorgeführt werden. In Gegenwart des Lichtwesens haben sie Zugang zum absoluten Wissen, zu ihrem individuellen Lebensplan für Vergangenheit und Zukunft sowie zu dem Plan für die gesamte Menschheit und das Universum.

Hier zwei Berichte von Begegnungen mit diesem allwissenden und liebevollen Licht:

> „Das Licht kam auf mich zu und nahm die Form einer Person an. Andererseits war es keine Person. Es war ein Wesen, das Licht ausstrahlte; und im Inneren dieses Lichtes, das strahlend hell war und silbrig leuchtete – weiß mit einem Hauch Silber – war etwas, das wie ein Mann aussah … Ich wusste nicht genau, was es war, verstehen Sie, aber es war die erste Person, die sich zeigte, und ich hatte den Eindruck, dass die Liebe umso reiner war, je näher mir das Licht kam..."[98]

> „Ganz unerwartet überkamen mich intensive Gefühle. Als ob das Licht, das dieses (Licht-)Wesen umgab, mich mit seinen Strahlen durchfluten und in jede Zelle meines Körpers eindringen würde. Während ich diese Energie in mich aufnahm, spürte ich etwas, das ich nicht anders als ‚Glückseligkeit' nennen kann."[99]

Sterbebett-Visionen: Personen am Lebensende nehmen verstorbene Angehörige wahr, die manchmal von einem Lichtschein umgeben sind. Sie sehen gleichzeitig ein Licht und die Verstorbenen, wie in Emmas Bericht, der von den Krankenschwestern Callanan und Kelley aufgezeichnet wurde:

> „‚Ach, wenn ich mich doch nur entspannen könnte', beklagte sie sich.
>
> ‚Was würde passieren, wenn Sie sich entspannen könnten?', fragte ich.
>
> ‚Dann würde dieses Licht näherkommen, und ich könnte all diese Personen kennenlernen.'
>
> Einen winzigen Moment lang glaubte ich, sie meine die

98 Elsaesser-Valarino, Evelyn, *D'une vie à l'autre*, S.34.
99 Ebenda.

anderen Patienten im Zimmer oder das Pflegepersonal. Zögernd fragte ich:

‚Welche Personen?'

Emma schien erstaunt, als hätte ich eine alberne Frage gestellt.

‚All diese Personen um mein Bett herum, natürlich!, antwortete sie und wies mit großer Geste in die Runde, um die Menge der Leute zu zeigen, die ich nicht sehen konnte.'"[100]

Peter und Elizabeth Fenwick schreiben, dass das Licht sowohl in den Beschreibungen von NTE als auch bei Sterbebett-Visionen auftaucht:

„Man kann logischerweise folgern, dass die beiden Typen von Erfahrung in einem Zusammenhang stehen, dass sie Teil eines Kontinuums sind. [...] Ein Licht wird zum Beispiel sehr häufig gesehen, nicht erst in der Todesstunde, sondern in den Tagen oder sogar Wochen, bevor der Mensch stirbt.[...]."[101]

„Besonders interessant ist, dass gelegentlich die Menschen, die bei den Sterbenden sitzen, *dieses Licht ebenfalls sehen können*, als könnten sie an der Vision irgendwie teilhaben. Von diesem Phänomen berichten häufig Pflegepersonen oder Angehörige, aber auch die Sterbenden selbst. Das Licht wird gewöhnlich als hell und weiß beschrieben und mit starken Gefühlen von Liebe und Mitgefühl in Verbindung gebracht, die den ganzen Raum durchdringen. Häufig heißt es, dass es vom Körper des Sterbenden abstrahlt oder diesen umhüllt, und es bleibt normalerweise während des gesamten Sterbeprozesses bestehen."[102]

---

100 Callanan, Maggie und Kelley, Patricia, *Final Gifts,* S.105

101 Fenwick, Peter & Elizabeth, *The Art of Dying*, S.152.

102 Ebenda, S.153.

NTK: Das Licht tritt hauptsächlich, aber nicht ausschließlich, in Verbindung mit Erscheinungen auf. Selten wird nur ein Licht wahrgenommen, das jedoch ohne Zögern vom Empfänger identifiziert wird.

> „Zwei, drei Stunden nach dem Tod meiner Mutter wollte ich allein sein. Ich ging also in den Garten, wo ich plötzlich ein strahlend helles Licht sah. Es war etwas über einen Meter vom Boden entfernt und maß ungefähr einen Meter im Durchmesser. Das Licht hatte eigentlich keine Konturen, aber ich wusste, dass es meine Mutter war. Sie sagte:
> ‚Guten Tag, Edna. Ich liebe dich. Es geht mir gut, und mit dir wird alles in Ordnung kommen. Da, wo ich jetzt bin, ist es sehr schön, und ich bin sehr glücklich. Ich bin nach Hause zurückgekommen!‘
> Ich antwortete:
> ‚Ich freue mich so für dich!‘
> Sie fuhr fort:
> ‚Kümmere dich gut um Daddy […].‘“[103]

Häufiger sind Erscheinungen von einer Lichthülle umgeben oder lösen sich aus einem leuchtend hellen Hintergrund. Manchmal formt sich im Inneren des Lichtes eine Gestalt oder ein Gesicht.

> „Am Tag meiner Hochzeit kniete ich am Altar und sprach die Worte des Pfarrers nach, da fühlte ich plötzlich den Drang, meinen Kopf nach links zu wenden. Ich sah ein sehr helles Licht, eine Art erleuchtete Wolke. Ich wusste gleich, meine Mutter war da. Ich fühlte es. Ihr Gesicht konnte ich nicht genau erkennen, nur ihr Lächeln und ihre Augen. Ich glaube, sie hatte Frieden gefunden.“[104]

---

103 Guggenheim, Bill & Judy, *Trost aus dem Jenseits.*
104 Ebenda, S.75-76.

Auch **Medien** erwähnen häufig ein Licht. Stéphane Allix gibt wieder, was das Medium Henry Vignaud dazu sagt; Vignaud spricht von einem Licht, das Auskunft über das Entwicklungsstadium des Verstorbenen gibt, den er wahrnimmt:

> „Ihm ist bewusst, dass er sich während der Jenseitskontakte in einer Art lichtgeflutetem Raum befindet. Er erzählt mir, dass er diese Augenblicke liebt, wenn die Verstorbenen in einem mehr oder weniger strahlenden Licht erscheinen. Von diesem Lichtfeld kann er sofort darauf schließen, auf welcher Stufe sie sind. Manchmal sieht er eine reine, strahlende Form, dann wieder durchscheinende Gesichter. Wenn Henry Verstorbene sieht, die sich in ihrem Körper zeigen, dann sieht er ihr Strahlen, und das ist überwältigend, sagt er voller Rührung. Wenn das passiert, hat er keine Lust mehr, in unsere Realität zurückzukehren, gesteht er."[105]

Wo leben die Verstorbenen? In welcher Umgebung entwickeln sie sich weiter? Wie füllen sie ihre Tage? Und gibt es überhaupt Tage in der geistigen Welt, in der doch sicher nicht die Raumzeit herrscht, die den Rhythmus unseres Lebens bestimmt?

Die **Umgebung** wird von Menschen, die eine **NTE** erlebt haben, als eine Gegend beschrieben, die idyllischen irdischen Landschaften ähnelt. Es sind Landschaften von großer Schönheit, wie in dieser Beschreibung einer Frau, die im Alter von neun Jahren eine NTE hatte:

> „Als ich am Ende des Tunnels ankam, eröffnete sich mir eine wunderschöne Landschaft. Ich sah Wiesen voller Blumen und einen hübschen Weg rechts von mir. Die Bäume waren bis zur Mitte weiß bemalt, und es gab einen weißen Zaun. Es war bezaubernd. Und auf einer Weide, auch rechts

105 Allix, Stéphane, *Das Experiment*, S.85.

> von mir, standen die herrlichsten Pferde, die ich je gesehen habe!“[106]

Sterbebett-Visionen: Wenn Menschen am Lebensende Landschaften vor sich sehen, scheinen sie darin Trost zu finden. Abgesehen von der Schönheit der Landschaften, die als paradiesisch beschrieben werden, scheinen sie eine Information zu erhalten, die sie beruhigt und sie vertrauensvoll auf das zugehen lässt, was sie erwartet.

Und was sagen die **Medien**? Über den Raum, durch den sich die Verstorbenen bewegen, empfangen sie wenig Informationen. In Bezug auf die Botschaften, die er von den Medien erhielt, die er befragte, schreibt Stéphane Allix:

> „Die Verstorbenen erwähnen manchmal Landschaften, wunderschöne Landschaften, aber was sonst? Muss das Jenseits für uns Lebende unsichtbar bleiben?“[107]

Raum scheint nicht vorhanden zu sein, oder er weist in der Nachtod-Welt andere Eigenschaften auf. Allein dadurch, dass sie es sich in Gedanken wünschen, können sich Menschen bei einer **NTE** offenbar in Sekundenschnelle an einen beliebigen Ort versetzen, auch wenn der von dem Ort, an dem sich ihr Körper gerade befindet, sehr weit entfernt ist. Bei einer missglückten Operation zum Beispiel, die den Menschen an die Schwelle des Todes brachte, kann sich dessen Geist ins Wartezimmer versetzen, wo die Angehörigen warten, und ihren Gesprächen zuhören, oder er kann die eigene Wohnung aufsuchen, wo ein Familienmitglied gerade Essen kocht und dabei dessen Gedanken lesen. Es herrscht vollkommene Freiheit, die Möglichkeiten sind grenzenlos.

Das **Medium** Peter Yonas, das von Stéphane Allix befragt wurde, beschreibt etwas ganz Ähnliches:

---

106 Elsaesser-Valarino, Evelyn, *D'une vie à l'autre*, S.37.
107 Allix, Stéphane, *Das Experiment*, S.123.

> „Sie [die Verstorbenen] leben in einer Sphäre, die sich von unserer unterscheidet. In einer feinstofflichen Welt, in der es weder Raum noch Zeit gibt. Man bewegt sich schneller fort als ein Gedanke. Ihr Universum gleicht ein wenig unserem, und sie können dort Welten erschaffen."[108]

Auch die **Zeit** scheint während einer **NTE** verändert oder abgeschafft, denn die Erfahrung nimmt nur sehr wenig Zeit in Anspruch, manchmal nur wenige Minuten, zum Beispiel bei einem Herzstillstand. Vor allem während des Lebensrückblicks wird eine so phänomenale Menge an Informationen freigesetzt, dass er wie außerhalb der Zeit stattfindet. Dass sich der Blick während eines Lebensfilms auch auf zukünftige Ereignisse richten kann, ist besonders interessant. Ereignisse, die noch nicht eingetreten sind, sind schon in unsere Zukunft eingeschrieben, was auf die Abwesenheit von Zeit, so wie wir sie kennen, hindeutet, denn Vergangenheit, Gegenwart und Zukunft sind parallel vorhanden und zugänglich. Jean-Jacques Charbonier, Arzt für Anästhesie und Intensivmedizin in Toulouse, schreibt zu diesem Thema:

> „Das Jenseits durch ein zeitlich-räumliches Modell fassen zu wollen, muss notwendigerweise falsch und vereinfachend sein, wie die Quantenphysik betont, die auf den Zufallscharakter jeder Beobachtung hinweist, die sich auf ein vierdimensionales System bezieht."[109]

Sterbebett-Visionen sind von kurzer Dauer, können jedoch wiederholt auftreten. Auch sie hinterlassen einen starken Eindruck und können im Nu eine Vorstellung vom Tod hinwegfegen, die vielleicht ein Leben lang gültig schien. Man kann sich des Eindrucks nicht erwehren, dass sich die Zeit bei diesen Erfahrungen verändert, das heißt, ausdehnt.

---

108 Ebenda, S.216.

109 Charbonier, Jean-Jacques, *La Médicine face à l'au-delà: pour la première fois, des médecins parlent ...*, Paris 2010, S.8.

Auch **NTK** ereignen sich in kurzen Zeiträumen, und doch können die Empfänger den Eindruck haben, dass sie viele Informationen erhalten. In dem Gespräch, das ich mit Alan Botkin führte, erwähnte er, dass eingeleitete NTK sich anscheinend außerhalb der linearen Zeit abspielen. Seine Ansicht illustrierte er durch den Fall eines Patienten, der während einer ADC-Behandlung die Augen geschlossen hatte und sie nach ungefähr drei Sekunden wieder öffnete. Botkin hatte schon angenommen, dass seine Methode nicht gewirkt hatte, als der Klient anfing, einen langen, komplexen NTK zu erzählen. Anscheinend hatte er in nur drei Sekunden eine Fülle an Informationen erhalten. Das Zeitempfinden des Patienten war verändert, denn er sagte zu Botkin, er habe die Augen wohl zwei, drei Minuten geschlossen gehalten.

Um identifiziert werden zu können, müssen sich die Verstorbenen **in einer für die Lebenden erkennbaren Form** zeigen.

Bei einer **NTE** begegnen die Betroffenen verstorbenen Angehörigen, die sie durch eine Art geistiges Sensorium wiedererkennen und nicht mit den Sinnen eines Körpers, der gelegentlich als fließend, durchsichtig oder auch abwesend beschrieben wird. Die Verstorbenen werden jedoch problemlos erkannt. Hier ein Beispiel:

> „Kurze Zeit vor meinem vermeintlichen Tod kam Bob, ein sehr guter Freund von mir, ums Leben. In dem Moment, in dem ich meinen Körper verließ, hatte ich das starke Gefühl, dass Bob sich ganz nahe bei mir befand. Ich sah ihn im Geist und spürte ihn, aber es war ein merkwürdiges Gefühl: Ich sah ihn nicht als Körper, ich konnte etwas erkennen, aber nicht in der physischen Form; trotzdem erkannte ich ganz klar seine Gesichtszüge, alles. Ich weiß nicht, ob ich mich verständlich ausdrücke. Er war da, aber er hatte keinen irdischen Körper. Der Körper war ein wenig durchsichtig, er schien alle Gliedmaßen zu haben, aber ich kann nicht sagen, dass ich ihn als Körper sah.[110]

---

110 Elsaesser-Valarino, Evelyn, *D'une vie à l'autre*, S.49.

Bei **Sterbebett-Visionen** erkennen die Sterbenden, die Verstorbene wahrnehmen, diese sofort, aber sie erläutern nicht genauer, *in welcher Gestalt* sie sie wahrnehmen.

Die Beschreibungen visueller **NTK** reichen vom Anblick einer nebelhaften Silhouette bis zur Wahrnehmung eines vollständigen, festen Körpers, der wie ein lebendiger Mensch aussieht. Bei diesen Erscheinungen ist oft auch Licht mit im Spiel.

> „Am dritten Tag nach seinem Tod erschien mir mein Vater. Er sah aus wie immer, nur konnte ich durch ihn hindurchsehen. Seine Gestalt erschien mir wie grauer Nebel, aber er war deutlich zu erkennen. Und hinter ihm sah ich ein helles weißes Licht."[111]

Die Verstorbenen sehen häufig jünger aus als am Tag ihres Todes, sie scheinen bei bester Gesundheit zu sein und strahlen vor Glück; sie machen den Eindruck, als könnten sie sich zeitweise manifestieren und ins Bewusstsein der Lebenden eindringen, wo sie ein Bild ihrer Wahl erzeugen. Diese Eigenschaft wird sowohl von Empfängern mit NTK berichtet als auch von Menschen, die eine NTE erlebten.

Bei der Begleitung von Menschen am Lebensende konnten Loan Miège und Christelle Dubois, zwei **Medien** aus Stéphane Allix' Buch *Das Experiment*, „diesen Lichttunnel" beobachten, „in den die Seele gleitet". [...] „Wesen, die ihr in diesem oder einem anderen Leben nahestanden, heißen sie willkommen,[...] man kümmert sich um sie, hilft ihr bei der Weiterentwicklung." Ein Gefühl von Freude und Liebe geht von ihnen aus.[112]

Ganz ähnliche Wahrnehmungen hatte, wie Stéphane Allix schreibt, auch das Medium Christelle Dubois:

111 Guggenheim, Bill & Judy, *Trost aus dem Jenseits*, S.79.
112 Allix, Stéphane, *Das Experiment*, S.260.

> „Ein Übergang, ein Tunnel, geht bis ins Zimmer hinunter. Durch diesen Tunnel strömen verschiedene Energien wie Geistführer oder Verstorbene. Sie bewegen sich darin hin und her, sofern sie nicht im Zimmer warten. Christelle ist es passiert, in ein Zimmer zu treten und auf ein Dutzend Geistwesen zu treffen, die auf ihren sterbenden Angehörigen warteten.“[113]

Wir finden hier das Bild des Tunnels wieder, in den Menschen bei einer NTE nach eigenen Aussagen gezogen wurden und mit hoher Geschwindigkeit auf das Licht am Ende dieses Tunnels zustrebten. Darüber hinaus nehmen Medien auch die geheimen Besucher der Menschen am Lebensende wahr, die für deren Umgebung unsichtbar sind.

Wie bewerkstelligen es die Verstorbenen, dass sie für die Lebenden erkennbar sind? Das Medium Pierre Yonas erklärt im Gespräch mit Stéphane Allix, dass manche Verstorbenen ihm „Bilder zeigen, die sich darauf beziehen, wie sie aussehen“.

> „Pierre denkt, dass das eine Frage der Energie ist. Die Verstorbenen brauchen derart viel Energie, um diesen *Körper* zu erschaffen, der sie sichtbar macht, dass sie keine mehr übrig haben, um etwas anderes zu schaffen. Im Gegenzug haben diejenigen, die sprechen, nicht die nötige Energie und Kraft, sich gleichzeitig zeigen zu können.“[114]

Er fügt hinzu:

> „Die Energie ist der Schlüssel, der das Tor zur geistigen Welt öffnet und die Kommunikation mit den Toten ermöglicht. Um von dem Ort, an dem sie sich befinden, zu uns zu kommen – in unsere materielle Welt, die zahlreiche Störfrequenzen mit sich bringt – brauchen sie Energie. Viel Energie.“[115]

113 Ebenda, S.170.
114 Ebenda, S.194.
115 Ebenda, S.194-195.

Neben ihrem Erscheinungsbild scheinen die Verstorbenen ihre Identität, ihre Persönlichkeit, ihren Charakter und ihre persönliche Geschichte zu behalten. Das jedenfalls wird von Menschen erzählt, die während ihrer NTE nicht nur das Bewusstsein der eigenen Identität behielten, sondern sogar stärker denn je das Gefühl hatten, „sie selbst" zu sein, eine Konzentration, eine Essenz ihres eigenen, authentischen Seins. Eine Betroffene beschreibt es so:

> „Es ist schwer zu erklären. In diesem Moment war ich nicht mehr die Ehefrau meines Mannes. Ich war nicht mehr die Mutter meiner Kinder. Ich war nicht mehr das Kind meiner Eltern. Ich war vollkommen und absolut ich selbst."[116]

Es scheint auf der Hand zu liegen, dass unsere verstorbenen Angehörigen nicht mehr dieselben „Personen" sind, die wir gekannt und geliebt haben. Sie sind das, was sie waren, aber sie sind gleichzeitig *viel mehr als das*, auf eine für uns unvorstellbare Art und Weise. Das Medium Loan Miège beschreibt einen Verstorbenen, mit dem sie den Kontakt hergestellt hatte:

> „Er hat sich von der Person, die du gekannt hast, von seiner Identität distanziert und seine Essenz gefunden. Er lebt jetzt in seiner Essenz, die viel weitläufiger ist als die Persönlichkeit eines auf Erden inkarnierten Menschen. Es bleiben aber dennoch Charakterzüge vorhanden, oder er nimmt sie nur jetzt für uns an, um erkannt zu werden."[117]

Ein ***Gedankenaustausch*** zwischen den Lebenden und den Verstorbenen und ein ***Informationstransfer*** in Richtung der Lebenden sind Bestandteile aller Erfahrungen in Todesnähe und zweifellos der Sinn und die Essenz solcher Begegnungen.

---

116 Elsaesser-Valarino, *D'une vie à l'autre*, S. 44.
117 Allix, Stéphane, *Das Experiment*, S. 270.

Bei einer **Nahtod-Erfahrung** erklären die Betroffenen, sie hätten ein Lichtwesen, einen unbekannten Geistführer oder verstorbene Angehörige getroffen und sich mit ihnen auf telepathische Weise verständigt. Die meisten Menschen bei einer NTE waren bewusstlos, unter Narkose, im Koma oder klinisch tot, und doch haben diese inhaltsreichen und gefühlvollen Dialoge stattgefunden und sind deutlich in ihr Gedächtnis eingeprägt, wenn sie wieder in ihren gewohnten Bewusstseinszustand gelangen. Die *Substanz* der Gespräche ist eine persönliche und auf das Individuum zugeschnitten, das die Erfahrung macht. Manchmal enthalten die telepathischen Konversationen auch Überraschungselemente, wie im Fall einer Frau, die bei ihrer NTE erfuhr, dass ihr Vater nicht ihr biologischer Vater war – eine Information, die sich später bestätigte.[118]

Die Informationen, die bei **Sterbebett-Visionen** übertragen werden, sind *kraftvoll und effektiv*, da sie augenblicklich die Angst vor dem Tod nehmen. Es muss etwas an diesen Visionen sein, das nicht nur sofort jede Anspannung nimmt, sondern die Sterbenden regelrecht erfreut und sie dazu bringt, den Tod zu akzeptieren und die Reise, die sich ankündigt, gern anzutreten. In diesem Punkt gibt es eine Übereinstimmung mit der unvergleichlichen Glückseligkeit, von der Menschen nach einer NTE berichten.

Bei einem **Nachtod-Kontakt** kreisen die übertragenen Informationen um die Empfänger, das heißt, um die physische Welt, denn sie dienen dazu, die Lebenden zu trösten, ihnen konkrete Auskünfte zu geben, die sie dringend benötigen (praktische NTK), oder ihnen eine Tragödie zu ersparen (schützende NTK). Die Verstorbenen teilen üblicherweise mit, dass es ihnen gut geht und sie glücklich sind, womit sie andeuten, dass das Jenseits ein Ort des Friedens und des Wohlbefindens ist; sie schildern jedoch weder ihre neue Umgebung noch die Umstände ihrer neuen Existenz. Die Botschaften sind mit denen bei NTE und Sterbebett-Visionen vergleichbar. Viel seltener,

118 Persönliche Mitteilung, 2010.

vor allem bei Verstorbenen, die gewaltsam zu Tode gekommen sind, scheint der Kontakt eher ihnen selbst zu helfen als dem Empfänger, der sich sogar durch den Kontakt bedrängt fühlen kann.

Zweifellos kommt es zu einer Informationsübertragung. Sie vollzieht sich telepathisch, abgesehen von einer Reihe von auditiven NTK, wo sie als Stimme von außen wahrgenommen werden kann, wie bei einem Gespräch unter Lebenden.

Wie fangen die **Medien** die Informationen auf, die sie an ihre Klienten weitergeben? Stéphane Allix beschreibt, wie das Medium Pierre Yonas vorgeht, der bei dem Versuch, einen Kontakt herzustellen, ein Foto des Verstorbenen verwendet:

> „Wenn er ein Foto in die Hand nimmt, schaltet er augenblicklich geistig um. Er taucht in einen Zustand ein, in dem er so leer und so gelassen wie möglich ist. Um dahin zu gelangen, vergisst er, wer er ist, seinen Charakter, seine Kompetenzen, alles, was er gelernt hat. Er vergleicht diesen Zustand mit einer Amnesie, die höchstens ein bis zwei Sekunden dauert. Ab diesem Zeitpunkt hat er ein anderes körperliches Empfinden. Ein wenig so, als wäre er da, ohne da zu sein. Dann verändert sich sein Bewusstsein, und er spürt, wie *Dinge in ihn kommen*, als wäre er eine Antenne. […] In diesem Zustand hört er Sätze, empfängt Flashs, Bilder, Gerüche oder körperliche Empfindungen.“[119]

Jedes Medium hat seine oder ihre eigene Vorgehensweise oder vielleicht auch nur ein eigenes Vokabular, mit dem er oder sie dasselbe Vorgehen beschreibt. An anderer Stelle schildert Stéphane Allix, wie das Medium Florence Hubert bei öffentlichen Séancen den Kontakt zu Verstorbenen aufnimmt:

---

119 Allix, Stéphane, *Das Experiment*, S.196.

> „Florence sitzt an einem Tisch, auf den die im Saal anwesenden Familien und Freunde die Fotos der Verstorbenen gelegt haben, und hat das Gefühl, sich in einem Nebel zu befinden, einer Art Dunstschleier. *Etwas*, das sie einhüllt. Dann nimmt sie automatisch ein Foto in die Hand, und ihre übersinnlichen Wahrnehmungen öffnen sich. Sie hört Stimmen, Personen, die zu ihr sprechen, Lebensmomente beschreiben, Todesumstände, Vornamen oder manchmal nur den ersten Buchstaben nennen, ein Datum und so weiter."[120]

Medien sind, genau wie Menschen in Todesnähe, die ihre verstorbenen Angehörigen vor sich sehen, dazu *in der Lage, die geistige Welt zu betreten, während sie gleichzeitig vollständig in unserer physischen Realität verankert sind.* Beide kommentieren ihre Wahrnehmungen – Bilder oder Worte – für ihre Umgebung (im Fall von Sterbenden), ihr Publikum oder ihre Klienten (im Fall von Medien) und haben *zur gleichen Zeit* Zugang zu beiden Dimensionen.

Die Empfänger von **NTK** scheinen für kurze Zeit einen Einblick in die unsichtbare Welt zu erhaschen, was ihnen erlaubt, ihre verstorbenen Angehörigen zu sehen, obwohl sie selbst ganz in der physischen Welt bleiben.

Bei einer **Nahtod-Erfahrung** dagegen werden die Betroffenen in Sekundenschnelle in eine andere Realität katapultiert, und der Zugang zur physischen Welt ist vorübergehend unterbrochen.

So kann man sagen, dass die Fähigkeiten nicht auf bestimmte Menschen beschränkt sind – im vorliegenden Fall auf die Medien –, sondern ihre Aktivierung lediglich von den *Umständen* abhängt. Anders ausgedrückt: Wir haben alle *das Potenzial, die geistige Welt wahrzunehmen.*

---

120 Ebenda, S.302-303.

Was haben die Verstorbenen davon? Kann man annehmen, dass die Verstorbenen von einem Kontakt mit Lebenden ebenfalls profitieren? Die Frage stellt sich insbesondere bei Verstorbenen, die sich ihres neuen Zustands nicht bewusst sind. Anders gefragt: Kann man tot sein, ohne es zu wissen?

Erhalten **Medien** Informationen, die vermuten lassen, dass es Verstorbene gibt, die nicht wissen, dass sie tot sind? Stéphane Allix hat Aussagen von Medien gesammelt und kommt zu folgendem Schluss:

> „[…] Hinzu kommt die Tatsache, die auch oft in verschiedenen Traditionen und von Medien erwähnt wird, dass sich die Verstorbenen auf der anderen Seite auf unterschiedlichen Stufen beziehungsweise Ebenen befinden können. Der Zugang zu einer bestimmten Ebene entspreche dem Verständnis, das der Verstorbene von seinem Zustand habe, ob er sich schnell oder nur langsam seines Todes bewusst wurde. Dieser Prozess kann je nach Person mehr oder weniger mühselig vor sich gehen. Einige Seelen fühlen sich nicht wohl, sind sich dessen, was passiert, nur teilweise bewusst, und schaffen es nicht, aus dieser Verwirrung herauszufinden.“[121]

Vier unserer Zeuginnen haben schwierige NTK erlebt, drei davon mit unbekannten Verstorbenen, die man sicherlich in diese Kategorie einordnen kann.

Dominique Marie C. erlebte einen bedrückenden Kontakt mit ihrem Bruder, der ein paar Tage zuvor gestorben war, und dem nicht klar zu sein schien, dass er tot war. Er fragte sie, ob er gehen müsse, und sie antwortete mit einem kategorischen „Ja“.

Eliette S. sah eine „feindselige weibliche Gestalt“ im Landhaus ihrer Schwester und reagierte entsetzt, genau wie ihr Hund, der wie versteinert wirkte. Wir wissen nichts über die Todesumstände der

121 Ebenda, S.85.

Frau, abgesehen von dem Gerücht, dass „in diesem Haus früher eine Frau lebte, die angeblich in geistiger Umnachtung starb".

Wir haben gesehen, dass die *Todesumstände*, besonders bei einem *gewaltsamen Tod*, für die Frage, ob man sich des eigenen Todes bewusst ist oder nicht, eine Rolle spielen. In den beiden folgenden Fällen waren die Verstorbenen unseren Zeuginnen unbekannt.

Erinnern wir uns an Anne-Marie L., die eines Abends einem unbekannten jungen Mann zu Hilfe kam, der bei einem Verkehrsunfall verletzt wurde und wenig später auf dem Transport ins Krankenhaus starb. Zu Hause wurde Anne-Marie dann durch einen NTK in Angst versetzt. Man kann annehmen, dass der junge Mann, der so brutal aus dem Leben gerissen wurde, seinen neuen Zustand noch nicht begriffen hatte und sich in seiner Verwirrung an die Person „anschloss", die sich in der dramatischen Situation kurz vor seinem Tod um ihn gekümmert hatte.

Auch Béatrice M. begegnete einer Unbekannten, einem jungen Mädchen von dreizehn Jahren, das bei einem tragischen Flugzeugabsturz, den es selbst versehentlich verursacht hatte, ums Leben gekommen war; das Mädchen hatte „etwas berührt, das sie nicht hätte berühren dürfen" – eine Information, die sich später bei der offiziellen Untersuchung der Unglücksursache bewahrheitete. Dieser Kontakt war ganz und gar durch die Ratlosigkeit, Aufregung und Verwirrung des Mädchens gekennzeichnet, das sich offenbar in großer Dringlichkeit manifestierte, wo es gerade möglich war – und das war bei Beatrice, die durch ihre große Sensibilität Kontakt aufnehmen konnte.

In Allix' Buch ist nicht die Rede von Menschen, die eines gewaltsamen Todes gestorben sind, aber man kann sich vorstellen, dass das Bewusstwerden des eigenen Todes weniger schnell geschieht, wenn die Person abrupt und ohne jede innere Vorbereitung aus dem Leben gerissen wird.

Was das Medium Loan Miège dazu meint, untermauert diese Annahme:

> „Kommt der Tod schrittweise, gemächlich, dann hat die betroffene Person Zeit, sich vorzubereiten, ihn zu akzeptieren und zu begreifen, was passiert. Wenn er jedoch plötzlich eintritt, dann sind die Chancen groß, dass er nicht verstanden oder angenommen wird. Die Person ist nicht bereit, war eben noch in der Dynamik ihres Lebens, und diese plötzliche Veränderung scheint ihr unmöglich. Sie ist dann in einer Art Schockstarre, auf die Verleugnung oder Ablehnung folgt."[122]

Wir haben gesehen, dass NTK mit verstorbenen Angehörigen und Freunden die Lebenden trösten und ihnen helfen können, ihren Lebensweg ohne eine wichtige Bezugsperson weiterzugehen, während NTK mit Unbekannten den Eindruck erwecken, dass es die *Verstorbenen* sind, die gestärkt werden müssen.

Bleiben wir einen Moment bei dieser Vorstellung von NTK, die die Lebenden „trösten" und „stärken". Solche und ähnliche Worte sind in den Berichten, die hier versammelt sind, sehr häufig gefallen. Zweifellos muss man das Wort „stärken" in einem weiteren Sinne verstehen, nicht nur als das „einfache" Lindern von Trauer und Schmerz (was schon bemerkenswert genug ist). Diese Kontakte haben schwindelerregende Implikationen, wie wir an vielen Beispielen gesehen haben. Es geht um nicht mehr und nicht weniger als ein neues, revolutionäres Verständnis des Todes... und des Lebens, vor allem unseres eigenen Lebens (es sei denn, wir besäßen dieses Verständnis schon, wenn auch eher als theoretisches Konzept, ohne die direkte Erfahrung). Der Gedanke an den Tod ist in unserem Unterbewusstsein immer vorhanden, da er alle unsere Schritte und Hoffnungen zeitlich begrenzt und letzten Endes alle unsere Anstrengungen ad absurdum führt. Wenn dagegen unsere Handlungen, unsere Freuden und Schmerzen eine Fortsetzung in ein Weiterbestehen hinein hätten, wenn der Sinn unseres Lebens sich nicht nur nach der Spanne unserer irdischen Lebenszeit bemäße, würde das

122 Allix, Stéphane, *Das Experiment*, S.263.

unsere Alltagsgestaltung grundlegend verändern, denn unser Leben würde eine vollkommen andere Bedeutung annehmen. So möchte ich als Funktion von NTK noch ein anderes Wort anfügen, nämlich „informieren". Tatsächlich liefern uns NTK die Information, dass unsere verstorbenen Angehörigen den Tod ihres physischen Körpers überlebt haben – eine Information von größter Wichtigkeit, möchte man meinen.

Was können die Lebenden für die Toten tun?

Stéphane Allix schreibt in seinem Buch:

> „Der Verstorbene kann sich auch seines Todes bewusst sein, aber von etwas zurückgehalten werden, was er in seinem Erdenleben noch nicht geregelt hat. Man kann also realisieren, sich im Jenseits zu befinden, allerdings muss man auch seine Fehler akzeptieren und den Lebenden vergeben. Und dann gibt es auch jene, die ihren Tod einfach nicht akzeptieren. Oder jene, die sich nicht ganz loslösen können, weil sie spüren, dass die Hinterbliebenen Hilfe brauchen."[123]

Und etwas später präzisiert er:

> „Sowohl Henry als auch alle anderen Medien, die ich aufgesucht habe, sagen, dass man die Toten ihren Weg gehen lassen muss. Sie wiederholen es ihren Klienten immer wieder: Unsere geliebten Verstorbenen müssen sich in ihrer Welt weiterentwickeln. Der Tod bedeutet nicht, dass sie uns verlassen haben. Man muss versuchen, sich in ihre Situation zu versetzen und in Erwägung ziehen, dass sie sich schuldig fühlen könnten, wenn wir nichts dazu tun, um unseren Schmerz zu verarbeiten. Auf diese Weise ziehen wir sie unentwegt zu uns heran."[124]

---

123 Allix, Stéphane, *Das Experiment*, S.87.
124 Ebenda, S.87-88.

Wenn die Verbindung zwischen Verstorbenen und Lebenden nicht endgültig zerrissen ist, hat das eine Fortsetzung der Beziehungsdynamik zur Folge, die für beide Seiten positiv oder negativ sein kann. Wir können den Verstorbenen helfen, so wie sie uns helfen können. Unsere Aufgabe ist es, sie ihren Weg gehen zu lassen und ihnen zu helfen, ihre Entwicklung in einem Anderswo fortzusetzen, das jenseits unseres Verständnishorizonts liegt, in das wir aber dank der Erfahrungsberichte unserer Zeugen und dank der Medien ab und zu einen flüchtigen Blick werfen dürfen. Unser letzter Liebesbeweis besteht darin, sie ziehen zu lassen, sie freizugeben, ihren Weg nicht durch unser Leid und unsere Tränen zu erschweren.

Sie gehen zu lassen, bedeutet nicht, die Verbindung endgültig zu kappen, sondern den richtigen Abstand zu finden. Das Medium Pierre Yonas versteht das so:

> „Um die Lebenden zu sehen, müssen die Verstorbenen sich ihnen nähern, diesen Schleier durchbrechen, der uns voneinander trennt. Allerdings bleibt eine gewisse Verbindung zwischen ihnen und uns ständig bestehen. Deshalb können sie sofort fühlen, wenn es uns nicht gut geht oder wenn wir Hilfe brauchen, und dann sind sie auf der Stelle in unserer Nähe.“[125]

Nachtod-Kontakte mit Schutzfunktion bestätigen eindrucksvoll, dass die Verstorbenen sehr schnell, besser gesagt ständig in unserer Nähe sind und uns in jeder Sekunde im Blick haben, auch noch lange nach ihrem Tod, manchmal sogar Jahrzehnte später. Sie *greifen ein*, um eine Tragödie zu verhindern. Und was, wenn eine Tragödie nicht verhindert wurde? Das erfassen wir nicht …

Wenn wir schließlich vor dem Ende unserer irdischen Existenz stehen, wenn unsere Todesstunde geschlagen hat, werden sie da sein, um uns in Empfang zu nehmen und in unsere neue Sphäre zu begleiten.

---

125 Ebenda, S.212.

Die Aussagen der Medien und die Berichte über Erfahrungen in Todesnähe treffen sich in mehreren Punkten – die Puzzlestücke fügen sich nach und nach zu einem Bild.

Am Ende dieses Kapitels möchte ich noch betonen, dass die Frage nach der Authentizität von Nachtod-Kontakten natürlich nicht auf wissenschaftlicher Ebene entschieden wurde, auch wenn wir über empirische Daten verfügen. Die Hypothese, dass das Bewusstsein nicht untrennbar an ein aktives Gehirn gebunden ist, sondern im Gegenteil beim physischen Tod weiterexistiert, wurde von zahllosen Berichten über Erfahrungen in Todesnähe erhärtet. Allix pflichtet dieser Ansicht bei:

> „Tatsächlich häufen sich Studien und Erfahrungsberichte über Nahtod-Erfahrungen, spontane Kontakte mit Verstorbenen, mediale Experimente unter kontrollierten Bedingungen ebenso wie Bewusstseinsforschung, sodass man davon ausgehen kann, dass die materialistische Sicht (die die Behauptung vertritt, der Tod sei das Ende jeglichen Bewusstseins) wissenschaftlich nicht mehr haltbar ist."[126]

Von der Frage nach der Authentizität der NTK einmal abgesehen – wie soll man sich die unsichtbare Welt, die Welt der Verstorbenen, vorstellen, wenn man die Berichte über Erfahrungen in Todesnähe und die Aussagen der Medien zugrunde legt? Ich meine, dass *man sie sich gerade nicht vorstellen* sollte. Die schwierige Aufgabe, sich das Jenseits auszumalen und sich alle Phänomene zu erklären, ist mit unserer Vorstellungskraft nicht zu leisten. Ein Merkmal der beschriebenen Erfahrungen ist ja gerade ihre Unaussprechlichkeit. Eine Übersetzung dieser Wahrnehmungen in Worte muss zwangsläufig eine Annäherung bleiben und unvollständig sein. Hüten wir uns also davor, eine Realität zu banalisieren, deren Tragweite und Herrlichkeit das menschliche Verständnis überschreitet.

---

126 Ebenda, S.157-158.

Misstrauen wir auch allen Worten und Konzepten, die sich auf den Raum beziehen. Es wäre sicher ein Fehler, sich die irdische Welt „hier unten“ und die Verstorbenen irgendwo „da oben“ vorzustellen, in einer unsichtbaren Welt. Es ist zweifellos sinnvoller, von den „zwei Facetten ein- und derselben Wirklichkeit“ zu sprechen oder von einer „größeren Realität, die die unsere umfasst“. Welche Worte man auch verwendet, die Zeugnisse weisen eindeutig darauf hin, dass die geistige ein integraler Bestandteil unserer physischen Welt ist.

Abschließende Bemerkungen

Wir sind nun am Ende unserer breit angelegten Bestandsaufnahme angelangt. Ich habe verschiedene Arten von Nachtod-Kontakten vorgestellt, darunter auch Sterbebett-Visionen, die man als NTK im speziellen Kontext der Todesnähe bezeichnen könnte.

Zahlreiche hier zum ersten Mal veröffentlichte schriftliche Berichte, die uns Menschen mit bemerkenswerter Großzügigkeit und Aufrichtigkeit geschickt haben, schaffen ein besseres Verständnis für die Erfahrungen selbst, ihrer Phänomenologie und ihrer Auswirkungen.

Ein Nachtod-Kontakt mit einem verstorbenen Angehörigen oder Freund ist eine ebenso erschütternde wie tröstliche Erfahrung, die zahlreiche Fragen aufwirft. Die Empfänger sind im Nu zutiefst davon überzeugt, dass ihre Erfahrung echt ist, aber eine skeptische Reaktion ihrer Umgebung kann sie ins Wanken bringen. Mit Unterstützung meiner prominenten Gesprächspartner konnte ich die Konsequenzen von NTK für den Trauerprozess darlegen und aufzeigen, auf welche Weise sich der größte Nutzen daraus ziehen lässt.

Die entscheidende Frage nach der Authentizität von Nachtod-Kontakten kam ebenfalls zur Sprache. NTK sind kein isoliertes Phänomen, sie sind in den größeren Kontext anderer Erfahrungen rund um den Tod eingebettet. Eine parallele Betrachtung von Nahtod-Erfahrungen, Sterbebett-Visionen, NTK und durch Medien hergestellte Kontakte zu Verstorbenen brachte frappierende Ähnlichkeiten zum Vorschein, die ein *Kontinuum* zwischen den verschiedenen Manifestationen erkennen lassen, sodass man sie als unterschiedliche Erscheinungsformen ein- und derselben Wirklichkeit sehen kann.

Was lehren uns Nachtod-Kontakte? Zunächst einmal kann man folgern, dass die Zeit der Trauer nicht nur eine Phase tiefer Traurigkeit ist, der wir als hilflose Opfer ausgeliefert sind; sie kann auch einen Raum der Entfaltung und Bereicherung, ja, sogar der Kreativität öffnen, in dem NTK einen wichtigen Platz einnehmen. Erfahrungen dieser Art trösten die Trauernden nicht nur, sie deuten auch darauf hin, dass ihre verstorbenen Angehörigen den physischen Tod überlebt haben – eine ganz entscheidende Information oder Bestätigung für uns alle. Die Nachtod-Kontakte, die Millionen Menschen auf der ganzen Welt erleben, sind eine beispiellose Quelle der Hoffnung, auch im Hinblick auf unser eigenes Schicksal über den Tod hinaus.

Aus Nachtod-Kontakten lässt sich ableiten, dass die Verstorbenen den Lebenden helfen können. Diese Feststellung eröffnet eine neue Perspektive – die Perspektive einer weiter existierenden Beziehung, die sich bei sehr seltenen Gelegenheiten, sehr punktuell und sehr kurz in Form eines NTK zeigen kann. Schützende NTK verdeutlichen die Dauer dieser Verbindung, die noch lange nach dem Tod besteht, denn unsere verstorbenen Angehörigen und nahen Freunde scheinen unablässig ein Auge auf uns zu haben, und sie können offenbar eingreifen, um eine Tragödie zu verhindern. NTK sind relevant für den Aufbau einer *inneren Verbindung*, die mit dem Verstorbenen hergestellt werden sollte. Sie stellt einen wesentlichen Bestandteil der Trauerarbeit dar.

Was können die Lebenden für ihre Toten tun? Berichte über NTK und über von Medien hergestellte Kontakte zu Verstorbenen lassen uns verstehen, dass die *Verstorbenen uns offenbar tatsächlich brauchen*, was viele von uns zweifellos überrascht. Wir können ihnen helfen, indem wir alles, was uns möglich ist, tun, um sie nicht zu lange durch unseren Kummer und unsere Tränen aufzuhalten. Das „Loslassen“ bedeutet nicht, dass eine Verbindung abreißt, die nicht abreißen kann, sondern dass man sie in der richtigen Distanz und im Vertrauen fortführt.

Nachtod-Kontakte und andere Erfahrungen rund um den Tod legen nahe, dass eine lebendige, dynamische und entwicklungsfähige Beziehung zwischen Lebenden und Verstorbenen besteht. Diese Interaktion manifestiert sich unter gewissen Umständen und sehr selten, als NTK, bei Nahtod-Erfahrungen, wenn die Betroffenen mit verstorbenen Bezugspersonen kommunizieren, wenn der Tod näherrückt und die Sterbenden Informationen von ihren bereits verstorbenen Angehörigen oder Freunden erhalten, durch sie inneren Frieden finden und den bevorstehenden Tod akzeptieren können.

Ich hoffe, dass die vorliegenden Berichte Ihnen ein gutes Verständnis für die Art und Beschaffenheit von Nachtod-Kontakten vermittelt haben und die kundigen Äußerungen meiner Gesprächspartner für Ihre eigenen Überlegungen eine Bereicherung waren. Vor allem aber hoffe ich, dass Sie sich eine eigene Meinung bilden konnten. Vielleicht sind Sie jetzt von der Authentizität und vom Nutzen der NTK überzeugt? Vielleicht waren Sie es schon, bevor Sie dieses Buch gelesen haben? Oder vielleicht sind Sie ganz und gar nicht überzeugt und zu einer vorsichtigen, skeptischen Haltung gelangt, wie einige meiner Interviewpartner? Und, wer weiß, vielleicht werden Sie eines Tages einen NTK erleben und die Frage wird sich dann ganz anders stellen – oder gar nicht mehr?

Wie auch immer die Dinge sich entwickeln, mir war es eine Ehre, Ihnen die Nachtod-Kontakte vorstellen zu dürfen.

Bitte um Zuschriften

Wenn Sie der Ansicht sind, dass Sie einen Nachtod-Kontakt erlebt haben, möchte ich Sie bitten, mir einen kurz gefassten Bericht an folgende E-Mail-Adresse zu schicken:
evelyn@evelyn-elsaesser.com

Ihre Erfahrung wird mir eine wertvolle Hilfe bei zukünftigen Forschungsarbeiten sein.

Vielen Dank im Voraus!

Was wirklich wichtig ist im Leben

Durch ihre Forschungen hat Penny Sartori ihre Vorstellungen vom Leben nach dem Tod völlig verändert. Sie schildert beeindruckende Geschichten von Patienten. – Ein sehr erhellendes Buch nicht nur für Mitarbeiter im Gesundheitswesen, sondern auch für Schwerkranke und ihre Familien!“

Prof. Dr. Pim van Lommel

Dr. Penny Sartori ist die führende Nahtod-Expertin in Großbritannien. Sie schrieb ihre Doktorarbeit als Ergebnis einer fünfjährigen Feldstudie in Unfallkliniken und an den Krankenbetten von Menschen, die am Rande des Todes gestanden haben. Ihre Arbeit ist die erste wissenschaftliche Langzeitstudie über Nahtoderfahrungen, die für viele Jahre Standards für die Beschäftigung mit dem Thema setzen wird.

Den Schwerpunkt ihrer Untersuchungen richtete Penny Sartori auf die Erforschung der langfristigen Auswirkungen der einschneidenden Erfahrungen der von ihr behandelten Patienten; vor allem im Hinblick auf eine völlige Veränderung von Lebensgewohnheiten, auf eine mögliche Transformation der Persönlichkeitsstruktur und auf eine signifikante Verbesserung der Gesundheit.

Ein bewegendes Buch über Menschen, die eine andere Dimension des Lebens erfuhren und danach eine radikal neue Einstellung über den Sinn des Daseins gewannen!

Penny Sartori: Nahtod-Erfahrungen als Neuanfang

ISBN 978-3-89427-659-1

»Die in diesem Buch geschilderten Erfahrungen öffnen ein Fenster, um die wahre Natur des Lebens zu verstehen und – und das ist das Wichtigste – die wahre Natur Gottes.«
Neale Donald Walsch

»Ich war persönlich zutiefst berührt von den sehr persönlichen und intimen Erfahrungen und der transformierenden Kraft dieser Nahtod-Erfahrungen. Sie zeigen die Auswirkungen und die Einflüsse, die solche überwältigende Erfahrungen auslösen. Zudem zeigen sie, wie wir selbst unser Leben in seiner ganzen Fülle leben können. Dieses Buch kann ich jedem wärmstens ans Herz legen!«
Prof. Dr. Pim van Lommel

Dieses aufrüttelnde Buch enthält beeindruckende und bewegende Erfahrungsberichte ganz 'normaler' Menschen, die eine Nahtod-Erfahrung durchlebten. Die dramatischen Erlebnisse veränderten nicht nur das Leben der unmittelbar Betroffenen, sondern auch das Leben der Menschen in ihrer Umgebung.
Ein einzigartiges Dokument, das beweist, dass alles Leben eins ist und hinter dem Schleier des Todes die Ewigkeit wartet!

Annette Berger ist eine angesehene Therapeutin in der Schweiz. Ein Schwerpunkt ihrer Arbeit liegt in der Begleitung von Sterbenden und in der Betreuung von deren Angehörigen. Dieser Prozess erfordert sehr viel Einfühlungsvermögen und seelische Kraft von allen Beteiligten.
Wer über viele Jahre sterbende Menschen begleitet, der stellt mit der Zeit fest, dass kein Sterbeprozess einem anderen gleicht. Jeder Sterbende stirbt seinen eigenen, ganz individuellen Tod. Womit gemeint ist, dass die Übergangsprozesse von dieser in eine höhere Welt so unterschiedlich sind wie das Leben der Menschen. Da jeder Mensch ein besonderes, ganz und gar unverwechselbares Leben gelebt hat, wird auch der Abschied von dieser Welt ein jeweils ganz einzigartiger sein.
Manche Menschen verlassen die Erde leicht, andere hängen bis zum letzten Atemzug an ihrer Inkarnation. Der eine möchte noch dieses oder jenes regeln, andere möchten nur loslassen. Jeder stirbt seinen eigenen Tod!
Dieses Buch zeigt mit großer Behutsamkeit und tiefem Einfühlungsvermögen, wie die letzten Tage und Stunden eines Menschen liebevoll gestaltet werden können und was Hinterbliebene beachten sollten, um ihre eigenen Kräfte nicht zu überschätzen und ihre innere Mitte zu halten.
Ein überaus wertvoller Begleiter für das Leben und das Sterben!

Annette Berger: Jeder stirbt seinen eigenen Tod
ISBN 978-3-89427-829-8
Aquamarin Verlag

Wer einmal auf der ANDEREN SEITE des Lebens war, ist nicht mehr derselbe Mensch wie zuvor!
Vielfältige Untersuchungen und zahlreiche Forschungsarbeiten legen den Schluss nahe, dass etwa jeder zehnte Europäer eine Nah-Tod-Erfahrung oder ein dieser ähnliches Erlebnis gehabt hat. Eine Erfahrung, die existenziell berührend und nachhaltig prägend war.
Mit diesem Buch von Ditta op den Dries liegt erstmals eine Studie vor, die detailliert untersucht, welche grundlegenden Verwandlungen mit Menschen geschehen, die eine derartige Grenzerfahrung durchlebt haben. Dabei zeigt sich, wie radikal sich die Lebensführung in solchen Fällen verändert.
Dieses Werk belegt zudem auf überzeugende Weise, dass die Nah-Tod-Erfahrung eine Begegnung mit der WIRKLICHKEIT ist und keine biochemische Veränderung im Gehirn. Nur ein wahrhaftes Erleben der ANDEREN SEITE vermag eine so tiefgreifende Wandlung in einem Menschen auszulösen, wie sie die Betroffenen in den Gesprächen mit Ditta op den Dries schildern.
Eine berührende und aufrüttelnde Studie, die Mut macht und Hoffnung schenkt!

Ditta op den Dries: Zurück aus dem Himmel
Wie Nahtod-Erfahrungen das Leben verändern
ISBN 978-3-86191-038-1